◎安徽省高等学校省级一流教材

国际服务贸易理论与案例

主　编　程　蕾　于　娜　李　华
副主编　刘　鑫　方　方　骆静怡

合肥工业大学出版社

内容简介

本书适用于国际经济与贸易、经济学、国际商务等专业大学本科教学，力求理论与实际相结合，辅以案例思考，让学生更好地掌握国际服务贸易的相关理论，同时提升学生分析国际服务贸易的能力。

本书共包括七章内容，分别是国际服务贸易概述、国际服务贸易的分类和统计、国际服务贸易理论、国际服务贸易与经济发展、国际服务贸易政策、国际服务贸易规则及协调机制、主要经济体的服务贸易。

图书在版编目(CIP)数据

国际服务贸易理论与案例/程蕾，于娜，李华主编. 合肥：合肥工业大学出版社，2025. --ISBN 978-7-5650-6978-9

Ⅰ. F746.18

中国国家版本馆 CIP 数据核字第 2024FT3784 号

国际服务贸易理论与案例

程 蕾 于 娜 李 华 主编　　责任编辑 张 慧

出 版	合肥工业大学出版社	版 次	2025 年 1 月第 1 版
地 址	合肥市屯溪路 193 号	印 次	2025 年 1 月第 1 次印刷
邮 编	230009	开 本	710 毫米×1010 毫米 1/16
电 话	人文社科出版中心：0551-62903205	印 张	13.25
	营销与储运管理中心：0551-62903198	字 数	252 千字
网 址	press.hfut.edu.cn	印 刷	安徽联众印刷有限公司
E-mail	hfutpress@163.com	发 行	全国新华书店

ISBN 978-7-5650-6978-9　　定价：49.80 元

前　言

本书第一主编从事国际服务贸易教学多年，积累了丰富的教学经验，出版过国际贸易专业相关课程规划教材，有良好的教材编写经验；经常跟一线的国贸业务人员交流，熟悉服务贸易领域宏观、微观环境变化及影响。《国际服务贸易理论与案例》是2021年度安徽省高等学校省级质量工程项目省级一流教材建设（项目编号：2021yljc109）成果之一，主要特点包括：

（1）注重课程思政的建设和能力培养。①坚持立德树人，在潜移默化中突出学生综合素质的提升，让学生树立科技创新、科技强国的理念及崇高的职业素养。②重视学生理论联系实际的能力培养，既能掌握国际服务贸易的相关理论，又能分析不同国家、不同行业国际服务贸易发展形势，更好地进行国际服务贸易实践。

（2）强化案例教学的重要性，提升学生学习效果。本教材的重要特点之一就是支持案例教学，结合国际形势最新发展、模块教学和能力培养需要，精心选取生动、贴切的案例，帮助学生提升学习兴趣、掌握教学内容。

（3）结构安排合理，有力推进国贸专业模块池改革。内容安排更趋合理，既有利于学生全面掌握基本理论，也能确保学生在一学期的学习效率。围绕国际服务贸易能力的培养要求，对传统知识体系进行“删减、增加、弱化、强化”等，使学生掌握相关的知识和能力。本教材强调学生自主学习能力的培养，注重对学生的启发及兴趣的培养。

（4）配合教学理念和方法改革。国际服务贸易的相关课程不断深化教学理念，尤其重视模块化改革和能力培养。国际服务贸易课程教学实践过程中，结合不同章节和内容要求采用不同的教学方法，模块化教学强调过程考核和自主学习，新教材的出版将有力地支撑国际服务贸易课程模块化改革，有利于国贸专业课程池发展。国际服务贸易的章节差异也比较大，有的章节侧重模型分析，有的章节侧重概念掌握，有的章节侧重实践结合。不同的章节需要多种教学方法支撑，比如案例教学法、翻转课堂法、学生展示法、情境教学法等。本教材在编制过程中，充分考虑授课可能所需的教学方法，以便教师顺利提升教学效果。

本书第一主编为合肥大学程蕾副教授（主笔并统理全书内容），第二主编为合肥大学于娜副教授（案例分析及第五章编写），第三主编为河南财经政法大学金融学院李华老师（负责第六章及第七章的编写）；第一副主编为合肥大学刘鑫老师（资料收集与整理），第二副主编为暨南大学旅游管理学院2023级电子商务专业学生方方（资料收集与整理），第三副主编为江西职业技术大学骆静怡老师（资料收集与整理）。本教材编写过程中合肥大学经济与管理学院2021级国际经济与贸易专业学生李紫彤、孔思齐、刘庆蕊、杨锐、蒋芮、郑启薇、周晓燕、赵瑞婷、文佩、纪洋萍、殷玉娜、杨怡菲同学对案例收集和分析等做出了贡献。本书编写过程中参考了大量的相关书籍，获益匪浅，在此向原著作者们一并表示感谢。

由于编者水平有限，书中难免存在不当之处，敬请同行和读者批评指正！

程　蕾

2024年12月于合肥大学

目　　录

第一章

国际服务贸易概述

本章主要教学内容

1. 理解服务的含义和基本要素；掌握服务的特点。
2. 理解服务业的含义、基本分类和发展趋势。
3. 掌握国际服务贸易的含义及特点。
4. 了解国际服务贸易的产生与发展。

案例 1－1

2021 年中国服务贸易

2021 年，中国服务贸易持续快速增长，全年服务进出口总额达 52982.7 亿元（人民币，下同），同比增长 16.1%；其中服务出口 25435 亿元，增长 31.4%；进口 27547.7 亿元，增长 4.8%。服务出口增幅大于进口 26.6 个百分点，带动服务贸易逆差下降 69.5%，下降至 2112.7 亿元，同比减少 4816.6 亿元，为 2011 年以来的最低值。与 2019 年同期相比，服务进出口下降 2.2%，2 年平均下降 1.1%，其中出口增长 30%，2 年平均增长 14%；进口下降 20.4%，2 年平均下降 10.8%。12 月当月，我国服务进出口总额 6197.3 亿元，同比增长 28.6%。

2021年中国服务贸易主要呈现以下特点：(1)知识密集型服务贸易稳定增长。2021年，知识密集型服务进出口23258.9亿元，增长14.4%。其中，知识密集型服务出口增长18%；出口增长较快的领域是个人文化和娱乐服务、知识产权使用费、电信计算机和信息服务。(2)运输服务进出口大幅增长。2021年，运输服务进出口增长61.2%，其中运输服务出口8205.5亿元，增长110.2%；运输服务进口8616亿元，增长31.9%，成为服务贸易十二大领域中增长最快的领域。(3)旅行服务进出口继续下降。2021年，中国旅行服务进出口7897.6亿元，下降22.5%，其中出口下降35.7%，进口下降20.9%。

(资料来源：http：//www.mofcom.gov.cn/article/xwfb/xwsjfzr/202201/20220103277846.shtml)

案例思考：

1. 国际服务贸易概念如何定义？
2. 国际服务贸易分类有哪些？

随着全球化和国际分工的发展，服务业已经成为全球第一大产业，成为衡量一个国家或地区产业结构优化、经济现代化水平提高的重要标志。随着经济发展和科学技术水平的提高，国际服务贸易快速增长，成为日益影响各国和地区经济发展的重要力量。

第一节　服务与服务业

学习国际服务贸易，首先要了解服务和服务业，本节首先介绍服务的含义与特征，进而分析服务业的含义与发展。

一、服务的定义与特征

(一)服务的定义

经济学中满足人类欲望的物品分为自由物品和经济物品。自由物品是人们无需努力就可以获得的，数量是无限的，比如说大自然的空气和阳光。经济物品是人类必须付出相应的努力才能获得的，且数量是有限的。经济物品按照其形态分为实物形态物品和非实物形态物品，实物形态物品就是我们平时所说的有形的商品或货物，非实物形态物品就是无形的服务。

服务在日常生活中有为别人服务的意思，在经济学里指的是非实物形态的服务。服务的概念究竟是什么，由于历史发展阶段不同、理解程度不同等原因，并没有统一的规定。

法国经济学家萨伊最早定义了服务，其在《政治经济学概论》中提到，物品满足人类需要的性能称为效用，无形产品（服务）同样是人类劳动的果实，是资本的产物，能够提供效用。举例来说，理发也是人类的劳动果实，能够满足人们美容美发、改善形象的需要。

另一位法国经济学家巴斯夏在《和谐经济论》中提到服务“是一种努力，对于甲来说，劳务是他付出的努力，对于乙来说，劳务则是需要和满足。劳务必须含有转让的意思，因为劳务不被人接受，也就不可能提供”。服务价值的高低有两个尺度，一是提供服务的人的努力和紧张程度，二是获得服务的人摆脱的努力和紧张程度。

马克思提到“有些服务，或者说有些活动或劳动的使用价值或结果会体现在商品中；而另一些服务却不会留下任何可以捉摸的、可以和人分开的结果，或者说其结果不是任何可卖的商品”。前一种如对皮包提供的拆洗或翻新服务，将会体现在皮包的更新程度上。后一种如演唱会结束时，这种服务也就消失了，而没有任何实际商品的变化，也没有获得任何实际的商品。从以上分析中也可以看出，生产和消费是密不可分的。

第二次世界大战之后，服务业迅速发展，服务产品也在不断丰富，服务引起了更多经济学者的关注，服务的概念也越来越多样化。

富克斯对第二次世界大战之后美国的服务经济进行了经典研究，在《服务经济学》中指出，“服务就是生产的一刹那消失，它是在消费者参与的情况下提供的，货物产品能够储存，而服务产品则不能，这可能是两者最主要的区别”。

1977 年，希尔对服务的定义受到了广泛的重视，他认为“一项服务生产是这样一种活动，即生产者的活动会改善其他一些经济单位的状况。一方面，这种改善可以采取消费单位所拥有的一种商品或者一些商品的物质变化形式，另一方面，改善也可以关系到某个人或某一批人的肉体和精神状态。随便在哪一种情况下，服务生产的显著特点是生产者不是对其商品或本人增加价值，而是对其他某一经济单位的商品或个人增加价值”。

1990 年，芬兰的格鲁诺斯认为：“服务一般是以无形的方式在顾客与服务职员、有形资源、商品或服务系统之间发生的，可以解决顾客问题的一种或一系列行为。”

由于历史发展的变化及个人理解的角度不同等原因，经济学家们对服务的认识并不统一，有的认为服务是价值增值，有的认为服务是一种效用，有的认为服务是一种行为。本书综合大部分教材对服务的定义，认为服务是对其他经济组织的个人、商品或服务增加价值的主要以活动形式表现的使用价值或效用。

（二）服务的生产要素

1. 实物资本

与有形商品生产一样，服务商品也需要实物资本的投入，需要必要的生产资料。如理发服务需要理发座椅、理发工具等实物资本；牙医提供服务需要口镜、探针、镊子等实物资本；运输服务需要运输工具的支持。

2. 劳动力

劳动力也是服务的基本要素，各种专业服务的提供离不开劳动力的支持。如教育服务需要教师提供专业服务，律师服务需要律师提供服务，理发服务需要受过培训的理发师提供。即使有一些服务看上去没有劳动力在场直接提供服务，但终归也是以人的管理为前提的。比如说全自动的汽车清洗服务、无人售货服务、机器人咨询服务等，都有劳动力在背后进行管理。

3. 人力资本

除了实物资本之外，服务的要素还包括非实物资本，也就是人力资本。人力资本一般指通过投资形成的凝结在劳动者身上的知识与技术及健康状况等，其中知识与技术既是服务提供的基本要素，也是服务提供的主要内容，很多服务都需要专业培训，不同的服务需要的专业技术差距很大，有的服务技术可能很短的时间就可以掌握，但有的服务领域需要多年的资本积累。学者一般认为区别物质资本与人力资本的一个重要方面是资本的边际报酬，物质资本边际报酬有比较强的递减性，而人力资本边际报酬可能是递增的。

（三）服务的特征

1. 服务的无形性

服务最基本的特征就是无形性，不像有形商品有基本的实物形态。因此有形商品的存在形式是直观的、确定的，服务存在形态是无形的、不固定的、不是肉眼能直接看到的。由于服务是无形的，消费者不能通过直接感受来判断服务的状况，使得消费者缺乏事先感知性，服务提供者和消费者存在着严重的信息不对称问题。服务的提供者信息更全面，而消费者事前很难判断服务的质量，缺乏信息。如在保险行业里，投保人在投保之前很难充分了解保险服务的内容和质量，这会导致投保人投保意愿极低，实践中需要保险中介打消投保人的顾虑。理发服务也存在这种问题，消费者在理发之前只能想象理发服务的效果，但真正感知服务质量要在理发服务结束后。表1－1总结了商品与服务形态及消费者感知的区别。

表 1-1　商品与服务形态及消费者感知区别

	商品	服务
存在形式	直观的、确定的	无形的、不固定的，不能触摸或肉眼看到
消费者感知	通过视觉、触觉等感知	不能事先感知服务，需要一定的时间

随着科学技术的不断发展、新兴服务的不断涌现，出现了无形服务物化的特点，比如说碟片、存储盘等，由于它们作为服务的载体，使得服务看上去具备了物化的特征，但是决定其价值的仍然是这些存储盘里储存的服务商品。

2. 服务生产过程与消费过程的不可分割性

有形商品的生产、流通及消费过程是分离的，一个有形商品从生产出来到消费者手上，要经过一个时空变换的过程。这也使得某地生产的实物商品可以在全球不同的时空进行销售，比如说智利的车厘子经过长途旅行，投放到中国的市场，受到中国消费者的欢迎。对于服务商品而言，服务的过程即消费的过程，服务的生产者提供服务的过程即消费者接受服务的过程，服务消费者和生产者是密切联系在一起的。尤其是对于面对面的服务，这一点体现得特别明显，如理发师要在客户在的情况下进行理发服务，顾客享受理发服务的过程，也即理发师提供服务的过程，服务的生产过程与消费过程不可分割。

3. 服务的异质性

服务的异质性是指同一类型的服务在不同的时空下带给消费者的满意程度是不同的，即使是同一服务者提供给消费者的满意度也可能不同。对于实物商品而言，同一类型的商品质量是相似的，尤其是同品牌的商品基本相同。但对于服务而言，很难做到这一点。不同的服务提供者所处的外部环境是不同的，比如国家电视台的记者和地方电视台的记者，他们的装备可能不同；大型理发店和个体理发店装修环境与理发设施可能不同；海底捞的餐饮服务和其他品牌的餐饮服务明显不同，由此导致提供的服务质量差异较大。

视频 1-1　服务的异质性

另外异质性存在还有一个很重要的原因是服务消费者直接参与到生产过程中，而不像实物商品生产出来之后，通过一定的流通才到达消费者手中。这使得服务与生产者和消费者更加紧密地联系在一起。而且质量评估涉及主观意愿，生产者和消费者难有统一或标准答案。一方面，因为服务的提供者是人，人每天的精神状况、心态水平、环境影响均不相同，导致服务的提供者即使提供同一类型的服务，水平也有所差异。另一方面，消费者也是人，消费者的知识水平、兴趣偏好、理解能力、情绪控制能力也各不相同，同种服务的评价也会有很大的差异。如让小学生去听初中生的化学课程，由于知识基础完全不够，对课程的评价就会很低。由于脸型、发质、发量等不同，同一理发师理出的同一发型，不同的消费者感受差别会非常大。上述这些原因导致服务普遍存在异质性问题。

4. 服务的不可储存性

服务商品生产出来之后，如果没有被消费，很有可能是无效的、徒劳的，因为服务是不可储存的。如飞机在乘客不在的情况下提前运输是无效的，教师在学生不到场的情况下提前讲授课程是徒劳的，理发师也不能在顾客到达之前对着空气理发。

但是需要注意的是，随着技术的发展，尤其是物化服务出现之后，服务也开始变得能够一定程度储存了。教师可以提前把课录好，利用先进的设备，在上课时间进行播放；客服公司可以把程序提前设计好，进行智能服务；新冠疫情期间，教育等服务领域利用先进的技术进行存储和传输，大大促进了部分服务商品的可储存性及空间运输性。

5. 服务的所有权不可转让性

服务是无形的，服务生产过程即是服务消费过程，服务在交易完毕后就消失了，具有易逝性，因此服务的交易过程中不含有所有权的转移。也就是说，服务的购买和消费过程并不像实物商品交易那样获得商品的所有权。如理发服务，消费结果是导致头发的变形，理发服务的生产过程即理发服务的消费过程，这个过程中没有理发服务商品的所有权转移。而实物商品的消费过程可以得到实物商品的所有权，如购买水杯，消费者支付价格后，就切切实实拿到了水杯，拥有了这个水杯的所有权。服务的所有权不可转让性导致消费者在购买服务时顾虑较多。

6. 服务价格名称多样与不易确定性

实物商品的价格比较明确，一般用单价或价格表示即可。相对而言，服务商品的价格名称要复杂得多，如保险服务收取费用称为保费，租赁服务收的报酬叫租金，中介提供的服务收取中介费或管理费，证券或基金机构提供服务收取手续费等，因此服务商品价格名称多种多样。

服务商品价格除了名称多样之外，具体价格多少也不易确定。对于有形商品而言，销售成本、供求状况是最重要的定价依据，但是服务商品定价要复杂得多。服务具有无形性，消费者由于没有获得服务的所有权，购买前会有一定的心理障碍，往往不愿承担太大的风险。如果消费者能够提前了解服务的特点，越可能支付较高的价格；服务越难得到，愿意支付的价格越高；服务越是容易得到、越标准化，消费者对价格越敏感；对服务提供者越信任，越愿意支付较高的价格。

7. 服务的强信任性或强经验性

1970 年美国经济学家尼尔森将产品品质按照能否在购买前辨别分为寻找品质和经验品质两大类：寻找品质是能够在产品购买之前就确认的产品属性（如颜色、款式、手感、硬度和气味等）；经验品质是指只有在购买之后或者在消费过程中才能体会到的产品属性，如口味、服务质量、技术水平等。比如保险产品，购买之前投保人很难判断购买的产品品质如何，因为保险产品属于无形产品，很难用常规的颜色、款式等属性来判断，只有在保险过程中或保险期结束后才能做出品质判断，甚至有一些保险类别保险期极长，如终身寿险，判断其品质将更加困难。随着产品品质研究的继续细分，1973 年，达比和卡内两位经济学家在尼尔森的两分法基础上又增加了信任品质。信任品质指顾客即使在购买和消费之后也很难做出评价的属性。如医疗服务，尤其是一些难度较高的医疗手术，医生需要多年的知识资本积累、丰富的实践经验和高水平的设备支持，无论是在治疗前还是治疗后，普通人很难理解、判断和评估医生的治疗质量，质量的评估往往只能依赖对医生的信任。

从易于评价到难以评价（图 1－1），产品呈现以下特征：(1) 有形产品如服装、珠宝、家具、房屋、汽车等，产品质量在购买前是易于评价的，可以通过颜色、款式、户型、大小、质感等角度进行评价和选择，因此这些有形产品具有较强寻找特性。(2) 较难评价的服务产品如餐饮、度假、理发、幼儿护理等，由于产品是无形的，很难在购买前判断品质好坏，但是可以通过购买消费后进行判断。比如餐饮服务，用餐后便可判断餐食口味好坏、服务员服务热情与否、餐饮内部环境是否舒适卫生，可据此判断下次是否继续光临，因此此类产品具有较强的经验特征。(3) 随着专业技术水平要求的提高，一些无形服务越来越难以评

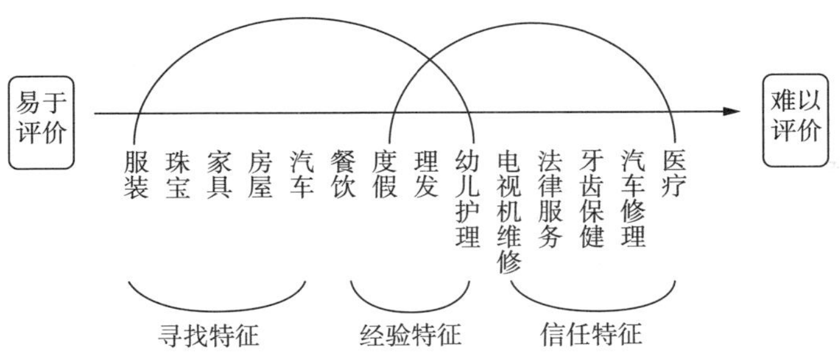

图 1－1　三大类产品特征

价，不仅是在购物前，而且在购买后也无法进行很好的评价。主要原因是消费者专业知识的匮乏，服务产品本身又是无形的，消费者的购买风险在扩大，此时产品质量呈现出较强的信任特征。如医疗方面，消费者往往对大医院的知名专家更信任，认为这些专家专业知识、实践能力更加可靠。

以上是服务一般具备的基本特征，需要注意的是随着现代服务业的不断发展、新型服务不断出现，部分服务产品特征将有一些新的变化，但上述基本特征仍具有良好的分析和指导作用。

案例 1－2

IBM 的服务转型

“IBM 就是服务！”是美国 IBM 公司一句响彻全球的口号，是 IBM 企业文化之精髓所在。IBM 从顾客或用户的要求出发，帮助用户安装调试，排除故障，定期检修，培养技术人员，及时解答他们提出的各种技术问题，提供产品说明书和维修保养的技术资料，听取使用产品后的评价和意见等。其通过多种多样的服务，使顾客或用户达到 100％满意，从而建立起企业有口皆碑的信誉，营造出独特的 IBM 文化。IBM 的客户，Lanier 公司资料处理的负责人回忆道：“记得有次我们发生问题时，他们在几小时之内赶到了。为了我们的问题，他们请来了 8 位专家，其中至少有 4 位来自欧洲，1 位来自加拿大，还有 1 位是从拉丁美洲赶来的。”

IBM 主管行销的副总经理罗杰斯特先生特别指出了 IBM 提供服务的金科玉律。他说：“IBM 对客户提出的每一项提案计划，都必须符合顾客成本效益的要求。”他透露：“IBM 是以顾客、市场为导向，绝非技术！”罗杰斯特要求每一位业务人员：“为顾客服务时，就要像拿他薪水似的为他做事。”这位副总强调：“售后服务才是真正关键所在。”

［资料来源：由《IBM 的服务转型》（《企业改革与管理》，2006 年第 12 期）等材料整理］

案例思考：

1. IBM 如何将服务作为其核心业务，并且如何通过服务提升其品牌声誉和市场地位？

2. 在 IBM 的服务模式中，他们提供了哪些具体的服务项目？这些服务是如何满足客户需求并增加客户满意度的？

二、服务业的含义与发展

服务业已经成为全球第一大产业，成为衡量一个国家或地区产业结构优化、经济现代化水平提高的重要标志。从全球范围看，发达国家服务业占比普遍较高，有的国家占比甚至在80%以上。服务业的发展，尤其是高科技服务业的发展，产生了巨大的技术外溢效应，促进了农业、工业和服务业本身效率的提高。服务业的发展为社会的资金、技术、资源、信息的交流奠定了良好的基础，为现代服务业的不断创新发展提供保障和支持。

不同国家和地区服务业发展水平不同，由表1-2可以看出，2020年服务业增加值占GDP比重排名前十位的国家和地区服务业比重可以达到77%以上。中国服务业占比54.46%，排在186个国家和地区的第106位。排名最后的也门服务业占比仅有16.77%。全世界服务业平均占比65.73%，服务业是名副其实的全球第一大产业。

表1-2 2020年世界各国或地区服务业增加值占GDP比重（186个国家和地区）

类别	世界排名	国家/地区	所在洲	服务业增加值占GDP比重
前十名国家和地区	1	百慕大	美洲	90.32%
	2	中国香港	亚洲	89.6%
	3	中国澳门	亚洲	88.66%
	4	开曼群岛	美洲	86.92%
	5	黎巴嫩	亚洲	81.27%
	6	美国	美洲	80.14%
	7	安道尔	欧洲	79.82%
	8	卢森堡	欧洲	79.72%
	9	巴哈马	美洲	79.08%
	10	吉布提	非洲	77.27%
全世界		全世界		65.73%
中国	106	中国	亚洲	54.46%
后十名国家和地区	177	柬埔寨	亚洲	36.6%
	178	苏丹	非洲	36.31%
	179	坦桑尼亚	非洲	36.25%
	180	尼日尔	非洲	36.17%
	181	乌兹别克斯坦	亚洲	35.84%

（续表）

类别	世界排名	国家/地区	所在洲	服务业增加值占 GDP 比重
后十名国家和地区	182	刚果（金）	非洲	35.71%
	183	塔吉克斯坦	亚洲	35.25%
	184	马里	非洲	34.43%
	185	塞拉利昂	非洲	30.98%
	186	也门	亚洲	16.77%

数据来源：由 https：//www.kylc.com/stats/global/yearly/g _ service _ value _ added _ in _ gdp/2020.html 网站数据整理

（一）服务业的含义

随着技术的进步、产业结构的发展，服务业所占的比重不断增加，但是服务业到底包括哪些部门和行业一直没有统一的规定，服务业和第三产业的关系也有很多争议。一般认为英国经济学家费希尔在其《安全与进步的冲突》一书中首先提出了“第三产业”这个概念。1940 年，英国的经济学家克拉克在其《经济进步的条件》中在经济学统计上进行了第一、第二、第三产业的分类，后来修订第三版时，使用服务业替代第三产业。2017 年中国国家统计局在《国民经济行业分类》（GB/T 4754—2011）中明确指出，第三产业即服务业。

服务业是专门从事生产或提供各种服务的行业和部门的总称。服务业为工业、农业及自身行业的发展提供生产资料和消费资料，同时提高三大产业的生产效率。可以从以下几个方面理解服务业的概念。

1. 服务业是一个既抽象又具体的概念

因为服务业生产和消费的产品是无形的、不易事先观察的，相对于农业和工业生产的实物产品而言，服务业的概念是很抽象的。但是服务业又是具体的，虽然服务业的产品是无形的，但它同样具有使用价值和价值，能给人们带来效用，从这个方面讲，服务业概念也是具体的。

2. 服务业是一个多层次的概念

服务业包括的行业门类庞杂，并且不断地更新变化，不同服务行业之间技术要求、功能特点、发展趋势和经济贡献等具有很大的差异。

3. 服务业是一个动态的概念

这个“动态”一方面从时间角度理解：一个国家和地区在不同的历史发展阶段，技术发展水平不断变化，服务业所包含的内容不尽相同，对服务业的理解也各有不同。另一方面从空间角度理解：目前全球来看，不同的国家处于不同的经济发展阶段，经济和技术的进程不完全一样，对服务业的理解也不尽相同。不同国家和经济组织对于服务业所包含的内容也会定期进行修订。

（二）服务业分类

1. 服务业的理论分类

（1）按时间序列分类。服务业按时间序列可以分为传统服务业和现代服务业。传统服务业指的是专门为日常生活提供各种服务的行业，这些行业很早就出现了，如餐饮业、商业、住宿业、运输业等。现代服务业指随着科学技术的进步，依托信息技术和现代管理理念发展起来的服务业，是信息技术与服务业结合的产物。现代服务业主要有两类：一类是传统服务业与现代技术和管理理念相结合，衍生出的新的服务业形态，如现代金融业、现代商业等。另一类是直接由信息技术和其他科学技术的发展而创新出来的新兴服务业形态，如移动通信服务、信息咨询服务、计算机和软件服务、会议展览等。

现代服务业具有高人力资本、高技术含量、高附加值的三高特点，发展上呈现出新技术、新业态、新方式的三新态势。现代服务业的发展，对一个国家的技术创新、产业结构调整起着非常重要的作用。

（2）按功能进行分类。按照服务业在生产、流通、消费的社会再生产过程中作用不同进行分类，分为消费者服务业、生产者服务业及分配服务业。

消费者服务业指为消费者在市场提供所需服务的行业和部门，提供的服务包括家庭和生活的各个方面。消费者服务的内容是非常庞杂的，包括餐饮、理发、医疗、美容、娱乐等。消费者服务业的发展来源于消费者的最终需求，其在功能分类中居于中心地位，因为其是所有经济活动的起点和终点。

生产者服务业是为生产者生产过程提供服务的行业和部门。企业在市场上购买生产者服务，作为生产过程投入的中间服务，助推企业的生产和发展。这些服务包括广告、会计、管理、保险等。生产者服务业被认为是最具生产动力的，尤其是知识和技术密集型的服务业的投入，将有力地推动企业更高效率地生产和发展。

分配服务业是帮助消费者和生产者的商品或服务的交换和运输提供服务的部门和行业，分配服务属于追加性的服务，都是由于对商品的直接需求而派生出来的，包括运输业、批发业等。表 1－3 汇总了商品产业与服务产业的分类。

表 1－3 商品产业与服务产业的分类

商品生产部门	农业、制造业、建筑业、采矿业、石油与煤气业、公共事业（水电气）、林业、渔业与捕获业

（续表）

服务生产部门	消费者服务业	招待与食品服务、私人服务、娱乐与消遣服务、杂项服务
	生产者服务业	企业管理服务、金融服务、保险与房地产
	分配服务业	运输与贮藏、交通与邮电、批发与零售

2. 服务业的统计分类

(1) 中国服务业统计分类。2012 年中国国家统计局重新划分第一、第二、第三产业，发布了《三次产业划分规定（2012)》，其中明确指出“第三产业即服务业”，1985 年制定的关于三次产业的划分自此废止。

国家统计局 2017 年 6 月 30 日发布并于 2017 年 10 月 1 日实施了《国民经济行业分类》(GB/T 4754—2017)，内容包括范围、术语和定义、分类的原则和规定等，成为三大产业分类的基础。根据该分类，2018 年国家统计局对《三次产业划分（2012)》中的行业类别进行了调整，仍明确指出“第三产业即服务业”，包含内容如表 1-4 所列。

表 1-4　第三产业分类

门类	名称
A	农、林、牧、渔业及辅助性活动
B	开采专业及辅助性活动
C	金属制品、机械和设备修理业
F	批发和零售业
G	交通运输、仓储和邮政业
H	住宿和餐饮业
I	信息传输、软件和信息技术服务业
J	金融业
K	房地产业
L	租赁和商务服务业
M	科学研究和技术服务业
N	水利、环境和公共设施管理业
O	居民服务、修理和其他服务业
P	教育

（续表）

门类	名称
Q	卫生和社会工作
R	文化、体育和娱乐业
S	公共管理、社会保障和社会组织
T	国际组织

资料来源：《国民经济行业分类》（GB/T 4754—2017）

国家统计局关于服务业的分类还分为生产性统计和生活性统计，同样依据《国民经济行业分类（2017）》，国家统计局还公布了《生产性服务业统计分类（2019）》和《生活性服务业统计分类（2019）》，以便更合理地对生产性服务业和生活性服务业进行统计分类。

（2）联合国标准产业分类法。1968 年，联合国《国际标准产业分类》按照服务的功能对产业进行了分类，分为 4 大类和 14 小类，经过多次版本的修订，目前最新版是《国际标准产业分类》第四版（2018）。第四版结构上更为具体详细，尤其是为了适应新兴行业的需要，创新地加入了“信息和通信”这种新门类。新版共包括 21 个门类，具体如表 1－5 所列。

表 1－5　联合国标准产业分类

门类	名称
A	农业、林业和渔业
B	采矿和采石
C	制造业
D	电、煤气、蒸气和空调供应
E	供水；污水处理、废物管理和补救活动
F	建筑业
G	批发和零售贸易；机动车辆和摩托车的修理
H	运输和储存
I	食宿服务活动
J	信息和通信
K	金融和保险活动

（续表）

L	房地产活动
M	专业和科技活动
N	行政和支助服务活动
O	公共行政和国防；强制性社会保障
P	教育
Q	人体健康和社会工作活动
R	艺术、娱乐和文娱活动
S	其他服务活动
T	家庭作为雇主的活动；家庭自用、未加区分的生产货物及服务的活动
U	域外组织和机构的活动

资料来源：《国际标准产业分类》第四版

（3）世界贸易组织分类法。世界贸易组织的服务贸易文件《服务贸易总协定》不断进行完善，分类基础依据《联合国中心产品分类系统》。按照世界贸易组织最新的统计规则，服务部门分为 12 大类，具体如表 1－6 所列。

表 1－6　《服务贸易总协定》关于服务部门的分类

部门	分部门
商务服务（Business services）	专业服务、计算机及相关服务、研究和开发服务、房地产服务、不配技术的租赁或出租服务、其他商务服务
通信服务（Communication services）	邮政服务、速递服务、电信服务、视听服务、其他
建筑和相关工程服务（Construction and related engineering services）	建筑物的一般建筑服务、土木工程的一半建筑工作、安装和组装工作、建筑物竣工和休整工作、其他
分销服务（Distribution services）	佣金代理服务、批发服务、零售服务、特许经营、其他
教育服务（Educational services）	初等、中等、高等、成人教育服务和其他教育服务
环境服务（Environmental services）	排污服务、废物处理服务、卫生和类似服务、其他

（续表）

部门	分部门
金融服务（Financial services）	保险和保险相关服务、银行和其他金融服务、其他
健康及社会服务（Health related and social services）	医院服务、其他人类卫生服务活动、社会服务、其他
旅游及相关服务（Tourism and travel related services）	饭店和餐馆、旅行社和旅行社经营者服务、导游服务、其他
文化、娱乐及体育服务（Recreational，cultural and sporting services）	文娱服务（包括剧团、现场和马戏场服务）、通信社服务、图书馆、档案馆、博物馆和其他文化服务、体育和其他娱乐服务、其他
运输服务（Transport services）	海运服务、内河运输服务、航空运输服务、航天运输服务、铁路运输服务、公路运输服务、管道运输服务、运输辅助服务、其他
其他未包括的服务（Other services not included elsewhere）	

资料来源：WTO 网站

（三）服务业的发展趋势

1. 发展中国家服务业占比将继续提升

从全球范围来看，很多发达国家的服务业比例达到 70%～80%。随着国民收入的不断提高，发展中国家的服务业的比例将逐步上升，服务业对发展中国家的影响也将不断增加。

2. 服务业内部结构继续调整，新兴服务业不断涌现

由于信息技术和现代管理技术的不断发展，新兴服务业不断涌现。由于激烈的市场竞争及这些产业可能具有更高的生产效率和收益，劳动力和资本将向这些行业转移。

3. 高技术服务业发展成为国家科技竞争的重要力量

高技术服务业具有高技术含量、高附加值、高创新能力及强溢出效应等特点，对其他产业发展的带动作用突出，成为促进国家科技竞争的重要力量，也成为国际竞争的焦点之一。

第二节　国际服务贸易

什么是国际服务贸易？智利的车厘子进口到中国是货物贸易，但是伴随着车厘子贸易的海洋运输、保险服务、金融支付、数据跨国服务等都属于服务贸易。跨国旅游是服务贸易，新冠疫情期间快速发展的国际网上教育是服务贸易，金融和保险国际服务属于服务贸易，由此可见，国际服务贸易有多种多样的类型，且处在不断发展的过程中。

一、国际服务贸易的概念

20 世纪 70 年代初经济合作与发展组织（OECD）的一份报告中首先使用“服务贸易”一词，之后开始被广泛采用。迄今为止，国际服务贸易仍缺乏统一和精确的概念，不同单位和组织对服务贸易的概念基本属于描述性的，往往各有侧重。

（一）国际服务贸易定义

1. 传统的定义

国际服务贸易的传统定义认为，当一国（或地区）的劳动力向另一国（或地区）的服务需求者提供服务并相应获得外汇收入的全部过程，即形成服务的出口；反之，当一国（或地区）的服务需求者购买他国（或地区）劳动力所提供的服务，并相应支付外汇的全部过程，即构成服务的进口。

这一定义涉及国籍、国界、居民、非居民等问题，比如人员移动与否、服务过境与否、国民之间的服务交换等问题。由此可见，具体的国际服务贸易活动具有各种复杂性。

2.《服务贸易总协定》(GATS) 关于服务贸易的定义

关税与贸易总协定（GATT）“乌拉圭回合”谈判中提议将服务贸易作为国际贸易的一个新型议题进行讨论，服务贸易的概念立刻成为发展中国家和发达国家争论的焦点。经过多轮的艰苦谈判，终于达成了《服务贸易总协定》(GATS)。1995 年 1 月 1 日，WTO 正式运行，GATS 作为“乌拉圭回合”一揽子协议组成部分和世界贸易组织（WTO）对国际贸易秩序的管辖依据之一同时生效。《服务贸易总协定》将服务贸易定义为：(1) 自一成员领土向任何其他成员领土提供服务；（2）在一成员领土内向任何其他成员的服务消费者提供服务；（3）一成员的服务提供者通过在任何其他成员领土内的商业存在提供服务；（4）一成员的服务提供者通过在任何其他成员领土内的自然人存在提供服务。

具体来说，《服务贸易总协定》规定国际服务贸易具体包括以下四种方式：

跨境交付（Cross-border Supply）。服务的提供者在一成员的境内向另一成员境内的消费者提供服务。这种服务方式服务提供者与消费者不需要过境移动，需要移动过境的是“服务”本身。此种服务一般是利用现代化通信技术实现的，如医生、律师利用视频、电子邮件等现代通信技术在本国向另一国消费者提供的专业咨询服务等。

境外消费（Consumption Abroad）。服务的提供者在一成员的境内向来自另一成员的消费者提供服务。这种服务方式一般指通过服务的消费者过境移动来实现，如外国求学者到本国接受教育或外国病人到本国接受医疗服务等。

商业存在（Commercial Presence）。一成员的服务提供者在另一成员境内设立商业机构或专业机构，为后者境内的消费者提供服务。这种方式既可以是在一成员境内组建、收购或维持一个法人实体，也可以是创建、维持一个分支机构或代表处。如一成员的银行或保险公司到另一成员境内开设分行或分公司，提供金融、保险服务，又或一成员的律师到另一成员境内开设律师事务所为当地消费者提供律师服务。

这种服务提供方式有两个主要特点：一是服务的提供者和服务消费者都在消费者成员的境内；二是服务提供者到消费者所在地的境内采取了设立商业机构或专业机构的方式提供服务。

一般认为，四种服务提供方式中最为重要的方式就是商业存在。商业存在设立的商业机构或专业机构的工作人员可以完全由当地雇佣的人员组成，也可以由境外人员参与。在后一种情况下，这些境外人员以自然人流动的方式提供服务。例如中国的律师到美国没有建立律师事务所，直接向美国的消费者提供法律咨询服务；中国学者以自然人身份赴国外讲学、技术指导等。自然人流动与商业存在的共同点是服务的提供者都进入服务消费者所在境内，区别在于前者以自然人方式提供服务，后者通过建立商业机构和专业机构提供服务。

案例 1－3

劳合社中国

劳合社是世界领先的保险和再保险市场。劳合社保险（中国）有限公司（以下简称“劳合社中国”）是劳合社经中国保监会批准在中国设立的全资子公司。

2000年12月，劳合社在北京开设代表处。2007年3月，劳合社在中国上海成立全资子公司——劳合社再保险（中国）有限公司，从事非寿险再保险业务。2010年5月，劳合社中国获得中国保险监督管理委员会的批准，在经营原非寿险再保险业务的基础上，扩展经营非寿险直接保险业务。从2011年9月开始，劳合社中国已正式开始按照扩展的营业范围经营保险业务。劳合社中国有28个承保部（截至2021年6月）。

（资料来源：https://www.lloyds.com.cn/#/）

案例思考：

1. 劳合社中国在中国国内进行的业务属于国际服务贸易吗？
2. 搜集资料了解劳合社的历史背景和发展状况。

案例1-4

朱婷海外比赛

朱婷是中国著名的排球运动员，后来与瓦基弗银行俱乐部签约海外打球。朱婷在瓦基弗银行的3个赛季里，一共帮助球队获得了8个冠军，其中包括2个联赛冠军、2个欧冠比赛冠军以及2个世俱杯比赛冠军，同时个人6次荣膺MVP、4次当选最佳主攻，被称为“MVP收割机”。

案例思考：

1. 朱婷海外打球属于何种类型国际服务贸易？
2. 请列举类似的国际服务贸易的例子。

3. BOP对国际服务贸易的定义

BOP指国际收支平衡表（Balance of Payment），是国际货币基金组织（IMF）统一规定和统一使用的各国国际收支账户形式。BOP账户中的服务指“居民与非居民之间的服务交易”。一成员的居民通常指在该成员境内居住1年的自然人和设有营业场所并提供货物或服务生产的企业法人。因此，BOP所定义的国际服务贸易主要是服务的跨境交易。

BOP和GATS对国际服务贸易的定义有明显的区别，GATS将BOP的服务定义从“居民与非居民之间的服务交易”扩展到商业存在这种“居民与居民的非跨境交易”。显然，GATS关于服务贸易的范围更加广泛。

（二）国际服务贸易与相近概念的关系

1. 国际服务贸易与国际货物贸易

国际服务贸易和国际货物贸易区别主要体现在：(1) 标的不同。货物贸易的标的是有形的货物，服务贸易的标的是无形的服务。(2) 标的是否需要跨境。货物贸易的标的一般需要跨境才能实现，而服务贸易的标的可以不跨境就达成。(3) 贸易实现。货物贸易的实现需要各生产要素的结晶——产品实现跨国移动，而服务贸易往往只需要人员、资本、技术、知识的一项移动即可完成（表 1-7）。

表 1-7　货物贸易与服务贸易的区别

	货物贸易	服务贸易
标的	货物	服务
是否需要跨境	一般要跨	可以不跨
贸易实现	产品移动	往往人员、资本、技术、知识的一项移动即可

国际服务贸易与国际货物贸易既有区别，也有联系：部分服务贸易伴随着货物贸易的发生而实现，比如运输服务、仓储服务、售后服务等，这些“追加服务贸易”是围绕着有形的货物贸易进行和发展的。

2. 国际服务贸易与国际无形贸易

国际无形贸易包括全部国际服务贸易之外，还包括国际直接投资收支、捐赠、侨汇、赔偿等无偿转移，因此，国际无形贸易的范围要大于国际服务贸易的范围。

3. 国际服务贸易与国际服务交流

国际上服务人员的流动可以分为三类：(1) 政府间各种互派免费服务。(2) 服务人员到另一国（或地区）工作，就地消费。(3) 服务人员到另一国（或地区）工作，获取服务收入后，有收支的过境流动。

第一、二类服务人员流动都不涉及外汇收支的过境流动，属于国际服务交流。第三类属于国际服务贸易，按 GATS 的定义分类，该种服务贸易属于自然人流动。

二、国际服务贸易的特点

（一）服务贸易标的一般具有无形性

相对于货物贸易而言，服务贸易的标的——服务一般都是无形的，这种无形性会导致人们很难目睹服务的进口和出口过程。例如当人们乘坐航班准备出国时，可能是出国旅游、境外求学、提供专业咨询服务等，也可能是探亲访友、参加会议等。这种情况如不进行仔细的咨询调查，很难判断是不是属于服务贸易及属于哪种服务贸易。随着科学技术的发展，部分服务出现了“物化”特征，比如说存储在各种设备中的多种多样的电子信息，但是如果相关进出口的负责人员不能识别其内容及价值，同样也无法判断其是否属于国际服务贸易进出口。

（二）交易过程与生产和消费过程一般具有同时性

一般而言，国际服务贸易的交易过程与服务产品的生产和消费过程是同步的。比如境外旅游的交易过程，与旅游服务提供者的生产和消费者的消费过程是同步的。这种特点也导致在进行国际服务贸易中，很多情况下，要求服务的提供者和消费者在实体上接近，这也是国际服务贸易形式中商业存在快速发展的重要原因之一。

（三）国际服务贸易主体地位具有多重性

国际服务贸易中服务的出口者就是服务的生产者，并且作为服务消费过程中的物质要素，直接加入服务的消费过程中；服务的进口者往往就是服务的消费者，并且作为服务的生产者的劳动对象，直接参与到服务产品的生产过程中。如国际医疗服务中，医疗服务的提供商及出口商也是服务的生产者，参与到消费者的消费过程中；医疗服务的消费者也即进口者，作为服务提供者的对象，参与到医疗服务生产过程中。

（四）服务贸易市场具有高度垄断性

一方面发达国家和发展中国家在国际服务贸易领域存在严重的不平衡；另一方面服务市场的开放涉及很多敏感领域，如航空运输、跨国银行、通信工程、国际教育等，可能影响一个国家（或地区）的主权、安全、伦理道德等，因此服务贸易市场具有高度的垄断性，受到国家相关部门的严格管制。

（五）服务贸易保护方式更具有刚性和隐蔽性

货物贸易保护一般采用的是关税壁垒和非关税壁垒的方法，但是由于服务的特点与货物的特点明显不同，很难采用货物贸易保护常用的方法。服务贸易一般采用市场准入方面的限制，或者准入后进行经营权方面的限制等，这种保护方式通常以国内立法或相关行业规定的方式来实施。此外，国际货物贸易一般以“奖出”的方式来促进其发展，但国际服务贸易一般以行业性贸易保护和限入式的防御性的保护措施为主，这种方式使国际服务贸易受到的限制和障碍往往更具有刚性和隐蔽性。

(六)营销管理具有更大的难度和复杂性

无论在宏观层面还是在微观层面，服务贸易的营销管理都比货物贸易的营销管理难度更大，复杂性更高。宏观层面来看，国际服务贸易的管理除了对服务贸易的标的——服务的管理，还涉及对服务提供者和消费者的管理，必然牵扯到人员签证、劳工政策等一系列更为复杂的问题；服务贸易有很多领域涉及国家的主权、安全、伦理道德等敏感区域，营销管理更趋复杂；国家主要采用法律法规的方式管理和调控服务贸易，法律法规的制定和实施存在滞后性，管理存在一定的难度。从微观层面看，服务具有异质性，由于服务的提供和消费都以人为中心，服务很难有标准的质量评价，这使得国际服务贸易的质量控制具有不确定性，也很难通过类似于货物贸易的包退包换等方式缓解质量问题的争议，使得国际服务贸易的营销管理难度更大。

第三节 国际服务贸易兴起与发展

随着经济的发展，一国的产业结构逐渐有规律地发生变化，从以第一产业为主过渡到以第二产业为主，再发展到以第三产业（服务业）为主。国际服务贸易是从一国国内服务经济基础上通过服务业的国际化和国际分工发展起来的。

一、国际服务贸易的产生

(一)社会发展阶段对服务业发展的影响

1. 工业社会之前

在人类进入工业社会之前的这个阶段，大部分人主要从事农业、狩猎等第一产业领域的工作。此阶段劳动表现主要为体力劳动，人们依照季节的变化安排生活节奏。财富的多少取决于水、矿产、资源等的可获得性，并受到土地和自然气候的影响。由于科技水平的限制，劳动生产率低下，社会经济基本以家庭自给自足为核心，社会需求较为缺乏。

2. 工业社会阶段

在工业社会阶段，首先发展起来的是农产品的加工工业及纺织工业，进而发展起来的是具有地方市场的制造工业，工业活动的比重不断增加。此阶段生活节奏取决于工业活动，生产力更多地取决于机械的管理能力。人们的生活质量以生产出来的产品数量来衡量。人口逐步向城市集中，扩大了对零售、商业银行、保险等服务的需求，运输、通信、银行及其他服务成为社会运行的基础。在工业生产的过程中，一部分劳动者专门从事维修、保卫、管理、零售等服务业。随着工业社会分工细化和专业化程度的提高，原来企业内部生产的工作越来越适合交给外部的机构来进行专业化生产，从而提高规模效益。

3. 工业社会后期阶段

工业社会发展到后期阶段，服务业包含的门类不断增加，服务业的规模也不断扩大，大部分人从事服务领域的工作。人们的生活质量取决于教育、医疗、交通运输等服务的可获得性和质量。劳动主要表现为通过职业能力和创造性的智力进行工作。

（二）服务在经济和社会发展中起决定性作用

随着经济的发展和社会分工的深化，服务在经济和社会发展中逐步起到了决定性作用：(1) 如果没有运输系统的支持，农业、工业、采矿业都无法运转，从而难以发展。(2) 如果没有银行、保险、法律咨询、销售和售后服务等，生产经营活动将无法运作。(3) 交通、通信、医疗、教育等服务的数量和质量决定人们的生活质量。(4) 公共服务的运行和质量决定了社会保障的能力，奠定了社会进步的基础。

（三）服务业成为现代国际社会的基础

视频 1－2　服务业成为现代国际社会的基础

随着各国服务业比例的增加及服务业的国际化发展，服务业成为现代国际社会的基础，主要体现在以下几个方面：(1) 服务业的竞争力影响各国在国际贸易中的获利能力。随着生产国际化不断发展及各国深度参与国际分工，服务业发展状况成为国家间经贸往来、相互合作的基础，服务业的发展状况对一国的获利能力产生直接和间接的影响。(2) 服务业同时提高第一产业和第二产业的竞争力。尤其是生产性服务业的高效发展，在其投入第一产业和第二产业生产过程中后，其生产效率将直接传导给相关产业。(3) 服务业的连接有助于国际资本的流动、生产体系的国际化。(4) 服务业具有环境污染轻、抗经济萧条能力高的特点，有助于国际社会稳定及可持续发展。

总之，从工业革命开始到第二次世界大战之前是国际服务贸易发展的重要转折时期。工业革命之前，农业社会服务业虽然产生但发展缓慢，国际服务贸易更是难以发展。工业革命之后，分散而脆弱的商品经济向以大生产为基础的较发达的商品经济过渡，社会分工不断细化，生产率大幅提高，社会分工进一步深化。

各主要资本主义国家在大力发展工业的同时，服务业也随之发展起来，国际货物贸易规模扩大，国际服务贸易也开始兴起与发展。

二、二战后国际服务贸易的发展

（一）作为国际货物贸易附属地位的服务贸易（二战结束至1970年）

这个阶段服务贸易基本上都是围绕着国际货物贸易进行的，如仓储、运输、保险等服务，仅作为货物贸易的附属形式，人们还没有意识到将服务贸易作为一个独立对象进行对待和分析。所以，尽管这个阶段实际上存在国际服务贸易，但是人们在意识上还没有认识到服务贸易，也没有对服务贸易进行具体统计。

（二）国际服务贸易快速增长阶段（1970—1994年）

随着技术、运输、通信的发展，尤其是信息技术的高度发展，使得原来不可贸易的服务变得可以进行跨国交易了，国际服务贸易进入快速增长阶段。20世纪70年代，世界服务贸易出口与货物贸易出口均保持快速增长且大体持平，年均增长17.8%；进入80年代，世界服务贸易出口平均增速甚至开始高于货物贸易[①]。关税与贸易总协定发布的《1990—1991年度国际贸易报告》中提到1980年至1991年，国际货物贸易的年均增速只有5.5%，同时期国际服务贸易的年均增长率达到7.5%。

在这个阶段里，劳务输出、技术贸易、旅游、银行服务、保险服务等国际服务贸易发展较快，促进了国际服务贸易整体增速提高。这一时期发达国家的服务贸易发展最为迅猛，并且占据主导地位。

（三）国际服务贸易在规范中逐步走向自由化发展阶段（1994年以来）

GATS于1994年4月正式签署，并于1995年1月1日正式生效，这标志着国际服务贸易的发展进入一个全新的历史时期。GATS在促进国际服务贸易的规范中逐步向自由化的方向发展，大大促进了世界服务贸易的发展。1994年以来，世界服务贸易保持快速增长的趋势，服务贸易结构也在不断优化。

三、当代国际服务贸易发展的特点

《2019年世界贸易报告》显示服务业已成为全球经济的支柱和国际贸易最具活力的组成部分，自2011年以来，服务贸易保持快速增长的趋势，增速超过货

---

① 中国服务贸易指南，http://tradeinservices.mofcom.gov.cn/article/tongji/guonei/qitatj/200902/17282.html。

物贸易。当代国际服务贸易发展呈现出以下特点：

（一）国际服务贸易快速发展

表 1－8 至表 1－10 显示 2006 年至 2021 年世界服务贸易变化情况：2021 年世界服务贸易进口总额达到 56234.58 万亿美元，是 2006 年的 1.90 倍；2021 年世界服务贸易出口总额达到 60716.33 万亿美元，是 2006 年的 2.00 倍；2021 年世界服务贸易进出口总额达到 116950.91 万亿美元，是 2006 年的 1.95 倍。由此可见，随着经济发展和科学技术水平的提高，国际服务贸易经历了快速增长。

表 1－8　2006—2021 年世界服务贸易进口额（单位：百亿美元）

年份	世界服务贸易进口总额	运输进口额	旅游进口额	其他服务进口额
2006	2962314	776814	702897	1482603
2007	3499626	934892	810889	1753845
2008	3963436	1073343	880166	2009927
2009	3563797	840320	808405	1915072
2010	3877940	988477	874795	2014668
2011	4330366	1126065	965331	2238970
2012	4481004	1162986	1018056	2299962
2013	4729971	1177732	1093697	2458542
2014	5151248	1178876	1245512	2726860
2015	4901899	1065963	1185355	2650581
2016	4930193	1017649	1211595	2700949
2017	5338782	1115465	1297590	2925727
2018	5819639	1245983	1394394	3179262
2019	6032617	1237253	1402460	3392904
2020	4907742	1025264	557327	3325151
2021	5623458	1374130	609975	3639353

数据来源：联合国贸易与发展会议数据库

表 1－9　2006—2021 年世界服务贸易出口额（单位：百亿美元）

年份	世界服务贸易出口总额	运输出口额	旅游出口额	其他服务出口额
2006	3036072	651460	762543	1622069
2007	3633429	781167	880422	1971840
2008	4078320	907242	968834	2202244
2009	3657748	704351	889677	2063720

（续表）

年份	世界服务贸易出口总额	运输出口额	旅游出口额	其他服务出口额
2010	3977658	821242	963046	2193370
2011	4474546	898253	1077394	2498899
2012	4603141	913328	1112548	2577265
2013	4891637	938698	1202488	2750451
2014	5248157	989326	1252273	3006558
2015	5010812	895677	1204672	2910463
2016	5090595	860887	1233555	2996153
2017	5539028	944144	1330486	3264398
2018	6104846	1036324	1436933	3631589
2019	6290557	1041119	1474833	3774605
2020	5179459	856245	553402	3769812
2021	6071633	1158494	614663	4298476

数据来源：联合国贸易与发展会议数据库

表 1-10　2006—2021 年世界服务贸易进出口总额

（单位：百亿美元）

年份	世界服务贸易进出口总额	运输进出口总额	旅游进出口总额	其他服务进出口总额
2006	5998386	1428274	1465440	3104672
2007	7133055	1716059	1691311	3725685
2008	8041756	1980585	1849000	4212171
2009	7221545	1544671	1698082	3978792
2010	7855598	1809719	1837841	4208038
2011	8804912	2024318	2042725	4737869
2012	9084145	2076314	2130604	4877227
2013	9621608	2116430	2296185	5208993
2014	10399405	2168202	2497785	5733418
2015	9912711	1961640	2390027	5561044
2016	10020788	1878536	2445150	5697102
2017	10877810	2059609	2628076	6190125

（续表）

年份	世界服务贸易进出口总额	运输进出口总额	旅游进出口总额	其他服务进出口总额
2018	11924485	2282307	2831327	6810851
2019	12323174	2278372	2877293	7167509
2020	10087201	1881509	1110729	7094963
2021	11695091	2532624	1224638	7937829

数据来源：联合国贸易与发展会议数据库

（二）国际服务贸易结构进一步优化

随着科学技术水平的提高，现代服务业不断发展，以高新技术为核心的服务业成为服务贸易发展的“助推器”。资本密集型、知识密集型、技术密集型的服务贸易迅速发展，逐步占据主导地位，传统服务贸易的地位趋于下降。《2019 年世界贸易报告》指出：分销和金融服务是全球交易量最大的服务，分销和金融服务各占服务贸易的近 1/5，而计算机服务和研发贸易的平均年增长率在 2005 年至 2017 年是最快的（超过 10%）。有些服务，如教育、保健或环境服务，虽然目前在贸易中所占的份额很小，但正在迅速增加。

从表 1－11 中可以看出，2006 年运输进出口占 23.8%，旅游进出口占 24.4%，其他服务贸易进出口占 51.8%。一般认为运输服务和旅游服务属于传统服务贸易，其他服务属于现代服务贸易，其他服务主要包含电信、计算机和信息服务、金融服务、知识产权使用费、保险服务、建筑服务、个人文化及娱乐服务等。随着近 15 年的发展，其他服务进出口整体呈现上升的趋势。从 2006 年的 51.8%上升到 2021 年的 67.8%。由此可见，以知识、技术密集型为主的其他服务进出口增长明显超过了传统的运输和旅游服务进出口的增长，国际服务贸易结构进一步优化。

表 1－11　2006—2021 年世界服务贸易其他服务出口占比

年份	世界服务贸易进出口	运输进出口	旅游进出口	其他服务进出口
2006	100%	23.8%	24.4%	51.8%
2007	100%	24.1%	23.7%	52.2%
2008	100%	24.6%	23.0%	52.4%
2009	100%	21.4%	23.5%	55.1%
2010	100%	23.0%	23.4%	53.6%

（续表）

年份	世界服务贸易进出口	运输进出口	旅游进出口	其他服务进出口
2011	100%	23.0%	23.2%	53.8%
2012	100%	22.9%	23.5%	53.6%
2013	100%	22.0%	23.9%	54.1%
2014	100%	20.8%	24.0%	55.2%
2015	100%	19.8%	24.1%	56.1%
2016	100%	18.7%	24.4%	56.9%
2017	100%	18.9%	24.2%	56.9%
2018	100%	19.1%	23.7%	57.2%
2019	100%	18.5%	23.3%	58.2%
2020	100%	18.7%	11.0%	70.3%
2021	100%	21.7%	10.5%	67.8%

数据来源：联合国贸易与发展会议数据库

（三）世界服务贸易发展不平衡

世界服务贸易发展过程中，发展中国家和地区努力提升服务贸易的规模和地位，但是发达国家和地区在全球服务贸易中仍占主导地位。

从表 1－12 来看，世界服务贸易出口前十名的国家或地区分别为：美国、英国、中国、德国、爱尔兰、法国、荷兰、印度、新加坡、日本，其中排名第一的美国服务贸易优势明显。前十位中发展中国家和经济体有中国和印度，新型工业化国家有新加坡，发达国家和经济体占 7 位，发达国家明显占多数。从全球范围内来看，联合国与贸易发展会议公布的 2021 年《世界服务贸易》中提到出口前十名的国家和经济体的份额占到世界出口总额的 58%，且过去 15 年中，最不发达国家出口占比低于 0.6%，世界服务贸易发展显著不均衡。

表 1－12　2021 年世界服务贸易出口排名

排名	出口国家或地区	金额（十亿美元）	增长（%）
1	美国	795	9.5
2	英国	418	8.2
3	中国	392	39.8

（续表）

排名	出口国家或地区	金额（十亿美元）	增长（%）
4	德国	377	21.4
5	爱尔兰	338	21.2
6	法国	303	19
7	荷兰	248	10.4
8	印度	241	18.5
9	新加坡	230	9.6
10	日本	168	3.6

数据来源：联合国贸易与发展会议《2021年世界服务贸易》

从表1-13可以看出，进口前十名的国家或地区分别为美国、中国、德国、爱尔兰、法国、英国、荷兰、新加坡、日本、印度，发展中国家和经济体只有中国和印度，分别排名第二位和第十位，新型工业化国家新加坡排第八位，其余7位均为发达国家。

表1-13　2021年世界服务贸易进口排名

排名	进口国家或地区	金额（十亿美元）	增长（%）
1	美国	550	17.9
2	中国	441	15.8
3	德国	381	22.5
4	爱尔兰	341	−2.3
5	法国	258	9.5
6	英国	243	14.7
7	荷兰	237	11.1
8	新加坡	224	9.7
9	日本	207	5.2
10	印度	196	27.5

数据来源：联合国贸易与发展会议《2021年世界服务贸易》

（四）商业存在形式实现的国际服务贸易规模扩大

商业存在是《服务贸易总协定》定义的全球四种服务贸易模式之一。随着世界范围内产业结构不断地升级和转移，外国直接投资大多进入了服务业领域，尤其是在金融、电信和房地产等服务部门，直接投资增长迅猛且获益巨大，这为以商业存在模式实现服务贸易打下了坚实的基础。

联合国贸易与发展会议发布的《2014 年世界投资报告》中提到，20 世纪 80 年代全球服务业外国直接投资流入存量占全球的 25%，2007 年这一比重高达 67%，后来经历了 2008 年金融危机的冲击有所下降，2012 年又回升至 60%左右，全球外国直接投资向服务业聚集，有力地推动商业存在规模的扩大。《2019 年世界贸易报告》显示，2017 年商业存在占服务贸易的 58.9%，是四种服务模式中最重要的模式。

（五）国际服务贸易全球化、自由化与贸易壁垒并存

随着全球产业结构的升级及专业化的发展，国际服务贸易呈现出全球化和自由化的长期趋势。因为服务贸易的发展空间和利润空间都很大，具有服务业优势的国家和地区积极通过世界贸易组织和区域贸易组织推进服务贸易的自由化和全球化。

但是服务贸易的发展和服务市场的开放意味着大量生产要素的跨国流动，这将涉及很多敏感的领域，如金融、保险、通信及航空运输等，关系到服务贸易输入国的主权和安全，相关国家往往对此类服务进口进行限制。另外，由于不同的国家和经济体服务业发展阶段和水平不同，从而在国际服务贸易中的分工和地位不同，在服务贸易自由化和全球化中获得的利益是不对等的。一国为了保护国内的幼稚服务产业，往往对本国此类服务市场的开放设置诸多壁垒。

世界贸易组织等全球性或者是地区性的贸易组织，积极推进服务贸易自由化的发展。但是服务贸易自由化不是一蹴而就的，如世界贸易组织的服务贸易市场开放是以成员在服务减让表中的具体承诺为基础的，具体承诺的时间和程度并不一致，具体实施过程也会遇到透明度、审批程序复杂及经营方面等的各种限制。服务贸易壁垒往往具有刚性和隐蔽性，将导致服务贸易自由化和贸易壁垒长时间内共存。

本章自主学习指导

1. 学习重点如下：

（1）概念：服务、跨境支付、境外消费、商业存在、自然人流动。

（2）服务的生产要素。

（3）服务的特点。

（4）服务业的理论分类（分类依据及具体类别）。

（5）国际服务贸易与国际货物贸易的区别与联系。

（6）国际服务贸易与国际无形贸易的区别。

（7）国际服务贸易与国际服务交流的区别。

（8）国际服务贸易的特点。

（9）当代国际服务贸易发展的特点。

2. 查找最新服务贸易数据，了解服务业和服务贸易的重要性。

第二章

国际服务贸易的分类和统计

1. 掌握要素服务贸易的概念及含义；了解要素服务贸易的形式；了解非要素服务贸易的分类；了解国际服务贸易逻辑分类的狭义分类；理解并掌握国际核心服务贸易与国际追加服务贸易的相关内容；掌握国际劳动力流动与国际服务贸易的关系和区别。

2. 理解国际服务贸易统计分类和逻辑分类的优缺点。

3. 掌握BOP统计及FAT统计的相关概念；掌握FAT统计的特点及评价。

2021年国际服务贸易

联合国贸易与发展会议指出："2021年世界服务出口增长17%，高增长证实了2020年大流行性流感相关冲击后经济稳固复苏。尽管如此，2021年达到的6.1万亿美元的全球出口仍然低于2019年的出口数额。由于需求复苏和运输成本上升，2021 年运输出口增加尤其强劲，达到 35%。国际旅行仍然艰难复苏，仅为 2019 年旅游出口的 42%。”

（资料来源：联合国贸易与发展会议《2021 年国际服务贸易》）

案例思考：

1. 案例中数据如何而来？

2. 国际服务贸易统计有哪些分类方法？

第一节　国际服务贸易分类

国际服务贸易的分类标准并没有形成较为统一的意见，一般而言，从实用性、操作性角度出发的分类称为国际服务贸易统计分类，从经济学理论出发进行的分类称为国际服务贸易逻辑分类。

一、国际服务贸易的统计分类

（一）国际服务贸易统计分类及依据

国际服务贸易统计分类是一种操作性的分类，其根据是国际货币基金组织（IMF）统一规定和统一使用的各国国际收支账户形式。这种国际收支账户的格式和项目构成为世界上绝大多数国家所采用，是衡量一国经济在一定时期内同世界上其他国家发生经贸往来所共同遵循的标准。

由表 2－1 看出，国际收支账户主要由经常账户、资本和金融账户及误差与遗漏净额组成，其中经常账户及资本和金融账户是实际交易统计项目，误差与遗漏净额是补偿性交易统计项目，服务属于经常账户中的统计内容。国际服务贸易统计分类的要点是将国际收支账户中的服务贸易流量划分成两种类型：一类是同国际收支账户中的资本和金融账户相关，即同国际的资本流动或金融资产流动相关的国际服务贸易流量，称作要素服务贸易（Trade in Factor Services）流量。另一类只同国际收支账户中的经常项目相关，而同国际资本流动或金融资产流动无直接关联的国际服务贸易流量，称作非要素服务贸易（Trade in Non-factor Services）流量。

表 2-1　国际收支账户的基本形式

1. 经常账户 1.1 货物和服务 货物 服务 1.2 初次收入 1.3 二次收入	2. 资本和金融账户 2.1 资本账户 2.2 金融账户 3. 误差与遗漏净额

资料来源：http：//www.stats.gov.cn/ztjc/tjzdgg/hsyjh1/hszs2020/202011/t20201112_1800907.html，《国际收支手册第六版》（BPM6）中文版

（二）要素服务贸易

1. 要素服务贸易的含义

国际服务贸易统计中，要素服务贸易有专门的含义，仅仅指资本提供服务所获得的报酬的跨国转移。

经济学中的三大基本生产要素包括土地（自然资源）、劳动力和资本，经济中所有的财富都是由这三种生产要素提供服务的结果。土地提供服务的报酬是地租，劳动力提供服务的报酬是工资，资本提供服务获得的报酬是利息或利润。在国际经济与贸易关系中，传统理论认为土地不能进行跨国流动，因此不能通过跨国服务获得收益。劳动力是可以进行跨国服务获得报酬的，如国际工程的承包和建设、专业人员进行的跨国咨询等。但是国际服务贸易统计规则认为，劳动力的跨国服务所获得的报酬同国际的资本流动或金融资产流动没有直接关系，因此不属于国际服务贸易统计中的要素服务贸易。综上分析，国际服务贸易统计中的要素服务贸易仅仅指资本提供跨国服务所获得的收益流量的跨国转移。

2. 要素服务贸易的形式

国际资本流动指资本在国际的转移，基本形式是国际金融资产的跨国输出和输入，主要的实现方式有三种：国际直接投资、国际证券投资和国际信贷。

（1）国际直接投资。当一国的居民（公司、企业或个人）因为某项海外投资而获得对国外资产的管理控制权时，称之为国际直接投资。严格来讲，通过国际直接投资获得的收益流量，并非单纯的资本要素服务报酬，国际直接投资其实是经营管理技能同金融资产跨国转移相结合的国际投资方式。因此，国际直接投资的收益流量要包括两个部分：一部分是资本投资获得的要素服务报酬，即利息或股息，另一部分是经营管理技能所获得的报酬，即企业的利润。国际直接投资这两种报酬流量都将作为要素服务贸易流量计入服务贸易项目。

(2) 国际证券投资。国际证券投资也称为国际间接投资，如果在国外进行的股权或债券投资并没有获得管理控制权时，就是国际证券投资。这种投资一般是在国际债券市场上购买外国政府、银行或工商企业发行的债券，或者在股票市场上购买外国公司的股票而进行的国际投资。买入证券是资本流出，卖出证券是资本流入。由于投资过程没有获得管理控制权，所以也不享受由管理控制权而获得的利润报酬。国际证券投资的主要目的在于获得金融证券资产的利息或股息收益，因此，国际证券投资的利息或股息作为要素服务的报酬流量也要计入服务贸易项目。

(3) 国际信贷。国际信贷指一国政府、国际金融组织或国际银行对非居民（外国政府、银行、企业等）提供的贷款活动。主要包括民间国际信贷、国际金融机构信贷及政府间贷款。

① 民间国际信贷。主要包括商业信贷和银行信贷两种形式。商业信贷是企业之间的国际信贷往来，主要包括租赁信贷、补偿贸易信贷、进出口信贷等。银行信贷指的是商业银行的国际信贷，包括单一行贷款和银团贷款两种形式。银团贷款又称为辛迪加贷款，一般由一家或数家银行牵头，多家金融机构共同组成的银行集团按照同一贷款协议商定的期限和条件向同一借款人提供融资的贷款方式。这种形式一方面可以保证金额庞大的贷款需求，另一方面也可以有效降低参与银行的各种贷款风险。

② 国际金融机构贷款。包括世界性和区域性的国际金融机构贷款，前者如世界银行、国际货币基金组织等对会员国提供的信贷，后者如亚洲开发银行、非洲开发银行、泛美开发银行等对本地区提供的信贷。

③ 政府间贷款。一般以贷款国政府或政府机构名义提供的贷款，如美国的国际开发署、日本的海外经济协会基金组织等向国外提供的贷款，这种贷款一般条件优惠，往往具有经济援助的性质。

上述所有国际信贷类型的利息收入都作为要素服务报酬计入服务贸易项目。

总而言之，无论国际资本流动采用哪种实现方式，按照国际服务贸易统计分类的标准，其获得的收益报酬（利息、股息或利润）都将计入国际服务贸易中的要素服务贸易类型。

（三）非要素服务贸易

非要素服务贸易指与国际资本流动或金融资产流动无直接关联的国际服务贸易流量。非要素服务贸易主要涉及运输服务、旅游服务（旅馆和餐厅）、金融服务、保险服务、咨询、管理、技术等专业服务和特许使用项目等内容。由于非要素服务贸易涉及的内容非常庞杂，很难用单一的标准来衡量，因此，采用剩余法或排除法不失为一种可行的选择。

根据表 2-1，经常账户指记录一个国家货物和服务、初次收入及二次收入的账户，反映一国与他国之间实际资产的转移。其中的服务由要素服务和非要素服务组成。因此非要素服务等于经常账户减去初次收入、二次收入、货物后，再减去要素服务。用公式表示如下：

服务贸易＝经常性账户－货物贸易－初次收入－二次收入

非要素服务贸易＝服务贸易－要素服务贸易

国际服务贸易统计分类见表 2-2 所列。

表 2-2　国际服务贸易统计分类

要素服务贸易	非要素服务贸易
股息（包括利润） 利息 国外再投资的收益 其他资本净收益	运输 旅游（旅馆和餐厅） 金融服务 非要素服务贸易项目保险服务 专业服务（咨询、管理、技术服务） 特许使用项目（许可证等） 其他私人服务

资料来源：国际货币基金组织

二、国际服务贸易的逻辑分类

国际服务贸易统计分类的出发点是尽可能方便地进行国际服务贸易流量的分类和统计，而不过多考虑这种分类是否与一般经济学理论保持一致、是否具有逻辑上的合理性。国际服务贸易逻辑分类依据的是经济理论，出发点是不含对外贸易的国内经济，追求理论逻辑的严密性和合理性。

（一）国际服务贸易的产业分类和产品分类

1. 产业分类

为了简化分析，国际服务贸易理论分析起初暂不考虑对外贸易与政府经济行为，这与一般的经济学分析也是一致的。国内生产总值（GDP）是一个国家（或地区）所有常住单位在一定时期内生产活动的最终成果。经济学分析中一般用 Y 代表国民收入，通常用收入法或支出法来表示国民收入的组成。因此，不考虑对外经济往来和政府经济职能的国内经济可以用以下公式表示：

$$Y=W+R+L+P \tag{2-1}$$

$$Y=C+I \tag{2-2}$$

式（2－1）是用收入法来表示国民收入的构成，即经济中各生产要素所有权者的要素服务报酬综合计算而来。其中 W 代表劳动者提供服务所获得的工资等报酬；R 代表资本所有者提供服务所获得的利息报酬；L 代表土地（自然资源）所有者提供服务所获得的土地服务报酬；P 代表经营管理阶层提供服务所获得的利润报酬。式（2－2）是用支出法衡量国民收入，C 代表家庭的消费总支出，I 代表家庭和企业投资的总支出。

将价值流量关系与产品形态交易关系结合起来考虑，有助于对一个经济体中商品贸易概念和服务贸易概念有更清晰的理解。式（2－3）代表这一时期国民收入总价值或经济体系产品总增量的感性形态。

$$Y=G+S \tag{2-3}$$

由于现代经济的根本特征就是产品必须在市场上销售出去，因此，一个封闭经济体一定时期内国民收入流量即商品贸易流量与服务贸易流量之和。由式（2－3）可以分别计算商品或服务在国民收入中的比重，由此可以反映一个经济体系是商品市场主导型还是服务市场主导型的经济体系。

由于一个经济体系总产品是由商品（货物）与服务两部分组成，因此，需要分析生产这些商品和服务产品的产业分类。布朗宁和辛格尔曼于 1975 年依据联合国“标准产业分类法”（SIC）的规则，将商品（货物）产业与服务产业加以分类（表 2－3）。

表 2－3　商品产业与服务产业分类

商品生产部门	农业、制造业、建筑业、采矿业、石油与煤气业、公共事业（水电气）、林业、渔业与捕获业	
服务生产部门	消费者服务业	招待与食品服务、私人服务、娱乐与消遣服务、杂项服务
	生产者服务业	企业管理服务、金融服务、保险与房地产
	分配服务业	运输与储藏、交通与邮电、批发与零售交易

需要注意的是，表中将建筑业和公共事业都归入商品生产部门，这与现在多数采用的统计分类方法并不相同，目前大部分应用型分类统计方法都将这两部分划入服务生产部门进行统计。但是从最终产品的形态来看，由于建筑业和公共事业（主要是电力、供水和煤气）都是有形的实物产品，布朗宁和辛格尔曼的归类也有其合理之处。

2. 产品分类

重点分析产业分类当中的服务生产部门，考虑到服务与服务业之间的产品与生产关系，在省略政府职能的经济体系中，服务作为服务业的产品可以分为以下三类：消费性服务、生产性服务及分配性服务。

消费性服务指消费者在消费者服务业市场上购买的服务。消费性服务内容丰富，包括个人生活的方方面面。消费性服务是经济社会中占有中心地位的服务，因为按照现代经济学理论，消费者的消费是所有经济活动的起点和终点。

生产性服务是生产者在生产者服务业市场上购买的服务，作为中间要素投入商品和服务的生产过程中。这种类型的服务既包括围绕企业生产的服务（经营管理、会计、广告、保卫等），也包括一些相对独立的产业服务（金融业、保险业、房地产业、法律与咨询行业等）。现代企业生产过程中，科学与技术对企业创新和提高生产效率起着重要的作用，企业往往是通过生产性服务作为中间投入来实现高科技要素投入。生产性服务尤其是高技术服务聚集了大量的专家人才和科技精英，作为知识密集型的服务投入商品生产中，有力地推动了企业规模经济的实现和更高效率的发展。

分配性服务是帮助消费者和生产者获得商品或供应商品而必须购买的服务。分配性服务是派生性的或追加性的服务，这种服务的供给和需求都是由对商品的需求派生而来的。按照与有形商品供给的密切程度，分配性服务可以分为“锁住型”分配服务和“自由型”分配服务。“锁住型”的分配服务是与商品的生产特定阶段不可分离的，其价值或成本是完全附着在有形商品价值之上的，一般指企业自持的商品的仓储、搬运、分配等。另外一种是“自由型”的分配性服务，该种服务可以外化成独立的市场交易对象，企业不需要自行持有，可采用市场购买的方式，比如运输业、仓储业、交通通信业等。

如果将政府经济职能考虑在内，除以上三种服务之外，还包括政府服务。政府提供的服务与民间提供的服务主要的区别不是服务的内容和形式，而是服务提供的资金来源。例如教育服务，如果资金来源是企业或其他民间组织，则属于民间服务；但是如果资金来源于政府，而政府的资金又来源于税收和国有企业的收益，那就属于政府服务。政府服务主要包括国防、社会保障、公共教育和一般行政等，一般行政包括外交、警察保护、司法等。

（二）国际核心服务贸易和国际追加服务贸易

国际服务贸易按照服务产业和产品分类属于狭义的分类，这种分类仅关注生产产业和生产产品的区别。按照不同的理论，国际服务贸易还有很多不同的分类方法。其中以服务贸易同有形货物的国际转移（或因商品贸易形成，或因国际投资形成）的关联程度为标准的分类方法，国际服务贸易可分为国际核心服务贸易和国际追加服务贸易。

1. 国际核心服务贸易

国际核心服务贸易是同有形货物的国际贸易和国际投资无直接关联的国际服务贸易。在国际服务贸易市场上，这类服务本身是市场需求和供给的核心对象，原因包括：

（1）具有相对独立性。国际核心服务贸易从形成初期就具有相对独立性，较少受到货物跨国转移的影响，国际追加服务贸易不仅受到本身服务市场的影响，还要受到货物交易市场的影响。

（2）具有独立性贸易的产业将成为主体。从国际产业结构发展趋势看，具有独立性贸易的产业将会成为产业结构中的主体部分。随着科技水平的不断提高、分工的不断细化，国际核心服务贸易的创新能力不断提升，重要性呈上升趋势。

国际核心服务贸易按照供需双方的接触方式划分为远距离服务贸易和面对面服务贸易。远距离服务（Long-distance Service）贸易指服务的提供者和消费者不直接接触，一般通过现代化的信息媒介展开跨国服务贸易。这些媒介包括国际通信、互联网等，如一国律师在本国向另一国家境内的消费者通过视频提供的专业咨询服务。面对面服务（Face to Face Service）贸易需要服务提供者和消费者直接接触才能完成，通常伴随人员或生产要素的跨国流动，这种流动既可以是从消费者国家流向提供者国家，也可以是从提供者国家流向消费者国家。

以作为产品的服务的国内产业分类为依据，国际核心服务贸易可以划分成生产性国际服务贸易和消费性国际服务贸易。生产性国际服务贸易包括金融服务贸易、知识与技能服务贸易、国际咨询、国际技术贸易、国际人才交流与培训等，这种服务贸易其实是人力资本、知识资本和技术资本进入生产领域的桥梁，这种贸易的扩大势必提高贸易参与国的生产效率，是国际核心服务贸易的主要组成部分。消费性国际服务贸易逻辑上是国内消费服务业的供给能力提升及国外对该服务商品需求扩大的综合结果。实践中表现为各国服务消费者频繁跨国移动，享受外国服务，比如旅游服务、教育服务、娱乐服务等。显而易见，各国消费者对于消费性服务的需求取决于本国收入水平和服务产品的相对价格。

2. 国际追加服务贸易

国际追加服务贸易同有形货物的国际贸易和国际投资之间有着不可分离的密切联系。在逻辑上，国际追加服务贸易其实是分配服务的国际化延伸，是围绕着商品的核心效用而衍生、追加或附加的派生效用。所以，市场中国际追加服务贸易的需求和供给都是受到货物国际转移的影响而派生出的需求和供给，不能作为市场交易的核心。但是，随着科学技术水平的不断提高、国际货物贸易竞争的不断加剧，追加服务贸易往往在很大程度上影响了消费者对其核心效用的选择。如有形商品到底在多长时间内能够送到消费者手里及发生问题后售后处理速度的快慢，都有可能对有形商品的消费起着决定性的作用。因此，各国的企业都在大力发展此种类型的服务，尤其是知识密集型的追加服务，正在被广泛地应用于有形商品生产和销售的各个阶段。

从国际投资涉及的跨国货物流动看，国际追加服务可分为三个阶段：

（1）上游阶段。企业营运前要有先行的追加服务投入，包括可行性研究、风险资本筹集、市场调研、产品构思和设计等项服务。

（2）中游阶段。企业生产和运营过程中一方面要求与有形商品融为一体的追加服务投入，包括质量控制与检验、设备租赁、后期供给以及设备保养和维修等；另一方面又要求与有形商品生产平行的追加服务投入，包括财务会计、人员聘用和培训、资料收集整理与应用、不动产管理、法律、保险、通信、卫生安全保障以及职工后勤供应等诸项内容。

（3）下游阶段：产品生产出来后追加的国际服务，包括广告、运输、商品使用指导、退货索赔保证及供应替换零件等。

以上的这些追加服务很难与跨国货物特定的生产阶段相脱离，只能围绕着有形商品提供服务，不能形成独立的市场交易对象。但是另外一些追加服务虽然与有形商品相关，却可以外化成独立的市场交易对象。随着社会分工的深入发展、技术水平的不断提高，追加服务贸易的这两种形式已经变得很难划分了。

从跨国货物流动来看，最主要的国际追加服务贸易仍然是运输服务，包括海运、空运和陆运。随着社会分工的不断深化、专业化水平的不断提高，很难有企业亲力亲为高效完成所有生产和运营的环节，需要代理人为其办理一系列的商务手续，从而提高效率，各自获益。随着国际贸易和国际运输方式的发展，国际货运代理已经渗透到国际贸易的各个领域，成为国际贸易不可缺少的重要组成部分。还需要注意的是，原属于生产性服务的保险服务、银行服务以及信息服务也越来越多地渗入国际货物贸易，成为国际追加服务的一个组成部分。

国际核心服务贸易和国际追加服务贸易的国内经济模型是两部门经济，并没有加入政府部门。实际上，即使把政府部门放入此模型中，在市场经济主导的条件下，政府服务跨越国界提供服务贸易的范围和流量也是很有限的，在国际服务贸易的分类中可以忽略不计。

（三）国际劳动力流动和国际服务贸易

国际服务贸易很多情况下会涉及劳动力的人员流动，国际劳动力流动和国际服务贸易是两个比较容易混淆的概念，但其实这两者在本质上是有区别的。国际劳动力流动指的是劳动力在国与国之间的迁移，它一般涉及劳动力国籍身份的改变，这种改变可以是永久性的（如移民），也可以是暂时性的（称作临时劳动力流动）。由此可见，国际劳动力流动是一定会涉及人员的国际流动的。国际服务贸易则不同，国际服务贸易只要服务作为商品的标的进行交易即可，并不一定会涉及人员的流动。现实国际服务贸易中，很多贸易都涉及人员的国际流动，但国际服务贸易的人员流动和国际劳动力流动中的人员流动有很多的不同。

1. 国际劳动力流动是单向的，国际服务贸易的劳动力流动可以是双向的

国际劳动力流动一般是劳动力从输出国流入输入国，方向是单向的。国际服务贸易涉及的人员流动既可以是服务的提供方到服务的消费方的国家提供服务（如医疗人员去国外提供专业咨询服务），也可以是服务的消费方来到服务的提供方所在国家接受服务（如外国消费者来到东道国进行的国际旅游）。

2. 国际劳动力流动的人员雇佣身份发生变化，国际服务贸易导致的人员流动雇佣身份不变

国际服务贸易涉及的流动人员仍然以本国劳动力的身份提供服务，此时的人员流动具有业务性质；而国际劳动力流动往往涉及雇佣身份的变化，转变为输入国的劳动力。如一国的软件工程师受聘于外国某软件公司，出国为该公司工作，该工程师至少暂时成为另一个国家的劳动力，此为国际劳动力流动。如果软件工程师仅是为国外某软件公司提供技术指导和咨询，此为国际服务贸易，该软件工程师仍是本国的劳动力，雇佣身份不变。

3. 国际服务贸易人员流动的时间大大短于国际劳动力流动涉及人员的流动时间

由于国际服务贸易人员的流动往往是因为国际业务，因此持续的时间比较短。一般认为，只有所涉及人员流动持续时间六个月以下的才被视为国际服务贸易，很多国际服务贸易涉及的人员流动仅有几天或几个月。国际劳动力流动所涉及的人员流动持续时间一般在一年（BOP 关于居民与非居民的时间标准）以上。

4. 国际劳动力流动的出现远远早于国际服务贸易的人员流动

因为人类的地理迁移史几乎与人类的历史同样悠久，人类历史发展以来，由于自然环境、战争因素、生活所需等各种原因，人们持续进行区域迁移。早期国际服务贸易伴随着国际货物贸易的发展而不断展开，与之相对应的人员流动也就明显晚于国际劳动力流动。

5. 国际服务贸易人员流动的重要性不断上升，国际劳动力流动的重要性不断下降

第二次世界大战之前，移民对世界经济发展做出过巨大的贡献，但是国际劳动力流动涉及很多问题，比如说国内就业及文化冲突等问题，尤其是在经济萧条

的时间，绝大部分国家都会对国际劳动力的流动进行限制，重要性不断下降。二战后国际服务贸易快速发展，其地位不断上升。

国际劳动力流动与国际服务贸易区别如表 2-4 所列。

表 2-4　国际劳动力流动与国际服务贸易区别

	国际劳动力流动	国际服务贸易
方向	单向	双向
雇佣身份	改变	业务性质、身份不变
时长	长（一般大于一年）	短（一般小于六个月）
出现时间	早	迟
地位	下降	上升

第二节　国际服务贸易分类的评价

国际服务贸易的分类对分析国际服务贸易的发展状况及制定国际服务贸易政策有着非常重要的意义。国际服务贸易的统计分类和逻辑分类反映着人们在认识国际服务贸易分类过程中的经验认识和理论认识之间的差异。区分两种统计分类的优、缺点及适应性问题，有助于国际服务贸易统计工作的顺利进行及国内外服务贸易政策的制定和实施。

一、国际服务贸易统计分类的评价

国际服务贸易统计分类（或称操作性分类）是从便于一个国家或经济体比较准确、迅速地掌握其外汇收支状况而进行的分类方法。与有形商品贸易不同，国际服务贸易很难从实体形式上加以确定，因此，最恰当的方式就是通过价值流量的方式来确定服务贸易流量的规模及其在国际经贸往来中的比重。这种统计方法为目前世界上绝大部分国家所接受，但是统计分类也有其缺点。

视频 2-1　国际服务贸易统计分类的优点

（一）国际服务贸易统计分类的优点

国际服务贸易统计分类是以人们的长期实践为基

础进行分类，侧重于分类的可操作性，是世界各国普遍接受的分类方法。

1. 概念内涵较为全面

国际服务贸易统计分类以无形的价值流量的方式来判断服务贸易流量，便于对无形服务贸易进行统计分类。因此，国际贸易中的非实体的价值流量，一般都可以被统计在国际服务贸易的项目中。随着科技水平的不断进步，服务业内部也在不断扩张，服务贸易的产品也将持续创新，这种统计分类方法有助于统计各种各样的新的国际服务贸易产品。只要符合无形的感性标准，就可以进行服务贸易流量统计。

2. 分类便于实践操作

把国际资本流动或金融资产流动所形成的各种收益流量归类到要素服务贸易项下，可以使国际收支账户中资本账户的统计简化，也可以使各种资本流动的收益统计不被国际投资流量和国际信贷流量的形式而干扰，能够很好地区分收益流量和资本本身的流量，使得收益流量成为相对独立的价值量进行统计。

3. 对未来统计具有包容性

只要要素服务贸易的“要素”明确，未来新的国际价值的流量要么作为要素服务的收入归到要素服务贸易项下，要么与要素流动无关而归于非要素服务贸易的项下，使得这种分类方式对于国际服务贸易概念外延有很强的适用性。

4. 淡化不同国际服务贸易理解的区别

不同的国家和地区在不同的时期对国际服务贸易概念的理解并不相同，由于国际服务贸易统计分类侧重于实践操作性，而忽略了对国际服务贸易经济学理论的考量，人们对服务贸易的概念变得模糊，也缓解了各国对服务贸易概念的争议。这使得国际服务贸易多方谈判过程中，各方可以用弹性的方式进行磋商，有利于争议的解决和国际服务贸易规则的达成。

（二）国际服务贸易统计分类的缺点

国际服务贸易统计分类虽然为世界各国普遍接受，但是其分类方法并不完全符合经济学的理论逻辑。

1. 不符合生产力三要素理论

按照经济学中经济物品供给的三要素理论，国际服务贸易按照要素服务和非要素服务划分是不合理的。三要素应当包括土地、劳动力和资本，而统计分类仅把要素服务视为资本提供服务所获得的报酬计入国际服务贸易流量，没有任何理由地将土地和劳动力提供的服务所获得的报酬排除在要素服务贸易流量之外。劳动力是可以进行跨国流动提供服务而获得报酬的，同样也应该属于要素服务的范畴，比如说国际工程和建筑承包、劳务输出及航运维修服务等都应属于劳动要素提供服务，其所获得的报酬也应该计入国际服务贸易的要素服务贸易。以往认为土地不能进行跨国流动，但随着时代的发展、国际要素流动加强，土地要素也参与国际流动。比如说土地的跨国租赁等，土地进行跨国出租获取租金的收益也应当计入国际服务贸易中的要素服务贸易，但是按照统计分类习惯做法，劳动力和土地的服务报酬均计入非要素服务贸易，明显不符合理论要求。

2. 模糊了国际服务业投资和服务贸易的界限

按照经济学理论理解，贸易和投资是明显不同的，贸易是通过产品的出口销售获得外汇收益，而投资是将生产要素投入生产环节，获取投资收益。但是由于国际服务贸易具有很多与货物贸易不同的特点，如生产过程、消费过程及交易过程具有同时性，服务贸易的标的具有无形性等，在进行国际服务贸易流量统计时，严格区分投资和贸易是很困难的。

3. 引发各国对待国际服务贸易态度的分歧

各国对待国际服务贸易态度的分歧主要发生在两个方面：一方面是要素服务的要素究竟指什么。对于发展中国家而言，劳动力的跨国流动带来的贸易是最基本的，要素服务贸易的要素应该是指劳动力要素。而发达国家认为国际服务贸易很多表现为资本跨国投资，国际资本流动的投资行为应当包含到国际服务贸易的定义中去，应当成为谈判的重要议题，因此发展中国家和发达国家争议很大。另一方面是关于投资和贸易的理解。很多发达国家认为，服务贸易在很多情况下是跨国公司通过在国外建立分公司和子公司来实现的，因此，谈判过程应当包括这种性质的服务贸易。而发展中国家认为这种情况属于服务的对外投资，通过进入发展中国家市场获得国民待遇，利用东道国的信息服务为跨国公司在服务业领域发展打开方便之门，发展中国家希望谈判仅仅局限于服务贸易，而不包括服务投资。国际服务贸易的统计分类没有解决服务贸易和服务投资的区别，同样引发了发展中国家和发达国家的态度分歧。

二、国际服务贸易逻辑分类的评价

（一）国际服务贸易逻辑分类的优点

国际服务贸易逻辑分类的出发点是按照经济学理论进行分类，从国内经济体系出发，既分析有形的实物商品，也分析感性的服务商品，通过经济学的逻辑理论来分析国际服务贸易的分类。

1. 明确区分贸易与投资

国际服务贸易逻辑分类认为，同国际货物贸易一样，国际服务贸易是各国服务产品的国际交换，服务出口在一个国家出口额中占比的大小，取决于该国服务业占比及服务业方面的比较优势。服务业的海外投资显然是一国服务业发展之后扩展到海外业务的国际发展，并非服务产品的交换，不属于国际服务贸易。因此，服务贸易与服务业投资具有显著的区别。因此，一般国际投资的收益（资本报酬）显然与国际服务贸易及服务业投资属于不同的概念。由上可见，国际服务贸易的逻辑分类是符合经济学原理的。

2. 符合一般国际经济学理论

国际服务贸易逻辑分类分析的起点是一个不含对外贸易的封闭经济体，这种分析是符合一般国际经济学理论的。现实经济情况是纷繁复杂的，经济学的分析都是基于假设分析。在一般经济学的分析中，初始状态都是舍弃了对外关系的经济体，作为现实经济过程的抽象，这个封闭的经济体包含着一般的经济学的基本问题。国际服务贸易的逻辑分类出发点设置在不含对外贸易的模型中，而不是从一开始就加入经贸往来，这种逻辑分析比直接从操作性出发的统计分类要深刻得多。

3. 可以反映国际服务贸易实际结构

经济学中有一种观点认为，国际经贸往来过程中，对服务的需求都是围绕着对实物商品的需求展开的，也就是说，所有的国际服务贸易都是由国际货物贸易追加或衍生而来的。国际服务贸易逻辑分类否认了这一说法，认为只有与国际货物贸易直接关联的追加服务贸易受到货物贸易的直接影响，发展规模也受到货物贸易规模的影响，但是与国际货物贸易无直接关联的国际核心服务贸易将会成长为服务市场供求的核心，比重将不断扩大，国际核心服务贸易将成为未来服务贸易的主体。从国际服务贸易发展的历史来看，国际核心服务贸易逐渐成为国际市场上供求的主体。尤其是随着科学技术和知识水平的日益提高，国际核心服务贸易的地位和比重超过了国际追加服务贸易，且呈现出不断创新发展的趋势。因此，国际服务贸易逻辑分类真实地反映了国际服务贸易发展的趋势和实际结构。

4. 保持国际和国内分类逻辑的一致性

尽管具体的国际服务贸易的进出口流量总是表现出综合流量的特点，几乎没有单一属性的服务贸易流量的进口和出口，但是，国际服务贸易逻辑分类将这些流量的源头都归结到国内服务业的部门分类上，这就保持了国际服务贸易流量和国内服务贸易流量在逻辑上的协调一致，也即国际分类与国内分类之间的逻辑统一。

（二）国际服务贸易逻辑分类的缺点

虽然国际服务贸易逻辑分类以经济学理论为基础，按照经济学逻辑进行分析，但是在统计过程中缺乏实际操作性，世界各国都不是以国际服务贸易逻辑分类的定义和概念进行具体统计的。

1. 实际应用性较差，重要性不断下降

国际服务贸易逻辑分类虽然根据经济学理论明晰了国际服务贸易的含义，但是单纯贸易性质的国际服务贸易范围十分狭窄，使得国际服务贸易在经贸往来中作用下降。因为逻辑性的国际服务贸易分类缺乏实践操作性，世界各国主要使用的都是统计分类的概念进行数据分类，国际服务贸易逻辑分类涉及的国际服务贸易在实际国际服务贸易中所占的比重较之操作性统计分类的比重显著降低，相对而言，重要性也不断下降。

2. 没有很好地反映当代国际经贸关系的综合性特点

国际资本输出和国际贸易的关系日益密切，呈现出综合性的特点，逻辑上硬要将国际资本输出和国际贸易区分开来在货物贸易领域十分困难，更何况服务贸易的交易过程、生产过程和消费过程还具有同时性，因此，将服务贸易的跨国投资与国际服务贸易完全区分开来缺乏实际意义。如果严格区分服务业投资及国际服务贸易，国际服务贸易的口径将大幅缩小，不能够反映真实的全球服务贸易状况。

3. 理论分析有待进一步完善

大部分的关于国际服务贸易的理论分析和学术研究都不是以国际服务贸易逻辑分类为实际分析依据的。一方面，逻辑分类缺乏实际统计的数据，难以为服务贸易研究领域扩展分析做支撑。另一方面，国际服务贸易的理论基础需要进一步完善，比如说，对于国际核心服务贸易，很多概念、特点及价值还有颇多争议，各种影响因素如何决定服务的价格及市场波动规律等都需要进一步研究，服务贸易市场系统运行还缺乏完善的理论支持。另外，封闭市场作为理论研究的初始状态，也有学者提出不同的意见，也需要综合探讨。

第三节　国际服务贸易统计

国际服务贸易统计对一个国家或经济体进行宏观经济决策起着很重要的作用。国际服务贸易统计经历了从无到有、从混乱到规范的过程。早期国际服务贸易统计比较混乱，各国并不统一。1993 年国际货币基金组织制定的《国际收支手册》第 5 版（BPM5）标志着服务贸易统计进入规范阶段，“服务贸易”在国际收支统计中取得了独立的地位。2001 年联合国统计委员会正式通过的《国际服务贸易统计手册》标志着服务贸易统计进入 GATS 统计阶段。GATS 统计既核算跨境交易（跨境交付、境外消费、自然人流动），也核算非跨境交易（商业存在），大大扩展了国际服务贸易的统计范畴，同时为新的国际服务贸易统计制定了很多规范。

一、国际收支统计（BOP统计）

按照BOP统计原则，国际服务贸易以国际收支（服务贸易交易活动完成后的资金流）为中心，依据常住性来进行国际服务贸易统计。

国际收支统计（BOP统计）是根据国际货币基金组织1993年制定的《国际收支手册》第5版的要求所建立起来的国际服务贸易统计体系。目前各国采用的是国际货币基金组织2009年发布的《国际收支手册》第6版（BPM6）。“BPM5[①] 和 BPM6[②] 均旨在反映某个经济体的对外交易数据，但是BPM6改变了对部分经济交易的分类和处理方法。此外，BPM6还拓展了特定的经济交易范畴，并对某些交易类型加以鉴别”[③]。服务贸易项目也发生了一些调整，BPM6中加工服务费用另计，与BPM5相比，有效降低了进出口商品总量，增加了进出口服务总量；转口贸易重新从服务项目划分至货物项目。

各国的BOP统计为IMF与WTO统计提供数据来源，但是两者发布的数据还是有很大的区别。GATS关于国际服务贸易的分类包括定义分类和操作性分类。GATS关于国际服务贸易的定义分类包括跨境支付、境外消费、商业存在、自然人流动。GATS操作性分类包括商务服务、通信服务等12大类[④]。BOP统计与GATS规定的统计主要有以下不同：（1）BOP统计主要涉及居民与非居民的跨境贸易，忽略了以商业存在形式存在的非跨境贸易。根据近几年GATS的统计实践，一个经济体以商业存在提供的非跨境服务贸易的总量甚至超过了跨境服务贸易，重要性不言而喻。（2）两者的内容和分类标准也有很大不同。IMF分类统计中包含政府服务，WTO中不包括政府服务；统计归类和相关具体内容也有很多不同。

---

① BPM5中的服务分类包括：运输，旅游，通信服务，建筑服务，保险服务，金融服务，计算机和信息服务，版权与特许费，其他商业服务，个人、文化和娱乐服务，别处未包括的政府服务。

② BPM6中的服务分类包括：制造服务（加工服务），维护和修理服务，运输，旅行，建设，保险和养老金服务，金融服务，知识产权使用费，电信、计算机和信息服务，其他商业服务，个人、文化和娱乐服务，别处未包括的政府服务。

③ CEIC数据2017，https：//weibo.com/ttarticle/p/show？id＝2309404179811844159722&；infeed＝1。

④ GATS操作分类：商务服务，通信服务，建筑和相关工程服务，分销服务，教育服务，环境服务，金融服务，健康及社会服务，旅游及相关服务，文化、娱乐及体育服务，运输服务，其他未包括的服务。

二、外国附属机构服务贸易统计（FAT 统计）

（一）FAT 统计的定义

视频 2-2 FAT 统计定义和特点

WTO 认为以商业存在方式提供的服务贸易，即外国附属机构服务贸易越来越重要，已经超过 BOP 口径的服务贸易。FAT 统计反映了外国附属机构在东道国发生的全部商品和服务交易情况，包括与投资母国之间的交易、与所有东道国其他居民之间的交易，以及与其他第三国之间的交易，其核心是非跨境交易（图 2-1）。

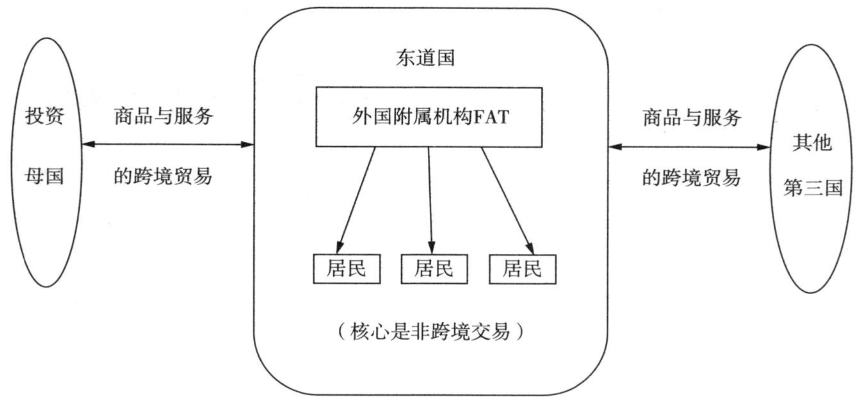

图 2-1 FAT 统计

设立外国附属机构既可以是本国在外国设立，也可以是外国到本国设立，由此形成 FAT 外向统计与 FAT 内向统计。就报告国而言，记录外国附属机构在本国的交易情况的统计，称为内向 FAT 统计；记录本国在国外投资形成的附属机构在投资东道国的交易情况的统计，称为外向 FAT 统计。

（二）FAT 统计的特点和评价

（1）从统计范围看，FAT 统计的核心是非跨境交易。FAT 统计实际上包括了外国附属机构的全部交易，既包括跨境交易，也包括非跨境交易。但 FAT 统计的核心是非跨境交易，即企业的国内销售。

（2）从统计对象看，FAT 统计只包含绝对控股的企业，也即外方投资比例在 50%以上的企业才列入 FAT 统计范围。根据《国际服务贸易统计监测制度》，我国附属机构服务贸易统计范围包括外国或地区的企业通过直接投资方式控制

（直接投资者拥有50%以上的股权）的中国关境内企业在中国关境内实现的服务销售，即内向FAT统计；以及中国关境内的企业通过直接投资方式控制（直接投资者拥有50%以上的股权）另一国或地区企业而在该国或地区关境内实现的服务销售，即外向FAT统计。这与直接投资统计的对象不同，后者以外资比重达到10%以上为标准。

（3）从统计内容上看，最主要的内容是企业在东道国的经营活动。FAT统计既包括投资的流量和存量，也包括企业经营状况和财务状况，以及对东道国的影响，但最主要的内容是企业的经营活动状况。因此，FAT统计反映的中心内容是外国附属机构作为东道国的居民与东道国其他居民之间的经营活动，以及这种经营活动对东道国的经济影响。

（4）从统计实践上看，FAT统计一般应用于广义国际服务贸易统计。将外国附属机构在当地的服务销售进行FAT统计称为广义国际服务贸易统计；对外国附属机构在当地的商品进行FAT统计，被认为是对外国直接投资统计的进一步深化，同时也是对商品贸易统计的有效补充。

（5）从统计作用来看，FAT统计弥补了国际商品贸易统计、跨境服务贸易统计和外国直接投资统计的不足，将外国附属机构的生产和服务情况对贸易流动的影响，以及由此产生的利益流动清晰地反映出来。

如图2-2所示，假定有三个国家，A国原本直接向C国出口商品和服务，现改为A国向东道国B国投资设立外国附属机构（FAT），该附属机构在B国进

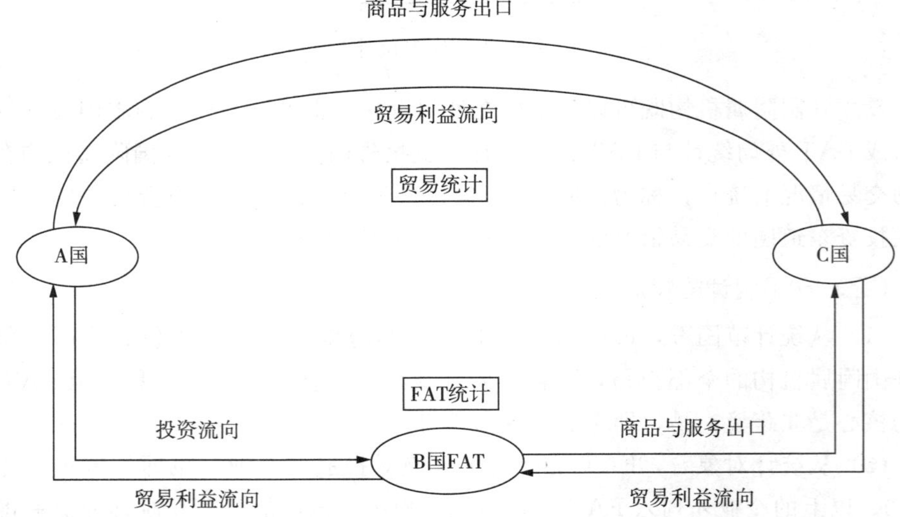

图2-2　FAT统计对贸易统计与投资统计的补充

行生产和经营，并向C国出口商品及服务，从而导致投资、商品与贸易及贸易利益流向发生改变。需要注意的是，这种流向背后，利益分配的格局并未改变，东道国B国仅仅起到利益传送的作用，贸易利益最终仍从C国流向了A国。FAT统计真实地反映了这种利益流动情况。

实践中，FAT统计制度也有其缺陷，如统计过程中调查回收率低、调查覆盖面不均、统计数据发布滞后等问题。

案例2-2

中国首次发布附属机构服务贸易统计数据

2017年中国统计制度进一步完善，实现三个“历史性”突破。首次编制发布2015年附属机构服务贸易统计数据，成为少数能够同时发布服务进出口和FAT统计数据的国家之一；首次建立覆盖1万家重点联系企业的服务贸易统计监测体系，开展统计直报和抽样调查；首次建立服务贸易统计核查机制，将服务贸易统计纳入国家统计执法。经商务部、证监会、银监会和保监会等部门的共同努力，商务部第一次开展对中国附属机构服务贸易的统计和分析，此次发布附属机构服务贸易统计数据，标志着我国服务贸易“BOP＋FATS”统计体系制度逐步走向成熟。

（数据来源：我国首次发布附属机构服务贸易统计数据，http：//fms. mofcom. gov. cn/article/jingjidongtai/201706/20170602600130. shtml）

案例思考：

1. 附属机构服务贸易统计数据发布的背景和意义。
2. 查找中国最新公布附属机构服务贸易统计数据。

本章自主学习指导

1. 学习重点如下：

（1）概念：国际服务贸易统计分类、逻辑分类、要素服务贸易流量、非要素服务贸易流量、国际核心服务贸易、国际追加服务贸易、BOP统计、FAT统计。

（2）国际服务贸易统计分类依据及具体分类。

（3）国际直接投资与国际间接投资收益流量分类。

（4）国际资本流动的主要形式及实现方式。

(5) 国际信贷的三类方式。

(6) 国际服务贸易按服务产品的性质分类。

(7) 国际服务贸易按与货物贸易国际转移的关联程度分类。

(8) 国际核心服务贸易成为核心交易对象的原因。

(9) 国际核心服务贸易分类。

(10) 国际劳动力流动与国际服务贸易的区别。

(11) 国际服务贸易统计分类与逻辑分类的优点与缺点。

(12) FAT 统计的特点。

2. 查找最新的国内外 BOP 及 FAT 统计数据，结合实际了解所学内容。

第三章

国际服务贸易理论

1. 掌握国际服务贸易比较优势理论的主要内容；了解比较优势理论适用和不适用国际服务贸易的理论探讨；理解比较优势理论的修正与拓展。

2. 了解费希尔产业结构变动的三个阶段；掌握配第—克拉克定理；了解配第—克拉克定理的拓展；掌握克拉克和富拉斯蒂埃对劳动力产业间转移的原因的解释；了解国际服务贸易的发展途径；掌握生产者服务市场化发展的促进和制约因素；掌握服务外包的概念及分类。

3. 了解国际服务贸易竞争力的内涵；掌握迈克尔·波特钻石模型中影响国际竞争力的六大要素及影响国际服务贸易竞争优势的因素；理解国际服务贸易竞争力主要衡量指标。

第一节　国际服务贸易比较优势理论

比较优势理论是否适用于国际服务贸易分析，学术界持有不同的观点：持适用论观点的学者认为国际服务贸易与国际货物贸易没有本质上的差别，都是跨越国境的商品或劳务的交换活动，建立在国际货物贸易理论上的比较优势理论，同样适用于国际服务贸易；持不适用论的观点的学者认为国际服务贸易与国际货物贸易在商品特点、前提假设、发展背景等方面各不相同，比较优势理论不适用于国际服务贸易；认为修正和拓展后可适用的学者认为虽然比较优势理论在解释国际服务贸易上有缺陷，但经过修正和拓展后，可以用来解释国际服务贸易。

一、比较优势理论适用于国际服务贸易

（一）比较优势理论适用于国际服务贸易的理论探讨

支持比较优势理论适用于国际服务贸易的学者，主要包括萨丕尔、卢茨、拉尔、法尔维、格默尔、库伯等。

1981 年，萨丕尔和卢茨依据国家间要素禀赋和技术差异对货运服务、客运服务和其他民间服务进行了一系列的实证分析，结果表明：物质资本丰裕的国家在运输服务部门有比较优势，人力资本丰裕的国家在保险、专利等服务部门有比较优势。因此认为传统的贸易理论不仅适用于货物贸易，也同样适用于服务贸易。1986 年，萨丕尔通过实证研究工程服务贸易，指出服务贸易比较优势具有动态性，这对发展中国家参与服务贸易提供了较为合理的解释。

1986 年，拉尔对部分发达国家和发展中国家的海运和技术服务贸易进行了实证研究，也验证了比较优势原理对服务贸易的适用性。

1991 年，法尔维和格默尔分析发现，发达国家在资本和技术密集型的服务产品上价格相对较低，具有比较优势，发展中国家在劳动密集型服务产品上的价格相对较低，具有比较优势。由此看出各国不同的要素禀赋引致的服务产品价格差异是服务贸易产生的基础。

美国经济学家理查德·库伯认为比较优势理论作为一个简单的思想是普遍有效的，可以适用于阐述贸易产生的原因及贸易发展的模式，如同比较优势在有形货物商品生产和贸易中的作用那样，比较优势的作用也存在于服务商品的生产和贸易中。

（二）国际服务贸易比较优势理论的主要内容

亚当·斯密认为由于自然禀赋和后天条件不同，各国均有一种产品生产效率高于其他国家而具有绝对优势，按绝对优势进行分工和交换，各国均获益，这是绝对优势理论。

大卫·李嘉图发展了亚当·斯密的观点，认为即使一国在所有商品的生产上都不具有绝对优势，仍可以参与国际分工，并从国际贸易中获利。这一理论同样适用于服务贸易：该国可以专门生产并出口绝对劣势相对较小的服务商品，进口绝对劣势相对较大的服务商品。这一原理就是比较优势理论，核心是“两优取其重，两劣取其轻”，各国都可以根据比较优势的原则进行分工、交换，取得贸易利益。

1. 国际服务贸易下李嘉图模型的假设条件

（1）假设只有两个国家甲国和乙国、两种服务商品 X 和 Y。

（2）遵循劳动价值论，即服务商品的相对价值取决于相对劳动投入量。

（3）生产成本不变，当产量发生变化时服务商品的生产成本不会随之变化。

（4）各国之间存在技术水平差异，但各国技术水平都是给定的。

（5）经济在充分就业状态下运行。

（6）生产要素市场和服务商品市场完全竞争，政府不干预经济。

2. 国际服务贸易比较优势原理

国际服务贸易比较优势可以用表 3-1 这个假设的例子来分析。

表 3-1　两国两种服务商品国内生产时间

	甲国	乙国
生产 1 单位 X 所需时间（小时）	4	3
生产 1 单位 Y 所需时间（小时）	5	2.5

甲国生产 1 单位服务商品 X 和 Y 的时间分别为 4 小时和 5 小时，而乙国生产 1 单位服务商品 X 和 Y 的时间分别为 3 小时和 2.5 小时。从生产时间来看，甲国两种服务产品生产时间均高于乙国，具有绝对劣势，乙国在两种服务商品的生产上都具有绝对优势，按照绝对优势理论，两国间不存在贸易基础。但是，按照比较优势理论，两国仍可以进行贸易，并同时获利。

（1）通过生产率分析两国比较优势。甲国服务商品 X 的劳动生产率是乙国的 3/4，甲国服务商品 Y 的劳动生产率是乙国的 1/2。虽然甲国无论生产 X 还是生产 Y 的生产率都没有乙国高，但是因为对于甲国来说 3/4（X 产品的相对生产率）大于 1/2（Y 产品的相对生产率），甲国在服务商品 X 的生产上劣势较小，在服务商品 Y 生产上劣势较大，因此甲国在服务商品 X 的生产上具有比较优势（表 3-2）。与此同时，乙国在服务商品 Y 的生产上优势更大，乙国在生产服务商品 Y 上具有比较优势。按照比较优势原理，甲国应专门生产并出口 X，乙国应专门生产并出口 Y，两国按此模式展开贸易均可获利。

表 3-2　两国两种服务商品生产率情况

	甲国	乙国
生产 X 的生产率	1/4	1/3
生产 Y 的生产率	1/5	1/2.5

（2）通过相对均衡价格分析两国服务贸易基础和模式。一国孤立状态下实现均衡时，甲国 X 对 Y 的相对均衡价格是 $P_{甲}=P_x/P_y=4/5=0.8$（投入的劳动时间之比），在乙国是 $P_{乙}=P_x/P_y=3/2.5=1.2$（投入的劳动时间之比）。两国服务商品国内均衡的相对价格的差异反映了它们各自所具备的比较优势，形成了国际服务贸易的基础。相对而言，因为甲国服务商品 X 更便宜（0.8 小于 1.2），甲国在 X 商品生产上具有比较优势。

同理计算，一国孤立状态下实现均衡时，甲国 Y 对 X 的相对均衡价格是 $P'_{甲}=P_y/P_x=5/4=1.25$（投入的劳动时间之比），在乙国是 $P'_{乙}=P_y/P_x=2.5/3\approx0.83$（投入的劳动时间之比）。两国服务商品国内均衡的相对价格的差异反映了它们各自所具备的比较优势，形成了国际服务贸易的基础。相对而言，因为乙国服务商品 Y 更便宜（0.83 小于 1.25），乙国在 Y 商品生产上具有比较优势。

劳动生产率的差异造成甲、乙两国服务商品相对价格不同，在没有贸易的情况下，甲国和乙国国内 X 对 Y 的相对价格差异构成了两国贸易的基础，任何一国都将出口本国具有相对价格优势的服务商品，进口本国不具有比较优势的服务商品。甲国将出口服务商品 X，乙国将出口服务商品 Y。这种生产和贸易行为将促进两国在服务商品上的专业化生产，使两国都能从服务贸易中得到更多的消费，两国福利水平都获得提高。由于一国只有作为特定服务商品的最佳供应商才能发挥比较优势，因此甲国出口服务商品 X 和乙国出口服务商品 Y 的贸易模式符合所有贸易伙伴国的经济利益，两国均获利。

3. 比较优势对两国服务贸易利益的影响

服务贸易利益实际上由两部分组成：交易所得和分工所得。交易所得指的是自由贸易后由于服务商品相对价格发生变化所引起的消费量的变化。分工所得指的是自由贸易后因为专业化生产引起服务商品消费量的变化。

为了计算交易所得，首先要确定两国服务商品交换比率。首先计算自给自足情况下，一国国内服务商品的相对价格，从而算出甲国 1 单位的 X 可以换取 0.8 单位的 Y，即 1X=0.8Y（由 $P_{甲}=P_x/P_y=0.8$ 而得），乙国 1 单位的 X 可以换取 1.2 单位的 Y，即 1X=1.2Y（由 $P_{乙}=P_x/P_y=1.2$ 而得）。

假设甲国用 1 单位的 X 和乙国交换 1 单位的 Y（即 1X=1Y），那么甲国将获利 0.2 单位 Y（1Y－0.8Y）或者节约 1 小时（=0.2×5）的劳动，同时，乙国获利 0.17 单位 X（乙国 1Y=2.5/3X≈0.83X，1X－0.83X=0.17X）或者节约 0.51 小时（0.17×3）的劳动，这就是交易所得。

实际上，只要两国服务商品的交换比率符合 0.8Y<1X<1.2Y，就可以实现互惠贸易。交换比率越接近 1X=0.8Y（甲国国内交换比率），乙国的交易所得越大，甲国的交易所得越小；交换比率越接近 1X=1.2Y（乙国国内交换比率），甲

国的交易所得越大，乙国的交易所得越小。

分工所得指的是两国通过专门生产各自具有比较优势的服务商品，促进分工，提高专业化程度，产生规模经济，两国均可由此获利。规模经济指随着商品生产规模的扩大，长期平均成本下降。

二、比较优势理论不适用于国际服务贸易的理论探讨

1979 年，R. 迪克和 H. 迪克运用显示性比较优势的方法分析知识密集型服务贸易是否遵循比较优势原理，对经合组织十八个成员的现实比较优势指标进行跨部门的回归分析，结果显示，没有证据表明比较优势在服务贸易模式决定中起了明显作用。

1985 年，桑普森和斯内认为服务贸易与货物贸易明显不同，服务贸易过程中服务的生产者与消费者要求时空一致性，这就很可能出现生产者的跨国流动，因此国际服务贸易存在生产要素的国际流动问题。但是赫克歇尔—俄林理论的假设前提之一就是不允许要素的国际流动，如果不放弃这一假设的话，该理论将不适用于国际服务贸易。

1988 年，菲克特库迪从国际服务贸易本身的特点出发，认为国际服务贸易和国际货物贸易存在很多的差别，从而导致比较优势理论不适用于分析国际服务贸易。他认为国际服务贸易产生的四个基本因素分别是劳动力移动、信息交流、资本输出和货物商品贸易。国际服务贸易的不同特点主要表现在：第一，国际服务贸易提供的是劳务活动与货币的交换，而不是货物与货币的交换；第二，国际服务贸易中服务的生产和消费大多是同时发生的，提供的服务商品一般是不可储藏的；第三，国际服务贸易与国际货物贸易统计方式是不同的，国际服务贸易的统计主要反映在各国国际收支平衡表中，而国际货物贸易主要反映在各国海关进出口统计中。

很多不适用论的坚持者还从其他方面阐述其观点，如安·赫尔曼等学者认为，目前用于解释比较优势的理论，比如要素均衡论、规模经济假设、技术差距论、生产周期理论等，这些理论本身是否适用于解释货物贸易尚存争议，更遑论比较优势在服务贸易中的适用性。

三、比较优势理论的修正与拓展

1984 年，巴格瓦特在探讨服务价格的国际差异时，得出低收入国家服务价格低于高收入国家服务价格的结论，按照比较优势原理，低收入国家应该是服务贸易的出口者，高收入国家应该是服务贸易的进口者，这明显与事实不符。对此，他发现这种假设的前提是有缺陷的，因为上述分析假定低收入国家

和高收入国家生产率是相同的，并隐含假设服务部门都是劳动密集型的。因此需要对原假设进行修正，高收入的国家在许多部门生产率要比低收入国家高，随着技术进步和服务业的发展，现代服务业的核心和主体大多是技术、人力资源和资本密集型的部门。因此修正假设服务是技术和资本密集型的部门，并建立了一个服务价格的国际差异模型，从而得出高收入国家技术和资本密集型服务价格较低，而低收入国家劳动密集型服务价格较低。这就很好解释了高收入国家在金融、工程咨询、信息处理等资本和技术密集型的服务上相对价格较低，具有比较优势，而低收入国家在工程承包等劳动密集型服务上具有比较优势的现实情况。

1985 年，迪尔多夫在 H－O 模型框架内，将原本假设生产的两种货物商品改为一种货物商品、一种服务商品，并且假定一国在封闭经济中货物商品和服务商品的价格高于世界价格。在进行自由贸易的过程中，若该国按照封闭经济条件下的价格进行贸易时，货物商品和服务商品的进口将会大于出口，这也就意味着一国的货物和服务贸易都遵循着基于价格差异的比较优势原则，这一结论隐含着服务研究的起点是对服务贸易中比较优势的分析。迪尔多夫还强调基于要素禀赋的比较优势对贸易模式的决定作用，但是他没有意识到，基于技术差异的比较优势同样对服务贸易的模式起着决定作用。1990 年，琼斯认为劳动生产率的差异将导致服务价格的差异，也将影响到服务商品的进出口，也是比较优势的决定作用。从上述两位学者的观点看，不仅要素禀赋是服务贸易比较优势的来源，劳动生产率也影响着服务贸易的比较优势。

1990 年，博格斯对 H－O－S 模型进行了简单的修正，将生产者服务作为一种投入要素，放入商品生产成本函数中，分析发现生产者服务的技术和质量差异影响该国生产的比较优势和贸易模式。

总体上，很多学者从不同的方面对比较优势相关理论进行修正和拓展，以便更好地适应国际服务贸易的研究。

（一）国际服务贸易前提假设的修正与拓展

国际货物贸易的传统比较优势理论的前提假设不完全适用于国际服务贸易，需要进行修正和拓展。经过修正和拓展的国际服务贸易的前提假设主要有：

1. 生产要素范围广泛

传统的生产要素一般分为四类：劳动力、资本、土地和企业家才能，但在国际服务贸易中，生产要素可以分为基本要素和高等要素两大类。基本要素主要包括自然资源、地理位置、气候条件、初级劳动力等，高等要素包括现代化的电信网络、高科技人才和高校研究中心等。因此，国际服务贸易中生产要素的范围更加广泛。

2. 生产要素能够进行跨国流动

传统比较优势理论采用的静态分析方法，假设生产要素不能进行跨国流动，但是国际服务贸易一般要求服务的生产过程和消费过程具有时空一致性，尤其是面对面的国际服务贸易，要求供给方和需求方直接接触。因此国际服务贸易分析前提假设之一是生产要素能够进行跨国流动。

3. 不完全竞争和规模经济

传统的比较优势理论中两个重要的前提假设是“完全竞争”和“规模报酬不变”，但是在国际服务贸易领域，存在着大量的不完全竞争和规模经济，如电信服务领域。因此国际服务贸易比较优势前提假设应为“不完全竞争”和存在“规模经济”。

4. 存在运输成本

传统比较优势理论假设两国进行贸易时，运输成本不存在。但是在国际服务贸易中运输成本占有极为重要的作用，距离远近和运费高低往往影响着服务商品提供商和服务需求者的行为，运输成本成为国际服务贸易分析中不可或缺的影响因素。

5. 政府干预经济

由于国际服务贸易往往涉及一些敏感领域，可能影响一国的政治和经济稳定，政府部门往往会通过各种政策措施来影响一国服务贸易竞争力状况，因此假设政府将干预经济。

6. 技术变量内生

随着现代服务业的不断发展，知识密集型服务业和高技术服务业的发展和贸易受到越来越多的重视。服务贸易过程中技术是内生变量，不但影响着国际服务贸易的发展，而且反过来受到国际服务贸易的影响，尤其是知识和技术密集型的现代服务贸易。

（二）国际服务贸易比较利益是动态的

传统的国际货物贸易的比较利益分析是静态的，但是一国国际服务贸易的发展，尤其是服务贸易出口的快速增长，将给该国带来重要的动态利益：一国服务贸易出口的扩大，将克服国内市场的狭小问题，获得规模经济效益；出口扩大将会加强国内经济部门之间的相互联系，带动相关产业和部门的发展，促进国内统一市场的形成；服务贸易的发展还会吸引外国资本的流入，解决国内资本不足的问题；积极参与国际竞争，服务部门会为了提高竞争力，不断提升技术水平和管理水平。

（三）国际服务贸易成本由供给方和需求方共同决定

传统的国际货物贸易的成本分析主要是站在供给方的角度，但是国际服务贸易的生产成本更强调由供给方和需求方共同决定，国际服务贸易中运输成本、信息成本、消费者收入及偏好、服务质量和购买环境等都构成服务贸易过程中的重要条件。对于服务贸易研究而言，不仅要从资源禀赋角度进行分析，更要考虑到服务贸易的流向、相关市场结构及需求特征等。总之，服务贸易考虑成本时将需求方置于一个更重要的地位。

（四）国际服务贸易比较优势依赖关联产业

传统的货物贸易理论主要基于对本行业的比较优势分析，而国际服务贸易比较优势的形成和确定，除了受自身行业的影响，很大程度上还依赖相关产业的支持。主要体现在两个层次：服务业内部各产业部门的相互支持；第一、二产业对服务业的支持。如现在社会中不断涌现的新兴服务业态，这些服务业态在进行支付时往往依赖支付宝和微信支付方式，脱离了这些支付方式，自行研发支付渠道显然是成本高昂的。服务业的发展同样需要第一、二产业的发展，当然这种支持也很可能是相互的。

案例 3－1

现代服务业同现代农业深度融合——让农业成为有奔头的产业

党的二十大报告提出：“构建优质高效的服务业新体系，推动现代服务业同先进制造业、现代农业深度融合”，“发展新型农业经营主体和社会化服务，发展农业适度规模经营”。

为让小香菇长成大产业，河南省汝阳县新村乡请来了“智囊团”。“乡里的袋料种香菇技术日渐成熟，自动装袋机、封口机、高温灭菌等技术提高生产效率，户均种植规模由原来年种植 3000 袋扩大到 1 万袋。”新村乡党委书记桑小团说。

种植规模上来了，传统经营跟不上市场需求咋办？新村乡又请来有实力、懂经营的服务公司参与香菇运营。拓销路、创品牌、触网卖全国，现在“靳水山蔬”农产品品牌初步打响。桑小团说，优质高效的服务队进村入户，带着乡亲们标准化种植、品牌化经营，不少农民变成带货主播，香菇大棚变成直播间。

“农业不只是‘一亩三分地’，人才支撑、电商服务等现代要素的注入，正在使农业加速驶入高质高效发展的快车道。”桑小团说，接下来将继续围绕香菇支柱产业，利用现代网络技术，采取“公司+合作社+电商+农户”联合经营合作模式，切实把小香菇做成农业大产业，全面加快乡村振兴，促进村民增收致富。

（资料来源：https：//www.gov.cn/xinwen/2022－12/12/content_5731435.htm）

案例思考：

试分析案例中服务业如何支持农业发展。

第二节　配第—克拉克定理及服务贸易

各产业劳动生产率的高低与该产业劳动力数量和质量有密切的关系。如果某一产业从业者数量众多且素质较高，那么在既定的条件下，该国在此产业将具备较强的国际竞争力。配第—克拉克定理揭示了劳动力在产业间转移的规律，一国人均收入水平越高，劳动力在服务业中所占的比重将大，该国服务贸易越发达。

一、配第—克拉克定理及服务业发展

（一）配第—克拉克定理的含义

1. 费希尔产业结构变动的三个阶段

随着技术状况、收入水平、消费习惯、生产规模及流通规模等因素的变动，各国经济结构在20世纪发生了很大的变化，变化的突出特点是服务业在经济结构中的比重和地位迅速上升，主要表现为服务业产值和就业人数不断增加。20世纪30年代，英国经济学家费希尔在《安全与进步的冲突》一书中较为充分地概括和总结了这一现象。通过考察和分析各国经济发展史，费希尔将产业结构的变动分为三个阶段，每个阶段各有其特点。

（1）第一阶段是农业和畜牧业处于主导地位的阶段。此阶段无论从产值还是就业人数看，农业和畜牧业都是社会第一大产业，这个阶段漫长而悠久。

（2）第二阶段以工业生产大规模发展为标志。此阶段开始于英国的工业革命，纺织、钢铁和其他制造业生产迅速崛起，为工业领域就业和投资提供了广泛的机会，目前不少国家正处于这一阶段。

(3) 第三阶段是服务业快速发展阶段。此阶段主要特征是旅游娱乐、文化艺术、卫生保健、教育科研等行业的从业人数不断上涨，国民收入快速增加。这些行业统称为服务业，服务业在社会经济结构中的比重和地位呈现不断上升的态势，服务业内部各部门也在不断分化，形成新兴服务业。

费希尔指出生产结构变动表现为社会中的人力、物力资源不断地从农业转向工业，再转向服务业。这种生产结构变动的原因是技术变动引发的生产方式变动的自然结果，这一过程是政府干预无法阻止的。

2. 配第—克拉克定理

英国经济学家克拉克继承了费希尔的观点，在其 1940 年出版的《经济进步的条件》一书中，搜集和整理了 20 多个国家的各部门劳动力投入和总产出的时间数据，进行了成果显著的统计和研究，提出了劳动力在三次产业间分布的结构变化理论。克拉克发现：一个国家内从事三个产业的劳动力比重会随着国民经济的发展、人均国民收入的提高而变动。农业国民收入和劳动力的相对比重逐渐下降，第二产业国民收入和劳动力的相对比重上升，随着经济进一步发展，服务业国民收入和劳动力的相对比重也开始上升。

该观点渊源于英国古典经济学家威廉·配第。早在 17 世纪，西方经济学家威廉·配第就已经发现，随着经济的不断发展，产业中心将逐渐由有形财物的生产转向无形的服务性生产。1691 年，威廉·配第根据当时英国的实际情况明确指出：工业往往比农业、商业往往比工业的利润多得多。因此劳动力必然由农转工，而后再由工转商。正是由于克拉克的观点渊源于配第，经济学界称之为配第—克拉克定理。

配第—克拉克定理是关于经济发展同产业结构变动之间关系的经验性的总结，这种关系不仅可以从一个国家或地区的经济发展过程中得到证实，还可以从当前不同发展水平的国家或地区的现状中得到验证。总之，越是发达的国家和地区，人均国民收入水平越高，农业所占的份额越少，相应的工业、服务业所占的份额越高。

（二）配第—克拉克定理的拓展与劳动力转移的解释

1. 配第—克拉克定理的拓展

配第—克拉克定理揭示了产业结构变化的趋势，但也存在一些不足之处：一方面，克拉克在论证过程中采用国家和地区的数据还不够多，数据处理也比较简单，结论缺乏充足的普遍性。另一方面是论证过程中只使用劳动力作为单一指标，不能全面揭示产业结构变化的总趋势和原因。因此，有很多经济学家对配第—克拉克定理进行了补充和拓展。

（1）美国经济学家、统计学家库兹涅茨将数据进行了补充，通过收集和整理欧美主要国家统计数据进一步证明了克拉克所提出的理论。库兹涅茨指出，通过对不同国家的最新数据加以分析，不难发现随着人均收入水平的提高，农业就业劳动力的比重不断下降，人均收入水平越高，该比重就越低。而在商业和其他服务业行业就业的劳动力比重却是不断的、有规律的增长，这种趋势在最近几十年更加明显。

（2）法国经济学家富拉斯蒂埃认为我们所掌握的数据已充分证明了配第一克拉克定理的演进规律。在 150 年前，几乎所有国家农业的劳动力都在 80%左右，工业的劳动力大约占到 8%，服务业的劳动力大约占 20%。随着科学技术的进步，劳动生产率得到提高，农业领域较少的劳动力就能够生产出全国人口所需要的粮食，因此农业领域不再需要以往那么多的劳动力，因而农业人口的比例就会逐年下降。但这个下降也不是无限的，随着农业劳动力人数的逐渐减少，农业劳动者的绝对数字的下降也会减慢，农业领域仍然需要一定数量的人口维持农业产出。还需要注意的是农业劳动力转移到工业和服务业并不是唯一的转移路径，工业的劳动力也会转向服务业，而在服务业的内部，劳动力也会从一些饱和的行业转向需求旺盛的行业，劳动力的产业间转移和产业内转移并存。

（3）法国经济学家索维在 1996 年出版的《一般人口理论》中指出，劳动力的产业转移是一个逐步深化的过程。劳动力依次从农业转向工业，又从工业转向服务业，服务业内部也存在转移。这个过程中，第一次是脱离自然界，第二次是脱离原材料，第三次是在服务业内部脱离一部分人转向为另一部分人提供服务。每一次的转移和脱离都带有升级的含义，并且带来收益的增加。因此，在某种意义上可以认为，劳动力在三次产业之间的依次转移，同样是一种社会地位不断升级的过程。因此，可以想象人们特别是年轻一代追求向高一级产业进行转移并享受其收益的愿望是多么的强烈。总之，科学技术的进步和社会的发展要求劳动力从农业转向制造业，再转向服务业。

2. 克拉克和富拉斯蒂埃对劳动力产业间转移原因的解释

（1）克拉克对劳动力产业间转移原因的解释。克拉克在分析劳动力在三次产业间转移时主要对比劳动生产率和对劳动产品的相对需求之间的关系。在人类社会早期发展过程中，农业劳动生产率和人均产品都是有规律地提高的，尽管这种提高没有像工业生产率提高那么快。农业生产率不断提高，但是社会对农产品的相对需求是下降的，导致农业领域不需要那么多的劳动力，这是引起农业劳动力向外转移的主要原因。对于工业领域，生产率无论是按每小时的劳动产出还是按人均产出计算，工业生产率的增长速度都比其他产业要快，但是社会对工业产品的需求是相对稳定的，因此，随着经济的进步，工业劳动力逐渐减少。即便社会对于加工工业产品的需求增长较快，也可以认为，在长期过程中，工业劳动力也会减少。总而言之，工业的劳动生产率提高很快，但是社会对工业产品的需求增长相对较慢，因此导致工业领域劳动力会逐渐减少。对于服务业而言，情况正好相反，人们对于服务业产出需求旺盛，其增长速度要快于服务业劳动生产率的增长，因此，随着人均收入水平的提高，劳动力必然由制造业流向服务业。

（2）富拉斯蒂埃对劳动力产业间转移原因的解释。富拉斯蒂埃对劳动力在产业间转移的分析与克拉克的分析显著不同。他认为技术进步是引起劳动力产业布局演变的主要原因。技术进步将从两个方面影响社会经济。技术进步一方面提高了产出总量，另一方面改变了产业结构。由此，技术进步使得社会供给丰富，满足人们的某一层次的欲望和需求，但是按照经济学原理，人类的欲望是无穷的，人们将产生新的需求，由此，社会形成新的需求结构。这种情况将导致：一方面技术进步支撑着一个不断发展变化的生产结构；另一方面社会供给的不断变化和人类日益增长的需求，又决定着日益变化的消费结构，而这种消费结构与生产结构是不协调的。生产结构与消费结构的不协调，迫使生产要适应社会消费需求，从而促进劳动力从需求已经饱和了的产业部门转向那些需求旺盛的产业部门。由此才出现农民离开土地，工人改换行业的劳动力产业转移现象。

生产结构和消费结构随着技术的进步和生产率的增长而得到改善。这种变化过程将导致三次产业呈现此消彼长、不断变化的趋势，农业劳动力逐渐减少，工业劳动力先是膨胀，然后逐步地减少，服务业劳动力的比例则呈现不断上升的趋势。需要注意的是，这种变化不仅存在于每个国家和地区，同样也存在于每一个产业内部的行业和部门，演变方向都大体相似。

二、国际服务贸易发展路径：从服务业内在化向外在化演进

（一）内在化向外在化发展过程

在服务业的发展过程中，存在着一个由内在化向外在化的演进过程，也就是非市场化向市场化的演进过程。早期消费者服务业的活动是由消费者采取“自产自销”的内在化或非市场化的方式进行的，生产者服务业则是由生产企业在生产过程中通过内在化或非市场化的方式来进行的。20 世纪 70 年代之后，各种专业化的服务公司日益增多，提供诸如家政服务、财政服务、专业咨询等各种消费性及生产性服务。消费者和生产者可以在市场上购买所需的各类服务，而不必进行自我服务。如消费者可以通过购买家政服务来替代家庭劳务，企业也可以无需设立财会部门而在市场上购买专业的会计服务。服务业由内在化或非市场化的演进是专业分工逐步细化、市场逐步深化的必然结果。这

也在很大程度上推动了服务业的独立发展，扩大了服务业的规模，促进了服务业的国际化进程。这种演进除了带来对整个经济的影响之外，还带来了人们思想观念和行为方式的改变。

（二）生产者服务市场化发展

1. 促进生产者服务市场化发展的因素

（1）企业活动日趋复杂，监督雇员日益困难。企业活动涉及运营的方方面面，对经理人而言，相对于与每个雇工都签订合约，更便捷、更廉价的方法是与外部服务供应者直接谈判及签约，从而保证最低费用获得所需的服务。

视频 3－1 生产者服务市场化

（2）专业化的加强和技术诀窍的变动，市场购买某些专门技能比企业内部生产更有利。例如，一家企业可能需要法律、会计与金融等方面的专业化服务：一方面，这些服务专业要求高；另一方面，企业并不是每天都需要这些服务，如法律服务可能只是在遇到法律纠纷时才考虑。因此，企业内部拥有这种专门服务成本极大，而且也影响这些服务部门的规模优势和外部效应。在专门技能经常变化更新且投资风险较大的情况下，从外部购买此类服务，能够转移或者降低成本和风险，更适合企业战略发展。

（3）信息和交通费用下降，企业在市场购买服务成本下降。例如，由于信息和交通费用的下降，小城镇的企业也能够与处在较大城市的专业律师进行接触，获取优质的律师服务。当更多的企业选择购买外部的律师服务，而不是成立自己的法律部门时，市场中的律师服务规模会迅速扩大，律师的专业技能也会不断提高。

（4）法律与工会组织的影响导致雇工的非工资费用趋于增加。法律和工会组织对雇工的保护体现在很多方面，例如，每年要给予有偿的假期、解雇需符合法律规定、支付大量的遣散费等，诸如此类的规定都提高了企业雇佣工人的成本。在此类情况下，企业从外面购买服务要比内部生产和提供更加有利。

2. 制约生产者服务市场化发展的因素

（1）商业或生产技术中保密的需要。产品创新、工艺改良及营销革新的步伐，随着电子计算机技术及其他科学技术的普及而加快，并且成为企业重要的竞争力，甚至是核心竞争力，企业需要对自身拥有的这些技术知识进行保密。显然，从内部提供而不是从外面购买更容易做到保护商业秘密。

（2）计算机与有关电子设备的最新发展，提高企业监督员工的能力，降低管理成本。例如，通过数据分析，企业就能较准确地评估员工的工作努力程度，比以往仅靠人工监督的效率更高、成本更低。

（3）低廉的通信及交通费用与不断扩大的企业规模相结合，使得大规模企业保持内部扩大职业专业化成为可能。这主要是针对规模较大的企业，例如，微软公司可以内部雇佣一批具有专业技术职能的税务、法律或者计算机专家，因为微软业务遍布全球各地，这些具有专业技能的人才，可以在全球范围内为微软公司提供服务，同时，因为通信及交通费用比以往低廉，这些专业人员全球活动的成本下降很多，效率更高。

3. 生产者服务市场化选择

生产者服务是否选择市场化（市场购买）的方式，是上述各种因素综合作用的结果。整体来看，经济的发展越来越强调人力资本和知识资本的作用以及专业化分工，因此，生产者服务的市场化是不断推进发展的。就单个企业而言，服务是由企业内部提供，还是从市场上购买，需要用到1991年诺贝尔经济学奖获得者科斯的交易成本及其相关理论进行分析。简而言之，通过企业内部提供服务所产生的净成本大于从市场购买的净成本则选择市场化，反之则选择内在化。

案例 3－2

亚马逊智能机监工

总部位于纽约曼哈顿的美国科技在线媒体 The Verge 披露了大名鼎鼎的互联网商务巨头——亚马逊集团使用 AI 监工监控员工的细节。据这家媒体称，亚马逊制订了苛刻的一线员工目标管理规范，要求员工必须一丝不苟地处理每个订单，并为此制订了特有的“生产基数指标”，基于客户要求给每个员工定时、定量、定速，甚至定位。AI 监工的使命，不但会监控员工是否能完成所谓“生产基数指标”，还会自动跟踪员工所谓“脱线时间”（Time off Task，简称 TOT，即员工在班但并不在直接忙于工作的时间），如果员工达不到“生产基数指标”，或虽达到指标但 TOT 时间太长、次数太多，AI 监工都会自动生成警告，并可能在几次警告后实现“自动解雇”。该媒体称，亚马逊最初给物流仓储员工设定了每小时打包 80 件的“生产基数指标”，后根据 AI 分析提升至 120 件，这令员工们不堪重负，有 4000 名员工曾联名呼吁削减至每小时 102 件。仅亚马逊巴尔的摩仓库，2017 年 8 月至 2018 年 10 月的一年多时间里就因此解雇了约 300 人，占全仓库 2500 多雇员总数的 12%。

（资料来源：《亚马逊的 AI 监工：当人工智能被用于监视人工》）

案例思考：

1. AI 监工的作用。
2. 过度依赖 AI 监工可能存在的问题。

（三）服务外包的概念及分类

1. 服务外包的概念

生产者服务市场化通常采用服务外包的方式来实现。服务外包指企业为了将有限的资源专注于其核心竞争力，利用外部专业服务商的知识劳动力来完成本来由企业内部完成的工作，从而达到降低成本、提高效率、提升企业核心竞争力及对市场环境应变能力的一种服务模式。

视频 3－2　服务外包的概念及分类

2. 服务外包的分类

（1）按交付方式划分。服务外包按交付方式划分，可以分为在岸服务外包和离岸服务外包。

① 在岸服务外包。在岸服务外包（也称为境内服务外包），指服务外包承接商与发包商来自同一国家或地区，服务外包工作在一国（或地区）境内完成。

② 离岸服务外包。离岸服务外包指服务外包的发包商与承接商位于不同的国家或地区，服务外包工作必须跨境才能完成。离岸服务外包是企业充分利用国外资源和外部资源进行分包转移的一种形式。企业通过国际合作，利用国家或地区的资源成本差异，实现生产成本降低、增强综合竞争力的目的。

案例 3－3

2021 年中国承接离岸服务外包合同额首破万亿元

2021 年，中国服务外包产业继续保持较快增长，全年承接离岸服务外包合同额首次突破 1 万亿元。从产业规模看，2021 年中国企业承接服务外包合同额 21341 亿元，执行额 14972 亿元，同比分别增长 25.4%和 23.6%。其中，承接离岸服务外包合同额首次突破 1 万亿元，达 11295 亿元，执行额 8600 亿元，同比分别增长 16.0%和 17.8%（以美元计算，2021 年承接服务外包合同额 3224 亿美元，执行额 2265 亿美元，同比分别增长 30.9%和 29.2%。其中，承接离岸服务外包合同额1717亿美元，执行额1303亿美元，同比分别增长22.3%和23.2%）。

从业务结构看，中国企业承接离岸信息技术外包（ITO）、业务流程外包（BPO）和知识流程外包（KPO）执行额分别为3631亿元、1308亿元和3661亿元，同比分别增长13.3%、11.1%和25.3%。从区域布局看，全国37个服务外包示范城市总计承接离岸服务外包合同额9591亿元，执行额7336亿元，分别占全国总额的84.9%和85.3%。长三角地区承接离岸服务外包合同额5100亿元，执行额4022亿元，分别占全国总额的46.0%和46.8%。从国际市场看，中国承接美国、中国香港、欧盟离岸服务外包执行额分别为1994亿元、1456亿元和1154亿元，合计占中国离岸服务外包执行额的53.5%，同比分别增长28.6%、21.5%和18.6%。中国承接"一带一路"国家离岸服务外包合同额2261亿元，执行额1616亿元，同比分别增长25.7%和18.7%。从企业性质看，民营企业承接离岸服务外包执行额2320亿元，占全国27.0%，同比增长27.1%，比全国平均增速高出9.3个百分点。外商投资企业承接离岸服务外包执行额3700亿元，占全国43.0%，同比增长16.1%。

（资料来源：http://tradeinservices.mofcom.gov.cn/article/news/ywdt/202201/130023.html）

案例思考：

1. 离岸服务外包合同的概念。
2. 查找中国离岸服务外包合同最新发展情况及特点。

（2）按内容进行划分。服务外包按内容划分主要分为信息技术外包（ITO）、业务流程外包（BPO）及知识流程外包（KPO）。

① 信息技术外包服务（ITO）。信息技术外包是指企业专注于自己的核心业务，而将其IT系统的全部或部分业务外包给专业的信息技术服务公司。企业一般以长期合同的方式委托信息技术服务商向企业提供部分或全部的信息功能。常见的信息技术外包主要包括信息技术研发服务、信息技术运营和维护服务及新一代信息技术开发应用服务。信息技术外包类别及主要内容见表3-3所列。

表3-3　信息技术外包类别及主要内容

类别	主要内容
信息技术研发服务	软件研发服务，集成电路和电子电路设计服务，测试服务，信息技术解决方案服务及其他信息技术研发服务

（续表）

类别	主要内容
信息技术运营和维护服务	信息基础设施和信息系统运维服务，网络与数据安全服务，电子商务平台服务及其他运营和维护服务
新一代信息技术开发应用服务	云计算开发及应用服务，人工智能技术开发及应用服务，大数据技术开发及应用服务，区块链技术开发及应用服务，物联网技术开发及应用服务，地理遥感信息及测绘地理信息服务及其他新一代信息技术开发及应用服务

② 业务流程外包服务（BPO）。业务流程外包是指企业检查业务流程以及相应的职能部门，将这些流程或职能外包给供应商，并由供应商对这些流程进行重组。BPO是将职能部门的全部功能（如人力资源管理服务、政策服务、索赔管理、财务、维修维护服务）都转移给供应商。外包供应商根据服务协议在自己的系统中对这些职能进行管理。业务流程外包类别及主要内容见表3－4所列。

表3－4　业务流程外包类别及主要内容

类别	主要内容
内部管理服务	人力资源管理服务，财务与会计管理服务，法律流程服务及其他内部管理服务
业务运营服务	数据处理服务，互联网营销推广服务，呼叫中心服务，金融后台服务，供应链管理服务，采购外包服务及其他业务运营服务
维修维护服务	交通工具维修维护服务，工程机械维修维护服务，医疗设备维修维护服务，智能制造装备维修维护服务及其他维修维护服务

③ 知识流程外包（KPO）。知识流程外包是围绕对业务诀窍的需求而建立起来的业务，指把通过广泛利用全球数据库以及监管机构等的信息资源获取的信息，经过即时、综合的分析研究，最终将报告呈现给客户，作为决策的借鉴。KPO的流程可以简单归纳为：首先获取数据，进而对数据进行研究、加工，最后销售给咨询公司、研究公司或终端客户。知识流程外包类别及主要内容见表3－5所列。

表 3-5 知识流程外包类别及主要内容

类别	主要内容
商务服务	知识产权服务，管理咨询服务，检验检测服务及其他商务服务
设计服务	工业设计服务，工程技术服务，文化创意及数字内容服务，服务设计服务及其他技术服务
研发服务	医药（中医药）和生物技术研发服务，新能源技术研发服务，新材料技术研发服务及其他研发服务

案例 3-4

印度软件外包行业

在印度国内，提供软件外包服务的大型企业主要包括塔塔集团（TCS）、Infosys、威普罗公司（Wipro Limited）、萨蒂扬软件技术有限公司（Satyam）、马衡达信息技术有限公司（Tech Mahindra）等。这些企业在国内外市场上都展现出相当大的竞争力。

根据新思界行业研究中心发布的《2021—2025 年印度软件外包市场深度调研分析报告》，全球信息化浪潮的强劲推动使得软件产业在全球范围内蓬勃发展成为一个规模庞大、最具活力的产业。在这其中，印度作为仅次于美国的第二大软件大国，拥有先进的软件外包技术和丰富的管理经验。因此，在全球软件外包行业市场中，其占据着绝对领导地位，相关业务数量占全球软件外包总业务数量超过 65%。

印度软件外包行业迅速发展的原因主要有以下四个方面：首先，拥有庞大的人力资源。印度政府高度重视软件人才的培养，建立了覆盖大学和职业化培训机构的人才培养模式，为软件及相关行业提供了充足的人才资源。其次，享有良好的政府扶持政策。印度政府成立了国家 IT 及软件推进小组、IT 委员会等部门和机构，建立了高速数据传输网络，并在财税等多个方面提供大力支持。再次，具备高效的软件质量和项目管理能力。印度始终坚持采用国际先进的技术和质量标准进行软件开发，因此在软件外包和服务领域具有较高的技术水平。最后，拥有优秀的企业机构。在国家政策大力扶持下，印度涌现出许多具备强大竞争力的企业机构。

（资料来源：http：//www.newsijie.cn/TZD/TouZiDiMenuInfo/13209/2/2/TZHJ）

案例思考：

1. 在软件外包领域，印度是如何成为全球主要服务提供国的？有哪些因素促成了印度在软件外包市场的领导地位？

2. 软件外包业务的国际化程度如何影响印度本土的就业和经济发展？

第三节　国际服务贸易的竞争优势理论

一、国际服务贸易的竞争优势理论

（一）国际服务贸易竞争力的内涵

世界经济论坛（WEF）早在1980年就开始讨论国际竞争力的问题，1990年迈克尔·波特的《国家竞争优势》一书的出版，更是将竞争优势理论和国际贸易理论研究结合在了一起。但是到目前为止，国内外学术界尚未对国际竞争力的定义达成统一的意见。世界经济论坛和瑞士洛桑国际管理学院（IMD）将国际竞争力定义为一国或一个公司在世界市场上均衡地生产比其竞争对手更多财富的能力。美国《总统委员会关于产业竞争能力的报告》指出国际竞争力是在自由良好的市场条件下，能够在国际市场上提供好的产品、好的服务，同时又能提高本国人民生活水平的能力。经济合作与发展组织（OECD）在报告《科学、技术与竞争力》中认为国家竞争的国际竞争能力是建立在国内外从事外贸企业的竞争能力之上的，但是又远非国内企业竞争能力的简要累加或平均的结果。经济学家樊纲指出竞争力是一国产品在国际市场上所处的地位，最终可以理解为成本概念及如何能以较低的成本提供同等质量的产品，或者以同样的成本提供质量更高的产品。

由于强调角度不同，国际竞争力的定义存在差异，但其基本的含义是一致的。国际竞争力的定义，大体可以概括为一个国家在市场经济中参与世界经济竞争并不断增加财富的能力。该含义包括四个方面的内容：竞争的主体可以是国家、产业或企业；竞争的范围集中在经济领域，从产品竞争力来看，既包含有形产品，也包括无形产品；竞争的空间是世界市场；国际竞争力涉及一个国家的诸多方面，比如科技水平、基础设施、政府行为、企业素质和劳动者的工作态度等。

从中微观角度来看，国际服务贸易竞争力可以从产业、企业、产品三个层次的内容来理解，即国际服务贸易产业竞争力、国际服务贸易企业竞争力和国际服务贸易产品竞争力。国际服务贸易产业竞争力是一国或地区某产业能够比其他国家或地区的同类产业以更有效率的方式提供市场所需要的产品和服务的能力，是一个国家或地区综合竞争力在各个产业中的具体体现。国际服务贸易企业竞争力指服务贸易企业能够比其他企业（或竞争对手）长期拥有更有效的方式提供市场所需要的产品和服务的能力，决定了该国或地区服务贸易企业的竞争力水平。国际服务贸易产品竞争力是指一国或地区某产品以其技术、性能、服务或者成本价格上的优势而获得的竞争能力，这是国际服务贸易竞争力最基本的载体。

从宏观角度来看，国际服务贸易竞争力，是一国或地区在市场经济环境和条件下，与世界上其他国家和地区进行比较，服务贸易领域所能创造增加值和国民财富的持续增长和发展的系统能力和水平，其核心内容是国际服务贸易产业竞争力，不同产业之间在国家或地区范围内的有机结合构成的国际竞争力。国际服务贸易产业竞争力构成一国国际服务贸易竞争力的基础和依托，对国际服务贸易竞争力体系起着承上启下的关键作用。

（二）迈克尔·波特的竞争优势理论

迈克尔·波特于1990年出版《国家竞争优势》一书，基于对传统国际贸易理论总结之上，提出了国家在国际市场上取得竞争优势的“钻石模型”（图3-1）。

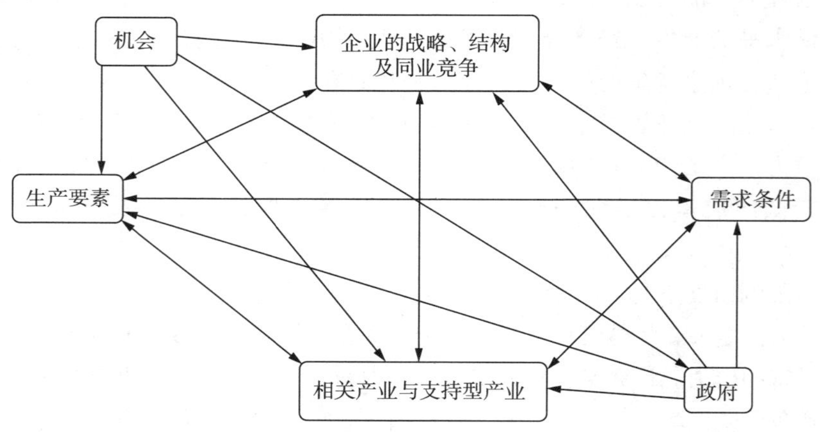

图3-1　迈克尔·波特的“钻石模型”

迈克尔·波特的“钻石模型”回答了一国在某个特定的产业如何获得长久的国际竞争力这个问题。他认为，国内经济环境对企业开发自身的潜能有很大的影响，尤其是生产要素，需求条件，相关产业与支持型产业，企业的战略、结构及同业竞争，机会和政府这六大要素，其中，前四项是影响国际竞争力的决定因素，机遇和政府也将对产业国际竞争力产生重大影响。迈克尔·波特的这六大因素是产业国际竞争力最重要的来源。

1. 生产要素

迈克尔·波特对生产要素的划分主要有两种方法。一种是将生产要素划分为初级生产要素和高级生产要素。初级生产要素包括自然资源、气候、地理位置、非熟练和半熟练劳动力等；高级生产要素包括现代化通信、高科技人才、尖端学科的科研机构等。初级生产要素一般依赖一国先天的资源禀赋，高级生产要素则需要长期的投资和后天开发创造出来。随着贸易投资自由化和科学技术的发展，初级生产要素的重要性不断下降，高级生产要素的重要性逐步上升。高级生产要素的供给相对稀缺，其形成需要一个国家在人力和资本上进行大量和持续的投资，并且需要适宜的社会经济、政治、法律及文化环境，高级生产要素往往很难从市场中公开获得。因此，高级生产要素的培养和获取是影响一国或地区国际竞争力的重要影响因素。

迈克尔·波特的另一种分类是将生产要素划分为一般生产要素和专业生产要素。一般生产要素是指可以在不同行业通用的生产要素，如高速公路、资金、大学通用专业的毕业生等；专业生产要素一般包括专业人才、专业研究机构、专用的软件、硬件措施等。一般而言，越是技术密集型和知识密集型的产业越需要专业生产要素，而拥有这些专业生产要素的企业也往往更具有竞争优势。

高级生产要素和专业生产要素是一国或地区在某一产业获取竞争优势的重要条件，两种生产要素的可获得性和专业程度决定了竞争优势的可持续性。反之，如果一国或地区将竞争优势建立在初级生产要素和一般生产要素之上，这种优势往往不长久，也不稳定。比如自然资源和劳动力丰富的国家可以据此发展自然资源及劳动力密集的产业，但仅仅依赖这种初级生产要素和一般生产要素很难获得长久而稳定的竞争优势，还需要不断创新发展高级生产要素和专业生产要素。

由于高级生产要素和专业生产要素需要长期的人力和资本投入创造发展，并且对竞争力优势的获得起着更为重要的作用，迈克尔·波特指出，在实际市场竞争中，人工短缺、资源不足、地理条件恶劣等初级生产要素或一般生产要素的不足，反而会形成刺激产业创新的压力，导致企业竞争优势的持续升级，也就是说一个国家的竞争优势也可以从不利的生产要素中形成。

2. 需求条件

本国国内需求条件是一个行业或一项产品是否具有国际竞争力的重要影响因素。企业在进行生产、投资和市场营销时往往首先都是从本国的需求来考虑的，企业能够及时发现国内市场客户的需求，这是国内企业相对于国外竞争对手所具有的优势。因此，迈克尔·波特认为，全球性的竞争并没有减少国内市场的重要性。本国的需求条件是否有利于积累国际竞争优势，可以从需求特征、需求规模和预期性需求来分析。

（1）需求特征。国内客户的需求特征非常重要，如果国内有大量内行且挑剔的客户，会激发本地企业想办法满足消费者在产品的质量、品质和服务等方面高标准要求，这必然迫使本地企业不断提高自己的生产和服务水平，进而提高国际竞争力。

（2）需求规模。国内某类产品需求市场规模庞大有利于提高该产业的国际竞争力，尤其是对于存在规模经济的行业，较大的规模有利于企业降低成本，提高竞争力，顺利参与国际竞争。

（3）预期性需求。如果本地客户的需求领先于其他国家，这将激励本国企业不断改进和创新产品，积极满足本地客户的产品需求，同时成为本地企业参与国际竞争的优势。

3. 相关产业与支持型产业

相关产业指与本国国内某个产业具备一定关联性的其他产业，这些产业可能会使用相同或相似的原材料，或者这些产业在生产产品的过程中使用相同或相似的生产工艺，或者他们生产的产品可能满足同一类客户的需求，这些产业可以被描述成相关产业。比如在皮鞋制造中，需要皮革这类的原材料，但在皮包、手提箱等产品生产中，也需要这些原材料，所以，箱包产业可以理解为皮鞋产业的相关产业。

支持型产业主要指上游产业，任何一个产业在生产经营过程中都离不开上游产业的各种原材料和配件的支持。比如，意大利制鞋业离不开上游行业提供的各类皮革及鞋类零件的支持。

迈克尔·波特认为相关产业与支持型产业是形成某产业国家竞争优势的重要因素，他尤其强调产业集群的重要性，认为一个优势产业不是单独存在的，是从国内相关强势产业发展并崛起的。如德国印刷业的优势，离不开德国的造纸业、油墨业、制版业、机械制造业的强势。

4. 企业的战略、结构及同业竞争

在不同的国家和行业中，企业的战略、组织和竞争状态会有很大的差别。迈克尔·波特指出，在其研究的十个国家中，具有国际竞争力的产业中往往普遍存在着强有力的国内竞争对手，因为在国际竞争中成功的产业，必先经过国内市场的激烈竞争。国内产业通过不断地改进和创新，不断提高自身的生产效率和竞争能力，进而延伸至海外市场。而那些在政府保护和补助下、放眼国内都没有竞争对手的超级明星企业，往往并不具备强有力的国际竞争能力。

5. 机会

机会是可遇而不可求的，是那些超出企业控制范围内的突发事件，如重大的技术突破、石油危机、战争等。机会能够打破现存的竞争环境和竞争秩序，出现“竞争断层”。这种断层的影响可能是双向的，它可能会使新的竞争者获得优势，同时使原有的竞争者优势丧失，只有能够满足新需求的竞争者，才能抓住发展机会。

6. 政府

政府可以通过补贴、制定生产标准、设置竞争条例等方面直接影响到产业的国际竞争力，政府对竞争力优势的形成起着不可忽视的作用。但政府在此方面发挥作用要注意范围和方式。迈克尔·波特指出从事产业竞争的是企业，不是政府，即使是最优秀的公务员，也无法决定应该发展哪项产业，以及如何达到最优的竞争优势。政府能做的是提供给企业所需要的资源，为产业发展创造环境。政府要扮演好自己的角色，可以为产业竞争优势的获得创造新的机会和压力。政府对需求的主要影响是政府采购，但是政府采购不能是任意的，要有严格的程序，在市场中要扮演挑剔型的顾客，采购程序要有利于竞争和创新。在形成产业集群方面，政府虽然不能无中生有，但可以强化产业集群。政府在产业发展中最重要的角色是保证国内市场处于有活力的竞争状态，避免垄断。迈克尔·波特认为，保护会延缓产业竞争优势的形成，使企业停滞在缺乏竞争的状态。

（三）国际服务贸易竞争优势

迈克尔·波特认为六大基本要素影响一国在某个特定产业的竞争力，这为探讨国际服务贸易的自由化与提高国际服务贸易竞争力的关系提供了重要的理论支撑。依据此理论，获得低成本优势和寻求产品差异性是服务贸易自由化提高企业乃至整个国家经济竞争力的基础。按此逻辑分析，服务贸易支撑厂商或国际竞争优势的基本要素可以分解为以下六个：

1. 服务技术要素

服务贸易过程可以依靠服务技术基础设施实现，或者借助于实物载体和其他高技术方式来实现，这将促使企业积极采用各种最新的信息技术获取成本优势及产品差异，从而提高竞争力。

2. 服务资源要素

某些服务贸易标的如数据库、网络信息、软件、音像制品、专利技术、文艺作品及其他知识产权等，是需要高昂的初始投资产生的服务贸易对象，构成国家服务资源的基本要素之一。相对于自己开发这些服务资源，通过服务贸易使企业能够获得相对低成本的服务资源而获得竞争优势。

3. 服务管理要素

服务贸易将提高企业的服务管理效率，因为现代服务产品多属于技术与管理密集型产品，服务贸易的过程既是实施服务管理的过程，也是提高服务管理技术和质量的过程。

4. 服务市场要素

服务贸易自由化使得国内企业能够积极参与国际服务贸易，为国内企业提供了一条利用国际服务市场的可能途径。外国服务企业进入国内市场，将加剧国内服务市场的竞争，导致服务产品价格的下降和服务质量的提高，从而可能为外向型企业提供低成本参与国际竞争的外部条件，提高本国企业的国际竞争力。

以上四种要素既可能给企业带来竞争优势，也可能提高政府管理效率，这无疑都间接提高了国家的竞争优势。

5. 服务资本（投资）要素

服务贸易往往与对外直接投资活动紧密联系在一起，服务贸易本身也能带来外国直接投资，外国资本的持续流入，需要各种跨国服务来支持。外国资本的持续流入也将提高本国市场的开放度，这被认为是衡量国家竞争力的指标之一。

6. 服务产品要素

服务贸易过程可能涉及服务技术、资源、管理、市场和投资者要素的有形或无形的跨国流动，这必然促进服务产品的生产和销售，有利于促进国家产业升级和服务产业规模的扩大，提高国家整体的竞争力。

将这六种要素与迈克尔·波特的“钻石模型”结合起来，形成拓展的国家竞争优势模型（图 3-2），可以较好地解释国际服务贸易的竞争优势。

二、国际服务贸易竞争力主要衡量指标

国际服务贸易竞争力指标数目较多，评价重点各不相同。以进出口为基础评价国际服务贸易竞争力指标可以从市场占有率、净出口、出口所占比例和劳动生产率四个方面分析，不同方面各有其具有代表性的指标。

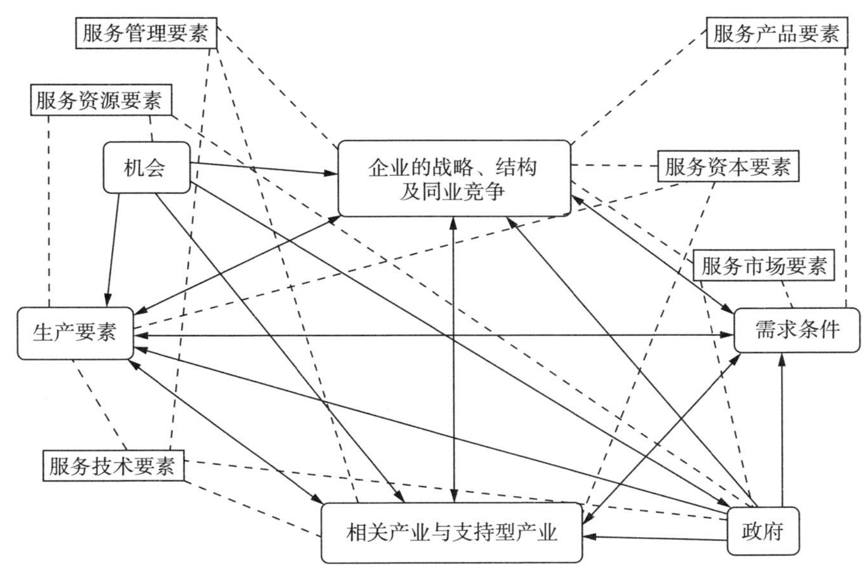

图 3－2　拓展的国家竞争优势模型

（一）市场占有率

1. 服务贸易总量

服务贸易总量包括服务贸易进出口总额、出口额、进口额以及相应的增长率和在世界的排名。这是一个国家服务贸易国际竞争力的直接体现。

2. 国际市场占有率

国际市场占有率是一国服务贸易出口在世界市场上占有的份额，是衡量一个国家服务贸易国际地位的重要指标。

$$国际市场占有率=\frac{某国出口额}{世界出口总额}\times 100\%$$

3. 固定市场份额模型指标（CMS）

固定市场份额模型指标（CMS）指一定时期内，本国某产品的出口增长率与为保持该产品原有的市场占有份额应有的出口增长率之差。如果该数值大于零，表明该国该产业在这一时期内的出口竞争力相对于其他出口国有所提高；如果该数值为负，则表明该国在该产业这一时期内的出口竞争力相对于其他出口国有所下降。该指标的难点在于测算保持原有市场份额所应达到的出口增长率。

4. 服务贸易对外开放度（SO）

各国服务产业发展历史阶段及发展水平不同，所以对服务贸易开放和控制的程度是不同的。以下公式为国际货币基金组织计算一国服务贸易对外开放度的公式：

$$SO=\frac{S_x+S_y}{GDP}$$

其中S_x、S_y分别代表服务贸易的出口总额与进口总额；GDP 代表国内生产总值。

（二）净出口

1. 贸易竞争力指数（TC）

贸易竞争力指数（TC）是一国进出口贸易的差额占进出口贸易总额的比重。TC 指数又称为比较优势指数（Comparative Advantage Index，CAI）或可比净出口指数（Normalized Trade Balance，NTB）。该指数可用于分析国际分工状况及行业的竞争优势状况。

$$X_i=\frac{E_i-I_i}{E_i+I_i}\quad(-1\leqslant X_i\leqslant 1)$$

其中 X_i 代表贸易竞争力指数，E_i 代表产品 i 的出口总额，I_i 代表产品 i 的进口总额。贸易竞争力指数的取值范围[−1，1]，TC 指数越接近零，竞争优势越接近平均水平；TC 指数越接近于1，竞争力越强，反之竞争力越小。$Xi=-1$ 时，表明该国 i 类商品全部都是进口，出口为零；$Xi=1$，表明该国的 i 类商品进口为零，全部为出口。

2. 产业内贸易指数

产业内贸易指数是用来测度一个产业的产业内贸易程度的指数，这一指数的计算公式为：

$$T=1-|X-M|/(X+M)$$

其中：T 代表产业内贸易指数，X 和 M 分别表示某一特定产业或某一类商品的出口额和进口额，式中 $X-M$ 取绝对值。T 的取值范围为[0，1]。当 $T=0$ 时，表示没有发生产业内贸易；当 $T=1$ 时，表明产业内进口额与出口额相等。T 值越大说明产业内贸易程度越高。

（三）出口所占比率

1. 显示比较优势指标（RCA）

显示比较优势指标（RCA）指在某国市场上，从本国出口的某种产品占该产品出口总额的比重与世界该产品出口占世界出口总额的比重。这个计算公式为：

$$RCA_{ij}=\frac{X_{ij}/X_{it}}{X_{wj}/X_{wt}}$$

其中RCA_{ij}代表i国j类产品的显示比较优势指数，X_{ij}代表i国j类产品的出口总额，X_{it}代表i国出口总额，X_{wj}代表世界j类产品的出口总额，X_{wt}代表世界出口总额。

显示比较优势指标(RCA)反映贸易结构与贸易依存度状况，一般认为，RCA指标大于2.50，该产业具有很强的竞争优势；如果RCA指标在1.25到2.5之间，表明该产业的国际竞争力较强；如果指标在0.8到1.25，该产业国际竞争力具有一般水平；如果RCA小于0.8，表示该产业国际竞争力较弱。

2. 显示竞争优势指数(CA)

显示竞争优势指数(CA)是从出口的比较优势中减去该产业进口的比较优势，从而得到一国某产业或产品的真正竞争优势，计算公式为：

$$\mathrm{CA}=\mathrm{RCA}-\frac{M_{ia}/M_{it}}{M_{wa}/M_{wt}}$$

其中M_{ia}代表i国(或地区)第a类产品进口额，M_{wa}代表世界第a类产品进口总额，M_{it}代表i国(或地区)所有产品的进口额，M_{wt}代表世界所有产品的进口总额。

相对而言，RCA只考虑一个产业或产品的出口所占的相对比例，CA指标由于考虑了进口对竞争力的影响情况，更能真实地反映一国某一产业的竞争力状况和国际地位。一般认为CA指数小于零，该产业在国际竞争中处于相对竞争劣势；如果CA指数等于零，则表示该产业贸易自我平衡；如果CA大于零，则表示该产业在国际竞争中处于优势，指数越大，优势越明显。

3. 出口绩效相对系数

出口绩效相对系数表示i国j商品的出口额占j商品世界总出口额的比重与i国总出口额占世界总出口额的比重之比。

$$R_{ij}=\frac{X_{ij}/\sum_{i=1}^{m}X_{ij}}{\sum_{j=1}^{n}X_{ij}/\sum_{i=1}^{m}\sum_{j=1}^{n}X_{ij}}$$

其中R_{ij}代表i国j商品的出口绩效相对系数；X_{ij}代表i国j商品的出口额；i代表不同的国家，$i=1, 2, \cdots, m$；j代表不同的商品，$j=1, 2, \cdots, n$。

如果系数大于1，表示i国在j商品的生产和出口方面具有相对较高的专业化水平和出口竞争力；如果系数小于1，则表明i国在j商品的生产和出口方面没有一定的专业化水平和出口竞争力。

(四) 劳动生产率

1. 劳动生产率

劳动生产率指标可用于反映一国竞争力强弱，指劳动者在一定时期内创造的劳动成果与其相对应的劳动消耗量的比值。劳动生产率水平常用两种方法表示。一种是用同一劳动在单位时间内生产某种产品的数量来表示，单位时间内生产的产品数量越多，劳动生产率就越高；另一种是用生产单位产品所耗费的劳动时间来表示，生产单位产品所需要的劳动时间越少，劳动生产率就越高。

2. 价值增值率

采用价值链的分析方法来计算的价值增值量，可以比较准确地说明产业的国际竞争力状况。在产业内分工和产业内贸易的情况下，产业内进口商品金额与加工后出口商品金额之比，可以体现产品增加值率和本地化水平。将国内环节的增值率与国外某环节或其他环节的增值率指标相比较，可以用来衡量出某国的产业竞争力水平，并进行国际排序。

3. 服务业就业的出口效应指数（EE）

服务业就业的出口效应指数（EE）表示服务出口收入对服务业就业影响的弹性系数。计算公式为：

$$EE=\frac{\Delta E_y/E_y}{\Delta Q_s/Q_s}$$

其中E_y、Q_s分别代表服务出口收入和服务业就业人数。

需要注意的是，衡量国际服务贸易竞争力的各种指标往往相互交叉，共同反映一国国际服务贸易竞争力水平，因此不能简单地用某一单一指标判定一国服务竞争力水平的高低，需要综合分析。

本章自主学习指导

1. 学习重点如下：

(1) 概念：配第—克拉克定理、服务外包、离岸服务外包、信息技术外包服务、业务流程外包、知识流程外包。

(2) 国际服务贸易比较优势原理的主要内容。

(3) 国际服务贸易前提假设的修正与拓展。

(4) 克拉克和富拉斯蒂埃对劳动力产业间转移原因的解释。

(5) 促进或制约生产者服务市场化发展的因素。

(6) 服务外包的分类。

（7）迈克尔·波特的竞争优势理论。

（8）国际服务贸易竞争优势。

2. 国际服务贸易比较优势原理及计算。

假设比较优势适用于A、B两国的服务贸易，两国服务商品生产情况见表3－6所列。

表3－6 A、B两国服务商品生产情况

	A国	B国
生产1单位X所需时间（小时）	3	1.5
生产1单位Y所需时间（小时）	4	0.8

请作答：

（1）根据生产率比较A、B两国分别在什么商品上具有比较优势。

（2）计算两国服务商品的相对价格，根据相对价格差异指出两国分别在何种服务商品上具有比较优势。

（3）什么是服务贸易利益的交易所得和分工所得？如果交易比例是1X＝1Y，计算交易所得。

第四章

国际服务贸易与经济发展

1. 了解对外贸易发动机理论的产生及争议；理解服务贸易发展对经济增长的影响；掌握发展中国家服务贸易成为发动机的条件。

2. 理解贸易利益评价；了解基于古典模型的服务贸易利益分析；掌握服务贸易短期利益与长期利益的关系。

3. 理解特定要素模型对服务贸易的适用性分析；掌握基于特定要素模型的服务贸易对产业发展的影响分析。

4. 掌握基于国际资本流动模型的理论分析和实践分析。

第一节　国际服务贸易与经济增长

随着全球产业结构的调整变化，服务业在全球三大产业的份额不断提高，服务业已经成为全球第一大产业，成为现代经济贸易发展的重要动力来源。服务业在国民经济中的作用愈加重要，以运输、银行、通信、教育、公共事业为代表的服务业充当着基础设施的作用；保险、贸易、研究与开发、法律服务及广告服务等作为生产者服务的中间投入，起着中间环节的作用；银行、金融等服务业影响着一国的经济发展战略；大众媒介、广告、教育、旅游等服务业影响着社会文化。服务业在各国的经济和贸易活动中地位越来越重要，成为衡量一国竞争力强弱的重要标准之一，服务贸易的发展也成为经济增长的重要推动力。

一、服务贸易对经济增长的理论分析

服务贸易是对外贸易的一部分，很早就有经济学家探讨对外贸易能否成为经济增长的发动机。学者之间争议较大，有的学者支持对外贸易是经济增长的发动机，如英国经济学家罗伯特逊、美国经济学家纳克斯及威廉·刘易斯等；有的学者则明确持反对态度，比如阿根廷经济学家普雷维什和德国经济学家辛格等；有的学者前期支持发动机理论，但后期改变了观点，比如美国经济学家纳克斯。通过对这些学者的理论分析，可以用来探讨服务贸易是否能够成为发动机，或者说如果服务贸易成为发动机需要具备哪些条件。

（一）发动机理论的产生

1937 年，英国经济学家罗伯特逊通过对 19 世纪英国及新移民国家（美国、加拿大、澳大利亚、新西兰、阿根廷、南非等）经济快速增长情况的研究，深入分析了国际贸易对经济增长的作用机理，首次提出了“对外贸易是经济增长的发动机”的命题，认为后进国家可以通过对外贸易尤其是出口增长带动本国经济的增长。

20 世纪 50 年代，美国经济学家纳克斯补充和发展了罗伯特逊的这一命题，认为中心国家实际上是通过对外贸易将自身的经济增长传递到其他国家。也就是说，中心国家经济迅速增长，导致对发展中国家初级产品产生大量需求，从而带动发展中国家出口增长，进而拉动发展中国家经济增长。因此，对外贸易是经济增长的发动机。

现代发动机理论代表人物刘易斯在其论著中也论述了对外贸易对于发展中国家经济增长具有发动机作用的观点，他强调“出口是经济增长第一阶段的发动机”。刘易斯认为，发展中国家通过参与国际贸易可以增加出口和总产量，同时也能改善产业结构，促进产业部门之间的协调发展。由此可见，刘易斯除了从增加出口需求角度外，还从经济结构优化角度论证了贸易对一国经济增长起着发动机的作用。

罗伯特逊、纳克斯及其追随者后来被称为 R－N 学派。该学派认为，对外贸易对经济增长贡献主要的途径如下：（1）贸易静态利益对经济增长具有直接贡献。(2)出口扩大提高进口水平，克服国内资源短缺问题，促进经济增长。(3)对外贸易的增长将引导资金流向具有比较优势的领域(最有效率的领域)，实现资源优化配置。(4)贸易将使一国扩大生产规模，产生规模经济。(5)国际贸易竞争可以激化市场竞争，有效地提高国内生产效率。(6)中心国家的经济增长可以通过对初级产品需求的增加而把自己的经济增长率传递到世界其他国家去，带动参与对外贸易的其他国家经济增长。

20世纪60年代以来，亚洲四小龙(韩国、中国台湾、中国香港和新加坡)及日本等国家和地区实行外向型经济，实现了经济的快速增长，从实践角度证明"对外贸易是经济增长发动机"这一理论，该理论再度流行。

经济学家迈耳在《经济发展中的主要问题》一书中指出，对外贸易尤其是出口的高速增长会给发展中国家和地区带来以下几个方面的利益：(1)出口扩大意味着进口能力的提高，资本货物的进口对经济落后国家的经济发展具有决定性的意义，先进技术设备的进口有助于提高国家的科技水平，有利于发展中国家工业化；(2)对外贸易的发展改变国内投资流向，资本会越来越集中于具有相对优势的领域，专业化生产有助于提高这些领域劳动生产率；(3)出口扩大可以克服国内市场狭窄的缺点，生产规模扩大带来长期平均成本下降，从而实现规模经济；(4)出口产业的扩张对相关产业具有关联带动效应，出口增加会刺激金融、运输、保险、通信等领域的发展，吸引社会增加基础设施方面的投资，有助于国内统一市场的形成，这对经济运行机制不健全的国家尤为重要；(5)出口的扩大有助于外资的流入，有助于解决国内投资不足的问题，还会有助于引进国外的先进技术和管理知识，提高发展中国家管理水平；(6)出口扩大让本国企业参与激烈的国际市场，将促进国内出口产业和相关产业不断提高技术、改进质量、降低成本，有助于国内产业发展。

(二)发动机理论的质疑

1929年大危机后拉丁美洲国家初级产品贸易条件出现不断恶化的情况，阿根廷经济学家普雷维什通过研究得出结论：贸易条件变得越来越不利于初级产品的出口国，并且认为发展中国家贸易条件的恶化具有长期趋势。美国经济学家辛格也提出了类似的观点，并且认为发展中国家贸易条件长期恶化的原因是由于进口品需求弹性的不同引发的。普雷维什从初级产品贸易条件恶化的角度提出了"中心—外围"理论。世界经济体系客观上形成了以发达国家为代表的"中心"和以发展中国家为代表的"外围"两个部分："中心"国家技术领先，劳动生产率高，以工业制成品为主："外围"国家只能出口初级产品。"中心"国家在经济运行中不仅能够独立地发展本国经济，还能够控制"外围"国家的发展，"外围"

国家的经济结构的发展和变化都是在中心的影响下进行的。因此，“外围”国家处于依附地位，双方是不平等的关系。对“外围”国家而言，由于贸易条件越来越不利于初级产品出口国，进口“中心”国家的产品与技术会因为外汇的缺口而遇到困难，这将阻碍国内经济增长和经济发展。

对于“对外贸易是经济增长的发动机”这一命题的质疑从未停止过。欧文克拉维斯也曾指出：19 世纪经济取得成功的国家几乎都不是以出口主导型增长作为其标志的，而经济发展不成功的国家则在 19 世纪有相当大的出口扩展。欧文克拉维斯认为贸易扩展并不是经济增长的发动机，形容为经济增长的侍女更为合适。也有学者认为，贸易可能在岛国或小国起到发动机的作用，但对于幅员辽阔的大国，外贸对其经济增长一般只起着某种程度的作用，很难起到发动机的作用。

丰富和发展了发动机学说的纳克斯本人后期也改变了看法。他认为，发动机的观点仅适用于 19 世纪英国与新殖民地区经济的发展状况。进入 20 世纪，发达国家的经济增长未能通过初级产品需求的增加而带动发展中国家经济成长，主要由以下一些原因综合导致：发达国家工业结构转型，以轻工业为主转向以重工业为主，造成对原材料尤其是初级产品的需求下降；随着经济增长中劳务所占的比重不断上升，发达国家对原材料的需求滞后于生产的增加；发达国家对工业原材料的节约使用及发达国家农业保护主义蔓延等。

（三）国际服务贸易的发动机作用原理

关于服务贸易与经济增长的关系受到越来越多国内外学者的关注，很多学者探讨了服务贸易促进经济增长的路径。迪尔多夫研究表明服务贸易对服务业发展有刺激作用，如运输、保险、金融等会使国际贸易的开展更为完善和便利，服务贸易的出口也是经济增长的重要推动力量。

唐保庆等基于知识产权保护这一视角从理论上研究了服务贸易出口驱动经济增长的作用机理，认为知识产权保护强化了服务业出口部门对其他部门所产生的外部经济溢出效应以及由此分解而来的要素配置效应和技术溢出效应。基于面板数据的经验研究表明：技术与知识密集型服务业出口部门比劳动密集型、资本密集型服务业出口部门更加能够通过要素配置效应和技术溢出效应来促进经济增长。

杨玲等选取 40 个有代表性的国家，借助动态面板数据进行实证研究。结果表明：生产性服务的进口复杂度能够显著拉动进口国经济增长，这一结果非常稳健；各国进口更多高技术密集型金融、保险和专利及特许费服务对该国经济增长是有利的；作为后工业社会吸收劳动力最多的行业，服务业劳动力的增加有利于实现一国经济增长。

张皞等通过模型分析得出两部门服务贸易对要素积累效应的影响，即促进经济增长的不同路径：当消费者服务贸易的生产率更高时，表现为消费者服务贸易对人力资本积累的促进效应更加明显，生产者服务贸易对物质资本积累、技术水平的促进效应更明显。

二、服务贸易发展对经济增长的影响

（一）服务贸易发展对经济增长的有利影响

1. 有利于外资引进

随着国际服务贸易自由化的推进和发展，商业存在成为重要的国际服务贸易形式，发达国家积极在全球范围内进行服务业投资，一国服务业的开放将吸引国外服务公司投资设立分支机构，这将有力地促进资本的引进，缓解该国资本短缺的情况。如金融行业和保险行业的对外开放，有利于吸引外国金融企业和保险企业携带大量的资金来本国投资，这也有助于满足国内市场对资本的需求。

2. 有利于人力资本积累

国际服务贸易在很多方面有助于人力资本积累：通过接受跨国教育，可以直接学习国外的知识和技术，积累人力资本；通过本国服务市场开放吸引外国厂商投资设立分支机构，如果分支机构采用本地化的用人策略，将有助于学习对方先进的经营管理经验，提升技术熟练程度，积累人力资本；随着国际服务贸易的扩大，商业竞争的日趋激烈，也将产生很多有利于人力资本积累的机遇。

3. 有利于技术引进

由于服务产品本身的特点，服务贸易的发展过程中，必将伴随着各种生产要素的跨国流动。通过国际服务贸易，一方面可以直接购买专利、特许使用权等先进的科学技术；另一方面国际服务也将间接地影响一国的技术进步。很多学者的研究发现，服务贸易能够产生技术进步效应，有利于技术的外溢和扩散，这对一国经济增长有持续的作用。

案例 4－1

阿联酋多举措发展旅游业

联合国世界旅游组织的最新报告显示，2022 年阿联酋的国际旅游收入达 610 亿美元，居世界第四，凸显该国旅游业的强劲复苏态势。

统计显示，2022 年迪拜吸引了 1436 万人次国际游客，比 2021 年增长 97%。

今年上半年，阿联酋各机场的旅客吞吐量达6279万人次，同比增长46%。同期，迪拜游客数量达到855万人次，同比增长20%，创下历史新高；阿布扎比、沙迦、哈伊马角等酋长国接待的游客也都有2位数增长。

阿联酋旅游业快速复苏得益于在该领域的长期投资和创新举措。统计显示，2018年至2022年，阿联酋旅游业在吸引外国直接投资方面位列全球第五，占全球的4.7%。中东地区新增旅游项目中，有35%落户阿联酋。

2022年，阿联酋宣布了一项名为“我们阿联酋2031”的计划，目标是到2031年将阿联酋国内生产总值翻一番，达到3万亿迪拉姆（1元人民币约合0.5迪拉姆），其中，旅游业收入提高到4500亿迪拉姆，游客人数翻番，达到4000万人次。为实现旅游业发展目标，阿联酋还推出了“国家旅游战略2031”，通过完善旅游基础设施、提升游客旅游体验，打造更具竞争力的旅游环境。根据该战略，阿联酋宣布了25项政策举措，集中在4个方面：强化统一的旅游标识；开发多元化的旅游产品、增强旅游服务能力；培养更多旅游业人才；增加旅游业投资。阿联酋为此将每年投入270亿迪拉姆，并希望吸引1000亿迪拉姆投资。

（资料来源：http：//tradeinservices. mofcom. gov. cn/article/news/gjxw/202311/158932. html）

案例思考：

1. 阿联酋采取了哪些策略提高旅游业的竞争力？

2. 在全球旅游业逐步恢复的背景下，各国应如何制定有效的政策和措施来推动旅游业的发展和经济的增长？

（二）服务贸易发展对经济增长的不利影响

1. 严重的不平衡导致落后国家服务贸易逆差

国际服务贸易市场存在着严重的不平衡，发达国家往往在服务贸易领域，尤其是知识和技术密集型的服务贸易领域有比优势，而发展中国家往往在这些行业不具有比较优势，这将导致部分发展中国家存在严重的服务贸易逆差。如果相关发展中国家货物贸易顺差较大，还能适当弥补服务贸易逆差，否则将出现一国总体贸易逆差扩大的情况。如果逆差持续存在并扩大，可能导致对外经济交往的困难及偿债能力的下降，影响经济的增长速度和长远的经济发展。

2. 幼稚服务行业发展困难

对于发展中国家而言，很多服务行业还处于幼稚状态。如果这些行业直面激烈的国际服务贸易竞争，因为不具有比较优势，行业生产成本及价格较高，很难在国际竞争中生存下来，导致本国相关行业生产被国外进口替代，可能引发行业失业。如果这些行业影响着国家的经济和主权安全，还可能引发比较严重的社会问题。

三、发展中国家服务贸易作为经济增长发动机的条件

（一）稳定的出口市场是服务贸易发动机启动的外部条件

服务贸易发动机启动首先需要稳定的出口市场，只有出口市场稳定且在国内生产总值 GDP 中占据较大份额，服务贸易才有机会较好地带动国内相关产业部门发展，从而提高各部门生产效率，带动整体经济增长。如果服务贸易出口的份额本身很小，其对经济增长的带动能力相应下降，无法起到发动机的作用。如果服务贸易出口的份额很大，但经常处于不稳定的状态，也会严重影响服务贸易发动机发挥作用。

对于发展中国家而言，稳定的服务贸易出口面临着不小的挑战。随着全球产业结构的升级、科学技术的不断深化发展，发达国家大力发展服务业投资和服务贸易。发展中国家传统的自然资源和劳动力密集的产品出口可能受到发达国家更高科技的优势打击，或遭遇各种贸易壁垒；新兴服务产品由于缺乏比较优势，很难应对国际市场激烈的竞争。还需要注意的是，全球并非总是处于繁荣的状态，出口市场也会受到经济危机、疫情、战争等方面的冲击，稳定的出口市场并不容易保障。

（二）比较优势的升级是服务贸易发动机持续运转的内部动力

服务贸易发动机持续运转需要比较优势的升级。传统的比较优势理论通过集中资源生产具有比较优势的产品并出口来提高经济收益，但随着比较优势的边际收益增长下降，经济增长将无法持续。发展中国家建立在自然资源和劳动力禀赋上的服务贸易产品比较优势将逐渐丧失，必须实现比较优势的升级，才能实现动能的持续。因此，服务贸易的发展过程中，要充分重视新动能的培育，通过国际服务贸易发展，努力实现比较优势的高级化，将比较优势由依赖自然禀赋提高到依赖技术、管理、大数据分析等后天禀赋，积极提升技术优势、规模优势和创新优势。

（三）服务贸易发动机对经济发展的重要影响在于促进结构转型

根据比较优势原理，以国内交换价格比为基础进行分工和贸易具有强化现有分工的作用，并不能促进产业结构转型。服务贸易作为发动机，要能够实现比较优势转化，促进产业结构升级。从长远、可持续经济增长的角度来看，发展中国家不仅要关注经济收益增长，更要注重增强国民经济及贸易结构的转型能力，最终要促进国民经济的发展和产业结构的优化。服务贸易发展过程中，要重视技术

进步、资本要素积累，从而使服务贸易的发展与产业结构的升级相互促进、协调发展。如果发展中国家服务贸易的发展，仅仅实现了阶段性的经济收益增长，而无法促进产业结构转型，将导致经济呈现有增长而无发展的僵化状态，需要引起发展中国家的警惕。

（四）促进结构转型的关键是资本要素积累和技术进步

通过服务贸易促进结构转型的关键是资本要素积累和技术进步，尤其是对于资本和技术相对比较匮乏的发展中国家。在国际收支平衡方面，服务贸易的顺差和资本要素流动的逆差是并存的，服务贸易的顺差可以带来资本的积累，可用于购买所需的生产要素和技术，从而有力地促进结构转型和经济增长。

如果一国服务贸易出口部门相对比较孤立，技术和知识水平不高，不能够带动其他部门的发展，则很难通过服务贸易出口获取大量的资本积累和技术进步；如果一国长期存在服务贸易逆差，出口规模很小，这种亏损的出口也不利于要素的积累，服务贸易将无法发挥发动机的作用。

第二节　国际服务贸易与经济福利

一、贸易利益评价

以大卫·李嘉图为代表的比较优势理论分析了分工和贸易给参与国带来的静态利益和短期利益，并没有进一步探讨能否由此给各国带来动态利益和长期利益。现代贸易实践表明，对贸易利益的评价应该从短期利益和长期利益两个层次来分析。就短期利益而言，表现为各参与国是否通过参与国际贸易获得了财富增加，是否促进了国内资源的合理分配。就长期利益而言，表现为贸易是否能够保证参与贸易的国家能够在贸易利益上长期获得和长期获得的合理性。显然长期利益更为重要，具体体现在贸易是否加快参与国的科学技术水平提高、是否有利于资本要素的积累、是否增强该国的国际竞争力、是否使环境可持续发展等。现实中有的发展中国家虽然参与了国际服务贸易，但是经济增长缓慢，人们收入水平仍然较低，国际竞争力并未加强，反而拉大了与发达国家的差距，原因就在于这些发展中国家只获取了部分短期利益，而缺乏长期利益的获取。

与货物贸易相比，服务贸易有其特殊性，但是服务贸易给一国带来的短期利益和长期利益的表现及其基础与货物贸易是基本一致的。因此，通过借助古典模型来分析服务贸易的短期利益和长期利益是可行的。

二、基于古典模型的服务贸易福利分析

（一）基于古典模型的假设条件

下面通过古典模型分析国际服务贸易对参与贸易的国家的福利影响。为了简化分析，我们假定如下：

（1）假设只有两国 A 和 B，生产两种服务产品。其中 X 代表劳动密集型产品，Y 代表资本密集型产品。

（2）两国存在资源禀赋差异，甲国劳动力资源丰富，X 产品具有比较优势；乙国资本资源丰富，Y 产品具有比较优势。

（3）实施自由贸易，无任何贸易壁垒。

（4）生产成本不变，无规模收益，不考虑运输、保险等费用。

（5）各国福利水平用社会无差异曲线充分表示。

（二）基于古典模型的福利分析

分析过程中需要用到生产可能性曲线和社会无差异曲线。生产可能性曲线表示在既定的经济资源和生产技术条件下所能达到的两种产品最大产量的组合。生产可能性曲线以内的任何一点，代表生产还有潜力，还有资源未得到充分利用，存在资源闲置；而生产可能性曲线之外的任何一点，则是代表现有资源和技术条件不能达到的点；只有生产可能性边界之上的点，才是资源配置最有效率的点。在一个封闭经济体里，封闭条件下的均衡点为既定的生产可能性曲线与社会无差异曲线相切的切点，此时存在一条公共切线。

在封闭条件、没有贸易的情况下，国内自由竞争的市场力量将使 A 国和 B 国分别处于其生产可能性曲线与社会无差异曲线的切点上。此时 A 国和 B 国的国内生产均衡点与消费点重合，A、B 两国国内两种产品 X 和 Y 的生产等于其消费，A 国达到的社会福利水平为社会无差异曲线I_A（图 4－1），B 国达到的社会福利水平为社会无差异曲线I_B（图 4－2）。

A、B 两国 X、Y 两种产品的国内交换价格分别为 T_a 和 T_b。在自由贸易的情况下，假定 X 和 Y 产品的国际交换价格为 T_w（贸易条件），此时两国都按照国际价格对国内生产和消费进行调节。T_w 将介于两者之间，即 $T_a < T_w < T_b$。

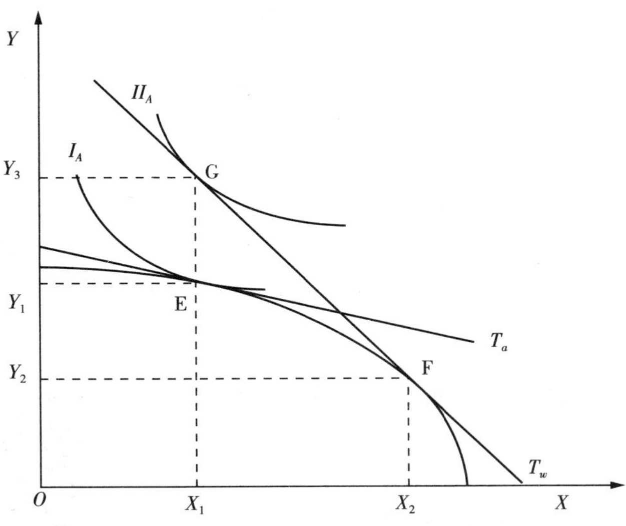

图 4－1　A 国服务贸易效用分析

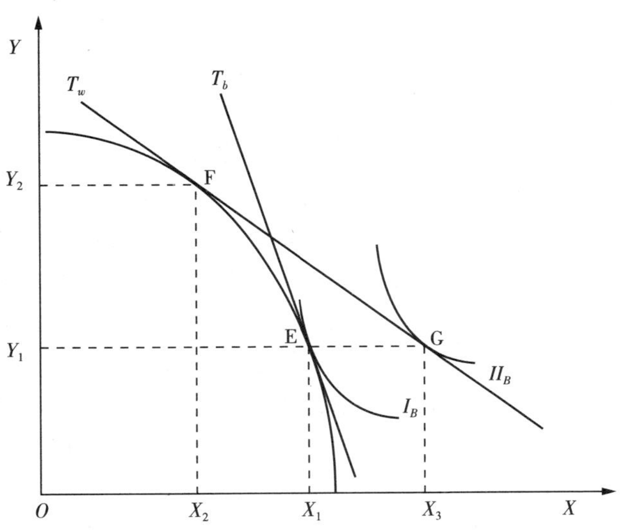

图 4－2　B 国服务贸易效用分析

由于 A 国在生产 X 产品上具有比较优势，所以 A 国增加 X 产品的生产，减少 Y 产品的生产，将生产均衡点由 E 点移动到 F 点，同时通过贸易出口 X 产品并进口 Y 产品。贸易后 A 国的消费均衡点由 E 点移动到 G 点，消费者福利由 I_A

增加到II_A，消费者福利增加了II_A-I_A。同理，B 国在生产 Y 产品上具有比较优势，因此，B 国增加 Y 产品的生产并出口 Y，减少 X 产品的生产并进口 X。贸易后 B 国的消费均衡点由 E 点移动到 G 点，消费者福利由I_B增加到II_B，消费者福利增加了II_B-I_B。

由以上分析可得，自由贸易对参与国都是有利的，两国福利水平都得到了提高。贸易自由化使得参与国集中资源生产成本低廉、具有比较优势的产品并出口，而进口不具有比较优势的产品，从而实现了分工所得和贸易所得，在资源总量不变的情况下，提升了国家福利，这便是通过自由贸易带来的短期利益。

三、服务贸易的短期利益与长期利益

视频 4-1　短期利益与长期利益

（一）短期利益与长期利益的冲突与统一

各国的生产要素规模和结构不会一成不变，一国尤其是发展中国家仅仅着眼于短期利益是不可持续的，需要同时注意长期利益的培育和获取。国际服务贸易长期利益的根本是一国整体经济的增长与发展，其中经济发展的含义要考虑整个国家经济和社会福利水平的提高以及产业结构的优化，这与单纯的价值和使用价值量的增加并不存在必然的因果关系。特别需要注意的是，静态的比较优势（短期利益的基础）与动态的发展目标（长期利益的体现）之间并非完全统一的关系，有时还会发生冲突。两者对一国现存结构的影响和要求是不同的，维持比较优势和短期利益，需要强化一国现存结构，而发展长期利益则需要改变现存结构。对于发达国家而言，现有的技术积累、资源配置、集结资本的能力及成熟的市场调节功能都为其产业自身发展进步创造了条件，而发展中国家严重缺乏这些条件和能力。因此，对于发展中国家而言，产业进步需要创造一些前提条件，比如说引进技术、培育市场、金融深化和保护政策等，如果只是一味地利用比较优势获取短期利益，可能会起到相反作用。

长期利益与短期利益也不是总处于冲突状态的，也有统一的一面，其关键在于不仅不应该对服务贸易加以限制，而应该将其作为推动国民经济及贸易结构转型能力提高的重要力量。如果能满足这一条件时，长期利益与短期利益将趋于一致，服务贸易将有助于整个经济发展；如果这个条件不被满足时，一国可能付出经济结构僵化、有增长而无发展的代价，或者为了经济发展而实行各种贸易保护政策，导致经济发展缓慢。

案例 4－2

中国—白俄罗斯大学联盟

中国—白俄罗斯大学联盟的成立仪式于 2023 年 11 月 21 日上午在白俄罗斯首都明斯克的白俄罗斯国家图书馆举办。该联盟是由中白两国教育部推动组建的，首批有 81 所高校加入联盟，其中包括 40 所中国高校和 41 所白俄罗斯高校。来自这些高校的 200 余名代表出席了成立仪式。这一联盟的建立将有助于促进两国在教育服务贸易和发展方面的长期利益。通过加强教育合作与交流，中白两国可以共同提高高等教育水平，培养更多具有国际视野的人才。此外，这也将有助于推动两国之间的经贸往来，为双边关系的发展注入新的活力。

中国驻白俄罗斯大使谢小用指出，目前在白俄罗斯的中国留学生人数已突破 7000 人，使得白俄罗斯成为中国学生在俄语地区的第二大留学目的地国。此外，白俄罗斯全国共设立了 6 所孔子学院和 2 所孔子课堂，而在中国有多所高校设立了白俄罗斯研究中心。更为值得一提的是，35 所白俄罗斯中小学和 11 所高校已经设立了中文科目，中文已经成为其国家统一毕业升学考试的外语选考科目之一。这些举措不仅有助于增进两国人民之间的友谊和了解，还为双方在教育、科研以及科研成果转化方面的合作提供了更广阔的空间。

（资料来源：https：//news. cctv. cn/2023/11/22/ARTIjPPO2XQ9XzO5fmgvXYrF231122. shtml；http：//tradeinservices. mofcom. gov. cn/article/lingyu/whmaoyi/202311/159034. html）

案例思考：

1. 中国和白俄罗斯大学联盟的成立仪式在何时何地举行，由哪些部门推动组建？

2. 该联盟的建立将如何促进中白两国的教育服务贸易发展并对两国长期利益产生影响？

（二）服务贸易对经济与贸易结构转型的影响

国际服务贸易对经济与贸易结构转型所产生的影响主要体现在两个方面：一方面是多样化的结构变动，另一方面是效率化的结构变动。多样化的结构变动指从农业或采矿业的单一经济结构向轻工业、重工业、高技术工业和服务业发展的多样化产业类型转化。效率化的结构变动指各产业部门都采用高效率的生产方法，实现自身的现代化。这两方面的结构变动能够改变现有的比较优势结构，进而改变贸易结构，而新的贸易结构又将推进新的产业结构变动。通过服务贸易将产品和服务的结构向增长率较高的产业转化是使国际服务贸易长期与短期利益相统一的核心内容。

一般来说，越是高级的现代化产业，随着科学技术及各种现代化设备的采用，越能提高生产效率，产品的需求也会随着收入的增加而相对增长。通过比较增长率的变化可以体现出服务贸易的动态比较优势变化，但是这种情况也会因不同国家的差异而有所区别。在产业结构转型实践过程中，由于种种原因，比如说人才结构优化、转型条件、市场机遇、服务贸易政策等，导致一国选择了某一种产业而不是其他产业，转型速度也不尽相同。

（三）发展中国家产业转移路径

发展中国家转向发展增长率较高的产业过程是参与国际范围内竞争的过程。当一部分发展中国家把产业转向更高等级的产业时，低级别的产业将转移给较落后的国家，发达国家只会转向更高级的产业，而不会被迫接受发展中国家较低级的产业。对于发展中国家而言，可以利用服务贸易吸引先进国家和地区对本国进行直接投资，尤其是本国具有动态比较优势的产业。但是，一般出于保持竞争优势的需要，这类产业不可能是先进国家中具有动态比较利益的产业。这也符合国际分工的规律，体现阶梯进步的特点。同时，开展服务贸易也能对发展中国家的产业提升起到直接的推动作用。比如，高新技术产业的成长需要技术引进这种服务贸易形式，并且通过本国力量对高新技术和管理经验进行学习、转化和创新，为本国的高新技术产业注入创新发展动力。

总之，服务贸易对于发展中国家福利影响是复杂的。一方面，发展中国家在参与国际服务贸易过程中，可能长期处于比较劣势。相对于货物贸易而言，服务产品及其提供过程是后进国家难以模仿的，比如高技术服务产品，其垄断性往往更强，这很容易导致发达国家长期保持领先优势，发展中国家难以跟上，差距不断变大，很难有明显的后发优势。另一方面，国际服务贸易不但直接影响一国利益，还有很多影响是间接而重要的。如果一国能够积极有效地利用国际服务贸易带来的积极效应，将有利于该国的产业结构调整、学习和掌握先进的科学技术、提高国民素质、增强国际竞争力。综合而言，发展中国家要充分考虑服务贸易对经济利益的影响，积极参与服务贸易，努力创造有利条件，以期获取服务贸易所带来的直接利益和间接利益。

第三节　国际服务贸易与产业发展

产业结构的升级优化是经济长期发展的核心内容。随着一国服务贸易不断扩大，服务贸易对其产业结构变化影响也越来越大，但这种影响将随着不同国家、不同阶段、不同情形而作用不同。本节基于特定要素模型分析服务贸易对产业结构的影响，将有助于观察发展中国家和发达国家在服务贸易过程中产业结构变化的特点和路径，以便更好地促进发展中国家产业优化升级。

一、特定要素模型分析对服务贸易的适用性

特定要素模型由保罗·萨缪尔森和罗纳德·琼斯创建并发展而来。该模型将要素分为两类：流动要素与特定要素。流动要素指能够在部门间进行流动的生产要素，比如说普通劳动力；特定要素指专用于某种特定产品的生产而不能用于其他产品生产的生产要素，即不能在部门间流动的生产要素，比如某些行业的高端人才等。

特定要素根据国际流动性的程度可以分为可流动的特定要素和不可流动的特定要素。不同的服务部门具有不同的专业技术和人才要求，并且保持着一定的稳定性和不可替代性，即这些要素不能在部门间进行流动。但是这种专业技术和人才却可以随着服务的自由贸易而进行跨国流动，如果某些先进的特定服务要素能够从国外流入本国，将会对本国的服务部门带来潜在的长远利益，尤其是对服务业及服务贸易比较落后的国家而言。这些可以进行跨国流动的特定要素，我们称之为可流动的特定要素。特定要素中还有一部分要素是不能够进行跨国流动的，它们既不能在部门间进行替代，也不能进行跨国流动，这种不可流动的特定要素主要指人文景观、自然地理条件等。特定要素模型生产要素分类如图 4－3 所示。

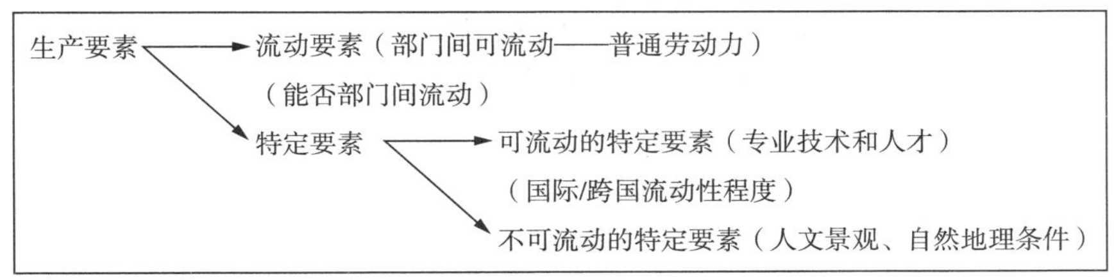

图 4－3　特定要素模型生产要素分类

从一国国内角度讲（即暂不考虑服务贸易），因为服务部门专业化程度比较高，不同部门的特定要素很难有替代性，严重阻碍服务生产要素的自由流动。但是随着国际贸易发展，尤其是随着服务贸易自由化的推进，部分特定生产要素在国家或地区之间进行流动应该是可行的。但是需要注意的是，一方面由于贸易自由化的推进及科技水平的提高，特定要素的国际流动客观上确实比以往更加可行；另一方面，现实中一些国家和地区，或者为了维持竞争优势，或者为了保护幼稚服务行业，普遍设置了许多流动限制，从而极大地阻碍了特定要素的国际流动。正是由于以上情况同时存在，服务贸易中引入特定要素分析变得可行和重要，有助于更加清楚地了解服务贸易过程中特定要素的流动对发展中国家和发达国家产业结构变化的影响。

二、特定要素模型的基本假定

特定要素模型假定存在劳动力以外的生产要素，假设劳动力（指普通劳动力）可以在部门间进行自由流动，是一种流动要素，其他要素都是特定要素。这些特定要素仅能应用于某些特定部门、生产特定产品。为了简化模型分析，假设劳动力在不同产业的分布作为测度产业发展情况的唯一衡量标准，即某一行业劳动力人数增加意味该产业发展，某一行业劳动力人数减少即为该产业萎缩。模型分析以一国为例，不涉及其他国家，并假定以下条件：

（1）一国能够生产两种产品，有形商品（g）和无形服务（s）。

（2）生产这些产品所需的要素包括劳动力（L）和特定要素（S）（注意商品生产部门与服务生产部门所需特定要素不同）。

（3）规模收益不变。

（4）每一种特定要素只能被用于一个生产部门，两部门间生产要素不可替换。

（5）劳动力可以在各部门之间自由流动。

（6）产品市场和要素市场都是完全竞争的。

（7）初始假设特定要素不存在国际流动性（分析过程中将放松此假设）。

（8）劳动力数量是衡量产业发展的唯一标准。

基于上述假设，两部门生产函数的代数形式为：

$$Q_g = Q_g(S, L_g)$$

$$Q_s = Q_s(S, L_s)$$

$$L = L_g + L_s$$

其中 Q_g 为商品部门产量；Q_s 为服务部门产量；L_g 为商品部门劳动力数量；L_s 为服务部门劳动力数量。

每个部门产品的价格和工资率决定了该部门对劳动力的需求，而工资率又取决于商品和服务两个部门对劳动力的总需求。在两个部门的工资率和产品价格给定的情况下，可以确定均衡时各部门的劳动投入量及相应产出。

在图 4－4 的特定要素模型中，$MPL_g \times P_g = W$（商品部门劳动力需求曲线），$MPL_s \times P_s = W$（服务部门劳动力需求曲线）。

$$L = L_g + L_s$$

$$\frac{MPL_g}{MPL_s} = \frac{P_s}{P_g}$$

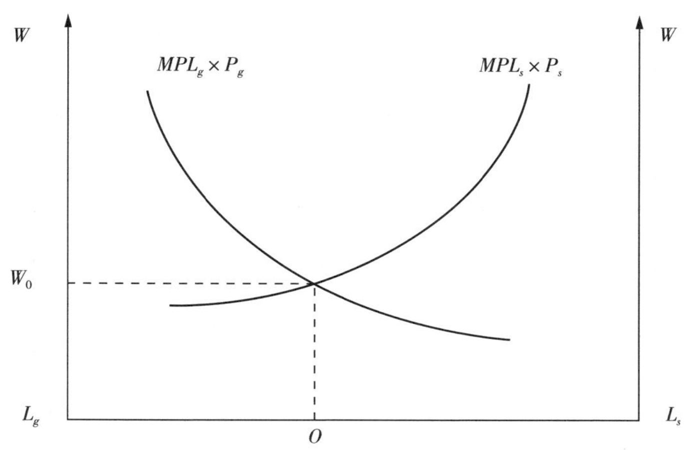

图 4－4　特定要素模型

当 P_g、P_s 同比例变化，而边际生产力在两部门保持不变时，特定要素模型并不会发生实质变化，因为工资与价格都以同比率变化，实际工资率没有受到影响，两个部门雇佣的劳动力数量也保持不变。因此，只有当相对价格发生变化时，才会导致两部门劳动力数量变化，引起相应部门的扩张或萎缩，影响资源配置和社会福利。因此后面的分析重点讨论相对价格变化的情况。

三、服务贸易对产业发展的影响

（一）假设 1：特定要素不存在国际流动

假设本国是发展中国家，在制造业或初级产品产业中具有比较优势，而在服务产业中缺乏比较优势，本国服务提供的价格 P_s 高于同期国际市场价格 P'_s。发展中国家参与国际服务贸易后，将以较低的国际市场价格 P'_s 进口服务。服务提供价格的下降将使服务部门的劳动供给曲线以相同的比例向下（或向右）移动。新的均衡将导致服务部门的工资率下降，但下降的幅度将小于价格下降幅度，在此过程中，劳动力流入工资率更高的部门，从而使得服务部门的部分劳动力转移到制造业或初级产品生产部门。

如图 4-5 所示，服务的价格由 P_s（国内服务价格）下降到 P'_s（国际服务价格）后，服务部门的劳动需求曲线由 I 向下移动到 II，均衡点由 A 点移动到 B 点，将有 O_0O_1 单位的劳动力从服务业部门中转移到制造业或初级产业部门。由此可见，服务贸易自由化对于不具有比较优势的发展中国家来说是不利的，将导致服务部门劳动力就业人数减少，服务部门萎缩，不利于产业结构升级。

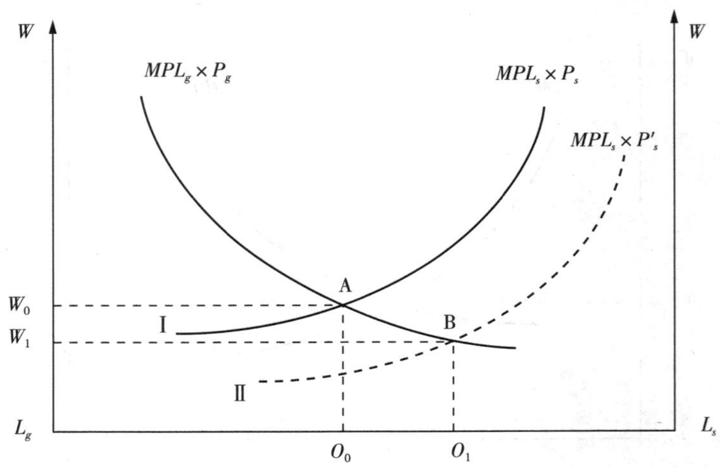

图 4-5　发展中国家参与服务贸易

同理，特定要素模型可以解释发达国家为何积极倡导服务贸易自由化。如图 4-6 所示，发达国家往往在服务贸易中具有比较优势，其本国服务价格 P_s 要低于国际市场价格 P'_s，实施服务贸易自由化后，发达国家面临服务产品价格上升，服务部门劳动需求曲线向上（或向左）移动，服务部门劳动力就业人数增加，从而促进发达国家服务业的发展。

（二）假设 2：特定要素能够在国际流动

随着贸易和投资自由化进程的推进，各国纷纷放松了对要素流动的限制，再加上交通运输发展的加快及科技进步导致的通信和信息传输能力的提高，特定要素的流动性得到极大的提高。发达国家拥有较为先进的服务技术、管理经验和大量的专业技术人才，其服务业特定要素的边际生产力明显高于发展中国家同类特

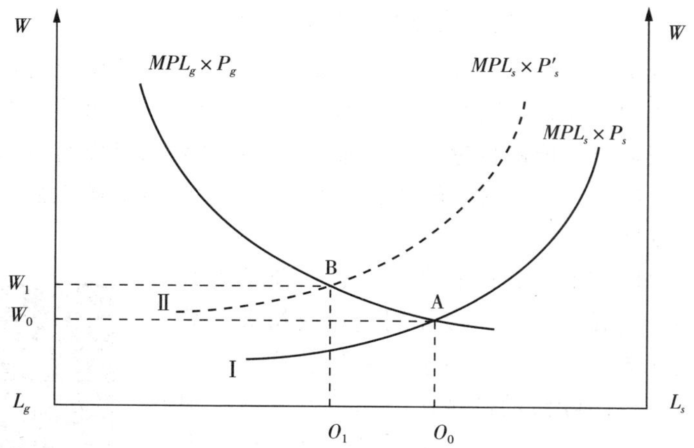

图 4-6　发达国家参与服务贸易

定要素的边际生产力。因此，实行服务贸易自由化后，随着特定要素转移到发展中国家，将提高发展中国家的特定要素边际生产力，进而提高服务部门的工资率。如果特定要素边际生产力增长的比率能够大于服务产品价格下降的比率，发展中国家的服务业发展也可以从服务贸易中获益。

如图 4-7 所示，在允许特定要素国际流动的情况下，服务部门劳动力需求曲线会从Ⅱ移动到Ⅲ（因为 MPL_s 增长大于 P_s 下降），劳动力配置的均衡点将移动到 C 点。服务部门的劳动力就业人数不但没有减少，反而增加了 O_2O_0 个单位。由此可见，在这种情况下，服务贸易将有助于发展中国家服务业的发展。

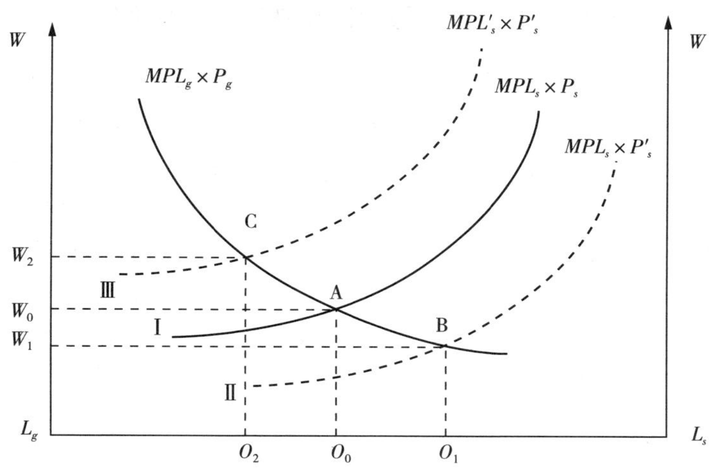

图 4-7　发展中国家（特定要素跨国流动）

(三)服务贸易对不同类型国家产业结构升级的作用

通过以上分析可以看出,服务贸易对发展中国家和发达国家的产业结构升级作用的表现方式和路径是不同的。对于发达国家而言,其很可能在服务业方面具有比较优势,服务产品价格相对较低,通过参与服务贸易可以直接从国际分工中获益,有利于本国服务部门就业的增加,促进本国服务行业的发展,也即促进本国优势产业的发展。

对于发展中国家而言,服务贸易促进产业结构升级要曲折得多。发展中国家一般在制造业或初级产品产业具有比较优势,在服务业中不具有比较优势。在特定要素不能进行国际流动的情况下,虽然发展中国家也可以从服务贸易中进口低成本服务产品而增进本国福利(短期利益),但却不利于本国服务业的发展,甚至导致服务行业的萎缩。当然,本国的优势产业(制造业或初级产品产业)由此可以获得扩大发展,但这并不是产业升级所希望的结果。如果特定要素允许国际流动,因特定要素流入而使发展中国家服务业特定要素的边际生产力提高,并且达到足够水平时,服务贸易也将促进发展中国家服务业的发展,这样发展中国家也会因本国优势产业的变动而使产业结构不断升级。

视频 4-2 服务贸易对不同类型国家产业结构升级的作用

案例 4-3

以科创开放试点探索国际研发合作新路径

2022 年 6 月,中国科学院合肥物质科学研究院(以下简称合肥物质科学研究院)磁约束聚变能研究获批中科院首批国际合作开放创新试点(以下简称试点)项目,在聚变能领域协同实施国际科技创新基础研究,探索国际科创合作新路径,推动全球科技创新协作。制定《合肥物质科学院"构建开放创新生态"行动方案》,以聚变能国际合作试点为牵引带动国际化建设。围绕开放创新生态、学术竞争力、合作网络、人才队伍、国际影响力等方面分解为 43 个具体子任务。合肥物质科学研究院机关处室、科研单位和支撑部门协同联动,共同开展"国际合作十"各项工作。采用人才"一才一议"方式,向全球招募聚变能研究人员。2022 年新引入外籍人才 32 人,合计在聘国际人才 72 人,其中来自发达国家人才占比 71%,长期工作专家占比 38%,提前完成"十四五"引进 70%外籍人才的目标。聚变能实验装置成功入选全球研究基础设施高官会(GSO)、经合组织

(OECD) 和金砖国家 (BRICS) 10 大科学装置开放目录或典型案例，受邀参加国际科学院协会委员会会议等活动。2022 年，“聚变能研究”被评选为中国科技代表性成果，在联合国教科文组织“基础科学国际年”活动中集中展示 1 个月。倡导世界范围内聚变能合作，签署发布“北京宣言”，中法聚变能联合中心、中俄超导联合质子中心、中美国际托卡马克合作研究中心、国际聚变能联合中心等相继落成并运行，与美俄日等 40 多个国家超过 120 家科研机构建立了稳定的交流与合作关系。

(资料来源：http：//www.mofcom.gov.cn/article/gztz/202311/20231103450422.shtml)

案例思考：

1. 在合肥物质科学研究院的聚变能国际合作试点项目中，如何通过具体的任务和行动方案推动全球科技创新协作?

2. 合肥物质科学研究院如何利用其在国际科研界的广泛合作关系，以及如何利用特定的要素流动来促进聚变能产业的发展?

第四节　国际服务贸易与资源配置

世界各国生产要素禀赋状况差异很大，有的国家拥有大量的人口，人力资源丰富；有的国家拥有广袤的土地，自然资源充沛；有的国家积累了大量的资本，拥有更多先进技术。按照要素禀赋理论，各国应当按照要素禀赋所长，生产其具有相对优势的产品，然后与其他国家进行贸易活动，从而优化资源配置，提高资源的利用效率，提升经济福利水平。

一、基于国际资本流动模型的理论分析

国际资本流动模型，又称为麦克杜格尔模型，该模型认为如果允许资本国际流动，可以提高资本资源的配置效率，改善资本资源配置的结构，从而提高两国各自的福利水平。

在图 4－8 中，横轴代表一国资本总量，纵轴代表资本的边际产出，CI、DB 线分别是甲、乙两国的资本边际产出曲线。假设甲国为资本要素相对丰富的国家，其拥有的资本总量为 OA，B 国为资本要素相对稀缺的国家，资本总量为 O′A。

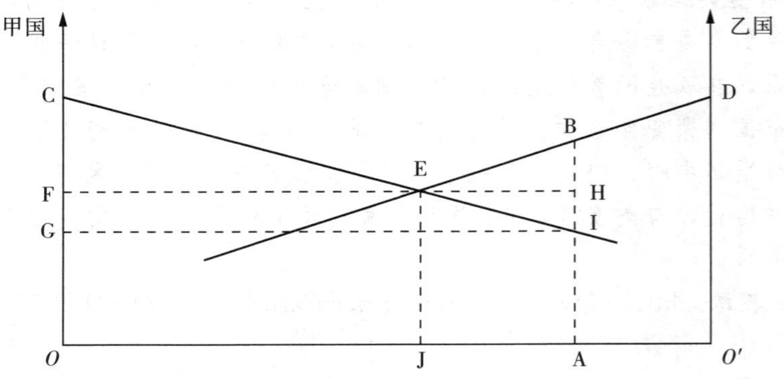

图 4－8　国际资本流动模型

假如资本不能在甲、乙两国之间进行流动，则甲国只能将资本全部投资于国内市场，由于资本相对丰富且过剩，导致该国的资本边际产出和边际报酬都较低（图中的 OG 或 AI）。与此相反，由于乙国国内资本要素供给相对稀缺，资本的边际产出和边际报酬要比甲国高（图中的 AB）。在上述情形下，甲、乙两国的资本资源配置均处于不合理状态。

假设两国消除限制资本要素流动的壁垒，实现资本在两国间的自由流动，在利益驱动和市场机制的调节下，资本要素必定会从报酬较低的甲国流入资本报酬相对较高的乙国，最终在资本的边际产出和边际报酬相等的 E 点实现均衡。

在此均衡状态下，共有数量为 JA 的资本自甲国流入乙国。资本的流动，既消除了甲国资本要素相对过剩的现象，也解决了乙国资本要素相对短缺的瓶颈，从而提高了资本资源的配置效率，使甲国资本的边际产出和边际报酬由原来的 OG 提高到 JE，两国的总福利水平增加 BEI，其中甲国增加了图中的 EHI 部分，乙国也增加了图中的 EBH 部分。

二、服务贸易促进资源优化配置的实践分析

从实践角度来看，一方面，发达国家往往存在着大量的剩余资本，急需要寻找利润更多的投资项目；另一方面，发展中国家有很多有利可图的项目，但严重缺乏资本要素，迫切需要寻找资本进行补充和投资。因此，金融服务贸易的自由化，特别是资本流动和国际投资的自由化，能够在很大程度上促进资本等要素在国际市场的快速和合理流动，并将由此带来资本等要素在全球范围内的合理配置，这有利于实现全球资源有效配置和提高经济福利水平。

发展中国家往往存在着剩余劳动力或者过剩的自然资源，这些资源仅在本国国内市场得不到充分的利用，出现了闲置和浪费的情况，严重阻碍资源配置的效

率。发展中国家可以通过参与服务贸易，将这些生产要素的比较优势加以发挥，以此来提高自身的经济福利水平。比如韩国和印度等国家，充分利用本国丰富的劳动力资源积极开展对外劳务输出，提高本国的福利水平。

案例 4－4

服务贸易促进资源优化分析的实践分析

中巴农业合作具有极强的互补性，巴西是世界级农牧业生产大国、出口大国，中国是全球最大农产品进口国。中粮在巴西建立了集收储、加工、物流、贸易于一体的全产业链布局，累计投资额超23亿美元。依托这一产业优势，实施巴西大豆可追溯项目，成功建立起无毁林和无植被破坏的可持续大豆供应链。该项目于2022年被联合国开发计划署列为全球范例项目，成为“南南合作”的一项典型成果。中粮集团在巴西的成功案例为我国企业参与国际竞争和农产品贸易全球化以及中巴开展全方位深层次农业合作提供了有益参考。

（资料来源：https：//www.cofco.com/cn/News/Allnews/Press/2023/0825/52733.html）

案例思考：

1. 中巴农业合作可能涉及哪些服务贸易？
2. 中巴农业合作的具体实施方式和优势是什么？

本章自主学习指导

1. 学习重点如下：

（1）概念：流动要素、特定要素。

（2）服务贸易发展对经济增长的影响。

（3）发展中国家服务贸易作为经济增长发动机的条件。

（4）服务贸易短期利益与长期利益分析。

（5）特定要素模型的理论分析及相关结论。

（6）基于国际资本流动模型的理论分析及实践分析。

2. 请理论联系实际，更好地理解本章相关理论。

第五章

国际服务贸易政策

1. 了解国际服务贸易政策的演变及国际服务贸易政策目标。

2. 了解国际服务贸易自由化的理论基础及态度；掌握发展中国家实施服务贸易自由化政策的考虑因素。

3. 掌握服务贸易壁垒的概念、特点及类别；掌握服务贸易壁垒产生的原因。

推动服务贸易高质量发展

9月1日下午，商务部召开新闻发布会，商务部发言人束珏婷在例行发布会上表示，商务部将持续发力推动服务贸易高质量发展。一是扩大市场开放。在全国推进实施跨境服务贸易负面清单。用好《区域全面经济伙伴关系协定》实施带来的重要开放机遇，扩大与各成员国的服务贸易规模。以申请加入《全面与进步跨太平洋伙伴关系协定》和《数字经济伙伴关系协定》为契机，对接国际高标准经贸规则，提升各类要素跨境流动的便利化水平。二是提升发展平台。推进全面深化服务贸易创新发展试点各项政策举措持续落地见效。建设国家服务贸易创新发展示范区。高标准建设服务外包示范城市。推进特色服务出口基地提质升级。三是创新发展模式。加快完善我国数字贸易发展顶层设计。推动保税研发、检测、艺术品展示交易等新兴服务贸易发展。鼓励节能降碳、环境保护等技术和服务进口，扩大绿色低碳技术出口。四是深化国际合作。发挥好服贸会等开放展会平台作用，加强与共建“一带一路”国家、金砖国家和上合组织等在服务贸易领域的合作，不断扩大中国服务贸易的“朋友圈”。

（资料来源：由《商务部：推进实施跨境服务贸易负面清单　推动服务贸易高质量发展》整理而来）

案例思考：

1. 国际服务贸易政策制定的目的。
2. 本案例中国际服务贸易政策可能产生的影响。

第一节　国际服务贸易政策概述

国际服务贸易政策是各国在一定时期对服务商品的进口和出口所实行的各种政策措施，是各国对外贸易政策及经济政策的重要组成部分。国际服务贸易政策受到政治、经济、文化、法律等各方面的影响，具体的国际服务贸易政策是动态变化的，与各国当时的经济、社会发展状况相适应。

一、国际服务贸易政策的演变

由于服务及服务贸易自身的特点，各国国际服务贸易政策不能像货物贸易那样依赖关税及非关税壁垒。实践中，国际服务贸易政策更多依赖国内立法、行业规定、政策措施、文化传统及社会风俗等。国际服务贸易政策的类型主要包括自由化政策、保护政策和管理政策等，伴随着国际服务贸易的兴起和发展，国际服务贸易政策也在演化和变动。

早期服务贸易规模很小，主要以运输和侨汇为主。二战之后，尤其是第三次产业革命对服务贸易的种类和规模产生深远的影响。第三次科技革命是人类历史上规模最大、影响最为深远的一次科技革命，以电子计算机和空间技术的广泛应用为标志，同时大力促进了新兴服务业（电信、计算机软件、信息高速公路、多媒体技术、知识产权类服务等）的不断涌现和传统服务业的升级改造。伴随着服务贸易规模和影响的不断扩大及多边组织的协调，国际服务贸易政策倾向也不断发生变化。国际服务贸易政策演变主要包括以下几个阶段：

（一）二次世界大战之前

19世纪中期开始，伴随着国际商品贸易的自由化，服务贸易也出现了自由化的趋势。很多在商品贸易自由化中获利的国家也迫切地希望能在服务贸易中获利，因此积极推行自由化服务贸易政策。早期的国际服务贸易规模比较小，项目单一，占绝对优势的仍然是传统服务贸易。在全球服务贸易收入中，运输服务和侨汇等是主要收入来源。由于服务贸易规模较小，受到的限制比较少，全球范围内主要的贸易参与者基本上采用的都是服务贸易自由化的政策。

（二）20世纪50年代前

二战之后，相关国家为了重振经济，积极引进国外服务人员，并为技术转让、金融服务的进口制定宽松的条件。主要输出国美国通过马歇尔计划和道奇计划，对西欧和日本进行援助，美国涉及大量资金和技术的服务业扩展到境外。服务贸易开始进入有组织的、商业利导型的发展阶段。在此阶段，大部分发达国家采用宽松的自由化倾向的服务贸易政策。但是由于自身经济发展水平的限制，发展中国家参与很少，且对服务贸易设置了很多障碍。

（三）20世纪60年代后

20世纪60年代以后，很多国家战后经济开始迅速发展，人们逐渐意识到通过服务贸易获取的外汇收入是一项不可忽略的外汇来源。同时，各国也意识到，国际服务贸易对一国的政治、经济、文化、伦理道德等具有重要的影响，出于对国家安全、领土完整、民族文化与信仰维护、社会稳定等政治、文化及军事目标的考虑，各国均对服务跨境输出与输入制定了各种限制政策。发展中国家由于服务业发展水平及经济发展阶段限制，往往对服务贸易也采取限制的措施。

（四）WTO运行后

限制性的服务贸易措施严重影响全球服务贸易的发展，亟需多边组织进行协调。由于发展中国家和发达国家服务业发展阶段不同，对于服务贸易的认识不同，加之服务贸易本身的特殊属性，关于国际服务贸易的“乌拉圭回合”谈判进行得非常艰难，但是《服务贸易总协定》（GATS）最终仍然达成，作为WTO的重要文件于1995年1月1日与WTO正式成立同时生效。

GATS的签署和实施是国际多边贸易体制推动服务贸易自由化的一个重大突破，它为参与服务贸易的国家和地区提供了服务贸易国际管理和监督的约束机制，为服务贸易的发展创造了一个稳定的、具有预见性的、自由贸易的法律框架。

需要注意的是，虽然 GATS 的实施有力地推动了全球服务贸易的自由化，但是这并不意味着服务贸易自由化是没有波折和阻碍的，金融危机、全球疫情、国际政治等原因仍在不同阶段和程度上影响和考验着服务贸易自由化进程，使得各国服务贸易政策呈现复杂多变的情况。

案例 5－2

马歇尔计划与道奇计划

二战后，美国通过马歇尔计划与道奇计划援助西欧和日本重建。

马歇尔计划主要指二战后美国对被战争破坏的西欧各国进行经济援助、协助重建的计划，该政策对欧洲国家的发展和世界政治格局产生了深远的影响。

道奇计划指为稳定战后的日本经济，1949 年由美国占领军当局的财政顾问、美国底特律银行总裁道奇提出一项经济计划。该计划规定严格平衡政府预算以抑制通货膨胀。同时，将日元多汇率制改成单一汇率制，将美元与日元的汇率锁定为 1 美元兑换 360 日元。该计划的实施有利于美国资本渗透和控制日本经济，同时基本上制止了通货膨胀，为日本经济的恢复和发展带来转机。

案例思考：

1. 收集并分析马歇尔计划与道奇计划产生的背景。

2. 分析马歇尔计划与道奇计划的实施对当时涉及国家的服务贸易政策可能产生的影响。

二、国际服务贸易政策目标的主要内容

视频 5－1 国际服务贸易政策目标的主要内容

国际服务贸易政策是一国对外贸易和经济政策的重要组成部分，由于各国服务业发展水平、服务贸易发展状况、经济发展目标等的不同，不同时期国际服务贸易政策目标侧重不同。一般国际服务贸易政策目标主要包括以下几个方面：

（一）效益目标

效益目标是制定国际服务贸易政策基本都会考虑的目标。通过制定和实施鼓励出口的服务贸易政策，加大对服务业就业人员的培训、促进服务业技术进步及跨国发展，以期扩大外汇收入和增加就业机会。

（二）产业结构目标

通过制定和实施服务贸易政策，促进服务业发展，逐步提高第三产业的比重；通过限制进口的服务贸易政策，保护本国幼稚产业的发展，保证本国主导产业的稳定；制定有利于技术引进和外溢的服务贸易政策，积极促进本国高技术服务业扩展；努力扩大服务贸易企业的规模，提高大型跨国服务企业或集团的数量，提升相关企业或集团的规模经济和抵御国际风险的能力。

（三）国别目标

根据不同国家之间政治、经济关系及不同国别服务市场的特点，制定相应的国际服务贸易政策，促进国家之间服务贸易领域的合作。

（四）国际收支平衡目标

综合考虑国际货物贸易的差额情况及外汇储备状况，通过制定国际服务贸易政策，平衡一国国际收支，防止出现严重的国际收支赤字。

（五）其他目标

其他目标包括国家主权、文化安全、生态环境等，在一定时期和情况下，这些都有可能成为国际服务贸易政策目标。

案例 5－3

2021 年美国贸易逆差创历史新高

美国商务部公布的数据显示，主要受消费品进口额飙升影响，2021 年 12 月美国商品和服务贸易逆差环比增加 1.8%，增至 807 亿美元，推动全年贸易逆差增至 8591 亿美元，创历史新高。

数据显示，去年 12 月，美国商品和服务出口额环比增长 1.5%，增至 2281 亿美元；进口额环比增长 1.6%，增至 3089 亿美元。其中，商品出口额环比增加 20 亿美元至 1583 亿美元，服务出口额增至 699 亿美元。同时，由于手机、玩具等消费品进口额大幅攀升，当月商品进口额环比增加 52 亿美元至 2597 亿美元，服务进口额则减少 4 亿美元至 492 亿美元。

数据还显示，2021 年美国商品和服务出口额较 2020 年增长 18.5%，增至 2.53 万亿美元；进口额增长 20.5%，增至 3.39 万亿美元。与 2020 年相比，2021 年贸易逆差扩大 27%。

分析人士认为，2021 年美国贸易逆差持续扩大的主要原因，是美国政府在新冠疫情期间出台大规模财政支出措施，推动国民储蓄增加，刺激消费者购买更多商品，导致包括消费品在内的商品库存紧张、企业大举补充库存，进而推动进口额大幅攀升。

经济学家预计，由于美国国内消费增长尚未出现放缓迹象，美国贸易状况短期内很难恢复至正常水平。

（资料来源：http：//tradeinservices. mofcom. gov. cn/article/news/gjxw/202202/130224. html）

案例思考：

美国服务贸易对平衡国际收支的重要影响。

第二节　国际服务贸易自由化政策

对于本国具有竞争优势的服务产业和部门，国家倾向制定和采用自由化的国际服务贸易政策，积极拓展国际市场。对于本国处于劣势的服务产业和部门，国家往往倾向于保护的国际服务贸易政策，防止相关产业直面激烈的国际竞争。但是为了积累资本、引进技术和专业人才，即使是服务产业和部门落后的国家也需要开放某些服务部门，采用一些自由化的贸易政策。国际服务贸易自由化对全球服务贸易的发展起着重要的作用，通过最惠国待遇、国民待遇、透明度原则、发展中国家更多参与等条款，《服务贸易总协定》（GATS）积极促使成员国采用自由化的服务贸易政策，并鼓励发展中国家积极参与。

一、国际服务贸易自由化的理论基础及态度

（一）国际服务贸易自由化的理论基础

尽管国际服务贸易和国际货物贸易有很大的差异，还是有很多学者认为比较优势理论也同样适用于国际服务贸易。在服务产品生产上有比较优势的国家，应当放开相关服务业，将资源集中生产具有比较优势的服务产品并出口；在服务产品生产上不具有比较优势的国家，应当集中生产其具有比较优势的货物产品并出口。两个国家都可以根据自己服务产品的比较优势状况，互相开放服务市场，进口具有比较劣势的服务产品，出口具有比较优势的服务产品，两国均获利。

随着国际服务贸易占世界贸易的份额不断增加及学者对服务贸易研究不断深

化，很多经济学家都发现，在服务贸易的交易过程中，将会极大地促进生产要素的国际流动，比如技术咨询服务、专利权转让服务、计算机软件服务等，都有利于生产要素的国际流动，这种流动将深刻地影响世界生产与贸易的格局，提高甚至改变参与国际服务贸易国家的比较优势及国际经济关系。

国际服务贸易的发展也有利于传统货物贸易的发展。如追加性的国际服务贸易是围绕着国际货物贸易展开的，与国际货物贸易的发展密切相关，诸如运输服务、维修服务、广告服务等。这些服务对于国际货物贸易的发展非常重要，有时甚至成为消费者选择的决定性因素之一。生产性的国际服务贸易属于生产过程中必不可缺的部分，这类国际服务贸易的发展将会提高相关部门的生产效率，促进产品的创新，进一步拓展国际商品贸易市场。

（二）服务贸易自由化的态度

国际服务贸易自由化在国际上基本有两种态度，一种是向所有的外国服务及服务提供者开放本国的服务市场，这被称为无条件的服务贸易自由化，属于自由化的最理想状态。另一种是根据每个国家给予本国服务及服务提供者的待遇来决定本国给予对方国家服务和服务提供者的待遇的服务贸易的自由化，即所谓的对等原则。如果某个国家对本国的服务和服务提供商采取开放的态度，那么本国也给予对方国家的服务和服务提供者开放的态度；如果对方国家对本国和本国的服务提供商采取的是限制的措施，那本国也将给予对方国家的服务和服务提供商限制措施。对等原则的自由化，其实是对无条件自由化的一种退步。但是目前来看，许多国家还是采用对等原则的服务贸易自由化的态度。

二、国际服务贸易自由化的政策选择

（一）国际服务贸易自由化对国家安全的影响

无论是发达国家还是发展中国家，选择服务贸易自由化政策既会给国家带来福利，也会带来成本。在国家安全方面，服务贸易自由化对发达国家和发展中国家都具有双面性，既可能危及国家主权与安全，也可能提高国家的竞争力，进而维护国家的主权和安全。相对于货物贸易，服务贸易更多涉及国家安全问题。

1. 服务贸易自由化对发达国家安全的影响

发达国家往往在服务贸易方面占据比较优势，但是发达国家仍然担心服务贸易自由化在以下几个方面影响国家安全：

（1）服务贸易自由化可能潜在地削弱、动摇和威胁国家现有的技术领先优势，反而提高竞争对手国家的科技实力。

（2）由于某些服务优势有助于国家在未来的信息战中取得军事上的竞争优

势，可能潜在地威胁国家的长远军事利益。

(3) 服务贸易自由化的过程中，大量的高技术要素扩散，可能潜在威胁国家安全。尤其是某些要素和信息，如果被其他国家或恐怖组织掌握，将会对国家安全和民族利益带来打击。

(4) 可能危害本国原有的国际政治与经济联盟国家和地区的长远利益。

基于这些原因，发达国家或技术领先的国家往往认为有必要长期保持其在国际服务市场中的技术领先地位，以此获得国家政治、经济、外交等方面的利益，很多国家也期望通过限制先进技术的服务出口，以便保持其对技术落后国的竞争优势。于是可以看到，很多发达国家或技术领先的国家出台各种限制相关技术服务出口的措施。

2. 服务贸易自由化对发展中国家的安全影响

对于发展中国家而言，一方面迫切地需要进口大量的现代服务，但又不得不考虑由此带来的种种可能危及国家安全的因素。印度学者潘查姆斯基研究了服务贸易自由化对发展中国家的影响，可以概括为以下几个方面：

(1) 对行业、产业的影响。发展中国家一旦放弃服务贸易的控制权，其新兴服务业银行、保险、电信、航运等将直接暴露于发达国家服务厂商的激烈竞争中。由于发展中国家与发达国家在货物与服务生产率上的差距日益扩大，服务贸易自由化将使发展中国家在服务领域更加依赖发达国家，并最终致使发展中国家服务业的国际化程度变弱。发达国家逐步垄断服务贸易市场可能会损害消费者的利益。

(2) 对就业的影响。有研究显示，低收入国家服务部门使用的劳动力超过发达国家服务部门使用劳动力的两倍，服务贸易对发展中国家的就业影响要远远大于发达国家。

(3) 对国际收支的影响。发展中国家往往是服务产品的进口国，短期内服务贸易自由化可能通过两种方式影响其国际收支：一是国内市场的本国服务提供商可能被外国服务提供商所替代；二是可能形成进口服务替代国内服务，使进口服务需求增加。

(4) 对国家主权的影响。服务贸易自由化可能会损害到发展中国家的国家利益。以信息服务跨国流动为例，信息跨国流动不仅会导致发展中国家的依赖，而且可能损害国家主权。信息服务贸易自由化的严重影响有两个方面。其一，信息服务业（包括信息传输、网络中端、计算机服务和信息基础设施等）高度集中于发达国家，由于电信成本下降，发展中国家的相关公司将会发现通过海外购买信息服务更为经济且方便，这种信息的大量外流造成国家信息资源的严重损失；其二，信息服务贸易的依赖性使得发展中国家更易受到外部的压制，因为那些对于发展中国家经济发展意义重大的核心信息资料可能由于政治、经济和其他原因而受到外国政府的控制。国家信息资源的损失及核心信息资料的失控，将会严重危害发展中国家的主权。

(5) 对经济政策自主权的影响。服务贸易自由化将进一步加深发展中国家对发达国家的经济依赖，使其几乎丧失执行符合本国利益的国内政策的空间。服务贸易自由化将使发达国家金融机构凭借其在金融服务和国际货币发行领域的优势，削弱发展中国家政府在金融、货币管理领域发挥积极管理作用。服务贸易自由化使发展中国家丧失其对经济政策的自主选择权。

（二）国际服务贸易自由化的政策取向

1. 发达国家服务贸易自由化的政策取向

发达国家面向发展中国家开放本国服务市场是以服务换商品。对于同等发达国家，则是相互开放本国服务市场，就是所谓的“服务贸易补偿论”。

2. 发展中国家实施服务贸易自由化政策的考虑因素

视频 5-2　发展中国家实施服务贸易自由化政策的考虑因素

服务业的发展对发展中国家的经济具有重要的作用，发展中国家同样要正视国际服务贸易自由化发展的客观现实。发展中国家制定和执行服务贸易自由化政策的基本指导思想在于打破原有的比较优势局限、提高技术水平、优化服务贸易结构，从而尽可能地利用服务贸易自由化来促进本国服务业的发展，同时减少服务贸易自由化的消极影响。发展中国家在实施服务贸易自由化政策时需要重点考虑以下因素：

(1) 服务贸易政策的制定要重视生产性服务业的发展。

发展中国家在制定国际服务贸易自由化的政策时，应立足于促进整体经济发展，而不仅是单纯地增加出口创汇。按照比较优势理论，发展中国家可以利用丰富的自然条件、廉价的劳动力优势发展旅游、工程建筑、劳务输出等传统服务项目作为国际收支的来源，增加国家的外汇收入。但是这种依赖自然条件和廉价劳动力比较优势获得的经济收益在长期是很难站得住脚的，很难保证国家长期获利。现代服务贸易的核心是以信息技术服务为主体的生产性服务业，这种生产性服务业的投入，将有力地提高发展中国家整体社会生产力水平。因此，发展中国家要尤其重视生产性服务业的发展。

发展中国家中服务贸易较强的国家往往也是货物贸易较强的国家，生产性服务业的发展将有力地促进发展中国家的货物生产，因此，发展中国家应当通过以信息技术为主的生产性服务业的投入，把服务业的发展与货物生产有机地结合起来，让生产性服务业在经济发展中发挥积极作用。生产性服务业的发展，一方面有助于提高发展中国家货物商品出口的竞争力，另一方面也可以改善服务产品的出口结构，减少对国外服务产品的依赖。

案例 5－4

关于加快发展生产性服务业促进产业结构调整升级的指导意见

2014 年 8 月，中国国务院印发《关于加快发展生产性服务业促进产业结构调整升级的指导意见》（以下简称《指导意见》），这是国务院首次对生产性服务业发展做出的全面部署。《指导意见》提出了引导市场主体行为的发展导向，明确了政府创造良好环境的工作重点。

《指导意见》指出，加快发展生产性服务业关键是要全面落实党中央、国务院各项决策部署，进一步科学规划布局、放宽市场准入、完善行业标准、创造环境条件，加快生产性服务业创新发展，实现服务业与农业、工业等在更高水平上有机融合，推动中国产业结构优化调整，促进经济提质增效升级。加快发展生产性服务业要坚持市场主导、突出重点、创新驱动、集聚发展的基本原则。

《指导意见》强调，要以产业转型升级需求为导向，引导企业进一步打破“大而全”“小而全”的格局，分离和外包非核心业务，向价值链高端延伸，促进中国产业逐步由生产制造型向生产服务型转变：一是鼓励企业向产业价值链高端发展；二是推进农业生产和工业制造现代化；三是加快生产制造与信息技术服务融合。

《指导意见》明确，现阶段中国生产性服务业重点发展研发设计、第三方物流、融资租赁、信息技术服务、节能环保服务、检验检测认证、电子商务、商务咨询、服务外包、售后服务、人力资源服务和品牌建设，并提出了发展的主要任务。

《指导意见》要求，要着力从深化改革开放、完善财税政策、强化金融创新、有效供给土地、健全价格机制和加强基础工作等方面，为生产性服务业发展创造良好环境，最大限度地激发企业和市场活力。

《指导意见》要求，各地区、各部门要充分认识发展生产性服务业的重大意义，采取有力措施，确保各项政策落到实处、见到实效。地方各级人民政府要加强组织领导，结合本地实际，进一步研究制定扶持生产性服务业发展的政策措施。国务院各有关部门要密切协作配合，抓紧制定各项配套政策和落实政策措施分工的具体措施。发展改革委要加强统筹协调，会同有关部门对《指导意见》落实情况进行督促检查和跟踪分析，每半年向国务院报告一次落实情况。

《指导意见》强调，在推进生产性服务业加快发展的同时，要围绕人民群众的迫切需要，继续大力发展生活性服务业，做到生产性服务业与生活性服务业并重、现代服务业与传统服务业并举，切实把服务业打造成经济社会可持续发展的新引擎。

（资料来源：https：//xc. rednet. cn/m/content/2014/08/07/4552090. html）

案例思考：

1. 什么是生产性服务业？

2. 中国为什么要高度重视生产性服务业发展？

（2）对于自身的廉价劳动力优势应当有一个清醒的认识。

随着社会生产力和科学技术的发展，人们已经进入知识经济时代。在这样的时代，劳动力的比较优势不仅要看数量，还要看素质。发展中国家虽然劳动力人数较多且成本较低，但是文化程度、技术水平相对较低，较多从事劳动力密集型的服务行业。发达国家的劳动力虽然成本较高，但是由于资本积累、技术水平较高，多从事高附加值的知识技术密集型的服务业，创造更高的价值。所以，发展中国家要充分意识到劳动力素质提高的重要性。虽然通过利用廉价的劳动力形成的比较优势参与国际服务贸易是一般发展中国家进入国际服务市场的必经之路，但需要注意的是，发展劳动密集型服务只是手段，不是目的，通过劳动密集型服务比较优势赚取外汇，是为将来提高服务技术层次、升级比较优势、积累资金创造条件。

（3）提高服务的技术层次和水平。

发展中国家应当充分发挥服务贸易作为技术转让渠道的作用，努力提高服务业的技术层次和水平。发展中国家在推进服务贸易自由化的过程中，对其经济安全和国家主权影响最大的包括通信、金融、计算机服务等高技术信息化行业。但是发展中国家又最需要引进这类服务，以便从这些服务中获取技术转让的好处。发展中国家需要在开放的条件下引进技术，为培育自己的高技术服务业提供支持。发展中国家在初期可以采用吸引外国直接投资的方式来引进高技术服务，因为这种方式有利于技术转让和学习。采用贸易的形式引进高技术服务，往往只能得到结果，不能够引进生产过程，反而会造成对服务产品进口的依赖。当然，引进高新技术服务业的直接投资又会涉及国家主权和安全问题，这就需要发展中国家在制定政策措施时，注意趋利避害。

（4）服务贸易谈判中积极争取发展中国家的权益。

由于服务业发展的背景、阶段、理解不同，发达国家和发展中国家对于服务贸易自由化争议很大，发展中国家在谈判中往往处于被动地位。发展中国家应当在坚持差别待遇的原则基础上，积极争取发展中国家的权益，提出有利于发展中国家服务贸易发展的建议。发展中国家在国际服务贸易自由化谈判中目标主要包括：一是维护发展中国家服务业适度保护的权利，二是为发展中国家服务业走向世界争取有利的条件和环境。

案例 5－5

五大关键技术，中美谁领先

美国《华尔街日报》2020 年 4 月 13 日文章《美国 vs 中国：谁正在关键技术竞争中获胜?》，分析美中两国的这场技术战正在如下一些最重要的创新领域展开竞争。

5G 领域：一家无线运营商 60％以上的 5G 支出可能流向蜂窝设备，比如无线电，而华为在无线电市场上居于领先位置。华为技术先进的设备以及快速生产的能力帮助中国迅速推出了 5G，从而将中国许多地区变成可发展依赖 5G 的自动驾驶汽车等技术领域的实验室。结论：在 5G 领域，中国占优势。

人工智能（AI）：3 年前，中国宣布计划到 2030 年成为 AI 领域的全球领先者，其设想是国内 AI 产业的价值达到约 1500 亿美元。尽管中国对 AI 研究的贡献或许更大，且在人脸识别等重要的子领域领先，但并非领跑所有领域。咨询机构欧亚集团分析师表示，微软和谷歌等美国巨头在通用人工智能的研究，即具有更广泛的、类似人类思维能力的 AI 研究方面仍处于领先地位。结论：美国占据优势，但美中之间的差距正在缩小。

量子计算：就建造量子计算机而言，美国无疑是全球领导者。中国的科学家也已建造量子计算机，但分析人士认为中国在这方面仍落后美国很多年。然而，量子技术并非仅应用于计算机，而是已扩展到利用量子特性开展快速安全的通信等领域。2016 年，中国发射“墨子号”量子卫星，使用量子态光子束可以使传输不被拦截。中国还耗资 100 亿美元，在华东地区建设巨大的量子信息科学实验室。结论：美国在量子计算方面占据优势，中国在量子通信方面领先于美国。

半导体：一些人估计中国的芯片技术落后美国 5～7 年，但中国可能需要更长的时间才能迎头赶上，因为先进的芯片是一个“动态目标”。然而，中国国内许多企业的电子设备都已经用国产芯片和从非美国企业采购的芯片取代了美国芯片，这令美国官员深感意外。短期来看，中国半导体行业发展战略的重点是降低对美国的依赖。但从长期来看，许多业内观察人士认为，中国对芯片生产的巨大投入获得回报只是时间问题。结论：目前美国仍占据优势。

自动驾驶汽车：在测试无人驾驶技术方面，谷歌的 Waymo 和通用汽车的

Cruise占据先发优势。美国在半导体行业的主导地位也使美企在此类芯片开发上占据优势。芯片本质上就是此类汽车的大脑。麦肯锡公司去年的报告称，中国企业在研发自动驾驶所需的重要能力方面落后国际竞争对手2～3年。但从长远来看，中国有望后来居上。毕竟中国早已成为全球第一大汽车市场，庞大的人口也将赋予企业更多能用于完善自动驾驶车辆技术的数据。此外，中国人更愿意尝试自动驾驶汽车，这也会起到积极作用。中国在5G基础设施方面的领先优势也意味着中国车企可以在实际路况下测试相关技术，如利用无线技术向汽车传输地图和交通数据，甚至在某些情况下远程控制汽车。结论：美国占据优势，但仅仅是眼下。

（资料来源：由美国《华尔街日报》2020年4月13日文章整理而来）

案例思考：

1. 查找资料分析本案例中涉及领域最新的技术发展。
2. 分析中国制定服务贸易政策中关于技术和谈判方面可能的考虑。

第三节　国际服务贸易保护政策

一、国际服务贸易壁垒

（一）国际服务贸易壁垒的概念和限制措施

1. 国际服务贸易壁垒的概念

国际服务贸易壁垒指一国政府对外国服务生产者或提供者的服务提供或销售所设置的具有障碍作用的政策措施，即凡直接或间接地使外国服务生产者或提供者增加生产成本或销售成本的政策措施，都可能被外国服务厂商认为属于服务贸易壁垒。国际服务贸易壁垒也含出口限制。

一国设置服务贸易壁垒的目的一般包括扶植本国幼稚服务业的建立和发展、保持本国优势服务业竞争力、抵御外国服务进入、削弱外国服务的竞争力、保护本国就业等。

2. 国际服务贸易限制措施

与国际货物贸易相比，国际服务贸易的贸易标的及贸易过程差异很大，因此国际服务贸易保护不像国际货物贸易那样采用关税壁垒，政府或相关部门一般是围绕服务的特点，通过颁布各项政策措施发挥保护本国服务贸易的作用。

国际服务贸易的政策限制措施通常有两种：一种是为了直接限制国外服务提供者进入国内服务领域而颁布的政策与法规，如限制国外的保险公司或银行在国内的经营范围；一种是为了国内其他的政治、经济、文化目标而颁布的政策与法规，这些政策与法规在实施的过程中间接地影响和限制了国际服务贸易，如一国严格的出入境管理规定可能妨碍旅游服务、运输服务及跨国教育服务的发展。

需要注意的是，任何政策和法规都有其双面性，如扶持本国幼稚服务业发展的政策措施可能会对其他行业产生伤害；如为了保护本国银行业的发展阻碍外国金融服务机构的进入或限制其经营范围的政策措施，将会使得本国在利用外资和国际经济合作方面受到影响。

（二）国际服务贸易壁垒的特点

国际服务贸易与国际货物贸易相比，发展背景、贸易特点、要素流动等各不相同，因此国际服务贸易壁垒有其自身的特点，主要包括以下几个方面：

1. 服务贸易壁垒隐蔽性强

由于服务贸易的标的服务是无形的，与有形的货物贸易相比，各国不能像针对货物贸易一样采取关税贸易壁垒，而是只能采取市场准入限制或准入后不给予国民待遇等的壁垒方式进行限制，尤其是针对服务贸易的各种行业管理和规定，人们较难在有歧视性的贸易壁垒与服务业的正常管理措施之间准确判断。因此，相对于关税贸易壁垒，国际服务贸易壁垒具有很强的隐蔽性。

2. 服务贸易壁垒保护性强

由于各国服务业的发展水平不同，尤其是发展中国家与发达国家服务差异较大，而且国际服务贸易可能涉及一国的经济安全和政治安全，所以各国普遍设置保护性较强的服务贸易壁垒。在普遍较高强度的服务贸易保护壁垒影响下，外国服务厂商或者不能进入某国市场，或者进入某国市场后经营困难，这些措施将提高外国服务厂商的生产成本，降低其竞争力，甚至使其退出本国市场。

3. 服务贸易壁垒灵活性强

国际服务贸易壁垒具有很强的隐蔽性，既可以表现为一国的法律性的措施，也可以表现为一国的政策性措施或行政性措施；既可以是积极主动的障碍设置，也可是消极怠慢的应对行为。这些措施和行为既可以体现为外国服务进入本国市场的准入规定，也可以体现为外国服务进入本国市场后给予的管理形式和规范。国际服务贸易壁垒的选择性强、灵活多变，一国可以根据自身的服务业发展状况及局势的变化，灵活选择合适的服务贸易壁垒形式。例如，对于国外的信息服务，一国可以选择禁止其进入本国市场，或者选择允许其进入本国市场，但是内容要受到严格的审查或必须用本国的传输服务等。

4. 服务贸易壁垒受投资壁垒影响大

由于服务贸易的特殊性，尤其是面对面的服务需要服务的消费者和提供者能够近距离地接触。外国服务厂商更倾向于到服务消费者所在境内直接提供服务，即以商业存在的方式提供服务。服务贸易与服务投资变得密不可分，服务贸易壁垒与投资壁垒往往关联在一起。无论是发达国家还是发展中国家，相对于其他产业投资，各国普遍对服务业投资管理更加严格。服务业的直接投资不仅受到一国投资政策的影响，还受到该国国家战略安全、社会文化政策等的约束。一国的投资壁垒在一定程度上也就是服务贸易壁垒。

5. 服务贸易壁垒关联性强

国际服务贸易往往涉及生产要素的流动，对其中一种要素流动设置障碍，就可能影响其他要素的流动，从而影响服务贸易的发展。如以商业存在形式的国际服务贸易，很多情况下，既需要资本跨国流动，又需要管理人员能够进入东道国，如果只允许资本进行跨国流动，即允许外国服务企业在东道国投资设立专业机构，但不允许管理人员进入东道国管理，这会导致投资所追求的利润很难实现；如果允许管理人员流动（自然人流动），但不允许资本跨国流动，外国服务提供者也无法在东道国实现规模经营。

二、国际服务贸易壁垒产生的原因

（一）减轻国内就业压力

联合国贸易与发展会议2022年7月发布的《2021世界服务贸易》中提到，2020年发达国家服务部门对就业的贡献占总就业的73%，发展中国家占45%。对于许多国家而言，服务业是吸纳劳动力就业人数最多的产业，如果这些产业萎缩或者就业机会被大量的国外劳动力所占据，这将对国内劳动力就业造成压力，甚至影响社会和政局稳定。因此，该因素是大部分国家设置壁垒的原因之一。

（二）保护国内幼稚服务业发展

由于服务业发展历史和水平不同，发达国家往往在现代服务业中具有比较优势。对于许多发展中国家而言，很多现代服务业还处于幼稚产业状态，如金融、保险、通信等行业，但这些行业又对社会经济和国家安全有重要的影响。如果基于比较优势展开国际服务贸易，发展中国家在这些行业中将大量引进国外服务，这将导致国内幼稚服务行业的萎缩，阻碍国家长期利益的获得。因此，发展中国家基于保护幼稚服务业的需要，部分行业将设置服务贸易保护壁垒。而且从保护消费者权益方面而言，如果任由国外服务企业冲击国内的幼稚行业，可能导致相关国外服务产品垄断国内市场，进而损害消费者的利益。

（三）维持国际收支平衡

国际收支平衡反映一国对外经贸关系的利益及稳定，尤其是经历了东南亚金融危机之后，许多国家充分意识到维持国际收支平衡的重要性。为了维护国内的金融秩序，很多国家加强了对金融市场的干预，对国外服务的输入及其引起的外汇支出进行限制，对国外金融机构在本国的经营活动进行监管。有些发展中国家服务贸易逆差严重，如果货物贸易顺差较少或者为逆差，国际收支将出现较大赤字。

（四）维护国家主权和国家安全

通信、邮电等行业，关系着国家的主权和安全，许多国家都会禁止或限制外国服务者进入此类行业或提供产品。出于对国家主权与安全的考虑，许多国家往往鼓励本国企业的规模增长，而对国外服务提供者的进入和经营设置壁垒。

（五）保护本国民族文化和社会利益

教育、娱乐、影视等文化服务部门的跨国流动虽然一般不会影响到一国的经济命脉，但是在意识形态领域产生影响将潜移默化地改变人们的思维，进而影响人们的消费方式、生活方式等。为了维持本国在民族文化上的独立性，保护本国的社会利益，各国往往对这些部门进行保护。

三、国际服务贸易壁垒的种类

国际服务贸易壁垒的种类非常多，按照服务贸易壁垒的限制对象来分，主要有以下几种：

（一）资本移动壁垒

资本移动壁垒主要形式包括外汇管制、浮动汇率和投资收益汇出的限制等。外汇管制指政府对外汇在本国境内持有、流通、兑换以及外汇的出入境给予的各种限制措施。投资收益的汇出限制指限制外国服务提供商将利润、版税、管理费等外汇收入汇回母国，或者限制外国资本抽调回母国，或者对汇回母国的利润额度进行限制等。

（二）人员移动壁垒

人员移动壁垒包括移民限制和烦琐的出入境手续，以及由于各种限制导致的长时间等待。其中移民限制主要指外国的服务提供商进入本国服务市场受到的限制性措施。由于各国移民法及工作许可、专业许可的规定各不相同，限制的内容和方式也不尽相同。

（三）服务产品移动壁垒

服务产品移动壁垒指政府针对服务产品的数量、价格、质量以及知识产权保护等方面设置的限制措施。服务产品移动壁垒一般包括数量限制、当地成分要求、补贴、政府采购、歧视性技术标准、税收制度以及落后的知识产权保护体系等。

（四）开业权限制壁垒

开业权限制壁垒指禁止外国服务提供商进入本国某些行业或地区设立机构及提供服务，或者政府对某些行业实行政府垄断，或者禁止外国服务人员进入本国从事某些服务业。需要注意的是，虽然开业权限制壁垒对本国的某些服务业的保护力度强，但是随着国际服务贸易自由化的推进，这种绝对的进入壁垒面临巨大的国际压力。

（五）经营权限制壁垒

经营权限制壁垒指对外国服务提供商实体在本国的经营活动权限进行限制，比如限制其经营范围、经营方式等，甚至可能干预其具体的经营决策。随着开业权限制面临越来越大的国际压力，这种对具体经营权的限制，既体现了一国适度的对外开放，又往往能有效地削弱外国服务经营者在本国的竞争力和获利能力。这是一种“可调性”较强的壁垒，各种经营权限制壁垒的方式、内容、限制程度等，均可按照本国社会经济及产业发展的要求，不断做出相应的调整。

不同的行业差异较大，采用的服务贸易壁垒的种类不尽相同。不同行业常见服务贸易壁垒见表 5－1 所列。

表 5－1　不同行业常见服务贸易壁垒

行业	常见壁垒
航空业	主要涉及国家垄断和补贴问题。世界各国政府一般都给本国航空公司提供优惠待遇，如把空运的货源和航线保留给国内航空公司；为本国飞机提供机构的优先使用权；要求国内用户接受本国航空公司的服务；对国内航空公司给予税收优惠。目前，国际航空服务贸易都是通过对等原则的双边协议进行的
广告业	对外来广告企业要求本国参股及政府在广告业的竞争中偏袒本国企业是普遍现象，如外国广告企业在设立电视台、经营电视广告方面是受严格限制的

（续表）

行业	常见壁垒
银行与保险业	主要是开业权和国民待遇问题。对于开业权，许多国家禁止外国银行在本国设立任何形式的机构，有些国家虽允许设立分支机构，但这样的分支机构必须与母公司中断业务上的直接联系。对外国银行的非国民待遇还表现在仅提供低储蓄地区（开业）、高税收率和限制财产经营范围。对于外国保险公司，一般还要求绝对控股权，以及禁止其经营某些保险业务
工程建筑业	主要是开业权、移民限制和国民待遇问题。此类服务业是发展中国家的优势所在。对此，一些发达国家都不愿提供开业权，美国在开业权上就有较多的限制，日本、美国、欧盟都坚持不放宽移民限制。几乎所有的国家都禁止外国公司承建某些工程，而且在工程招标中偏袒本国公司
咨询服务业	许多国家对设在本国的外国咨询机构都要求参与权，如印度要求外国咨询公司必须与本国相应的机构合作经营业务。而且咨询程序上的不透明也阻碍外国机构的活动
教育服务业	教育服务与思想意识的传播关系密切，移民限制和歧视外国文凭是国际交流教育服务的主要障碍
医疗服务业	主要问题是歧视外国医生的开业资格和对外国医疗设备的进口设立技术障碍
电信和信息服务业	经常遇到国家垄断和控制。另外，还有知识产权保护、幼稚工业保护、技术标准和不公平税收等
影视服务业	许多国家对本国影视直接拨款或通过税收优惠进行补贴，而对外国影视业则通过要求参与权、版权保护、进口的国家垄断、限制播放等加以抵制
零售商业	主要涉及各国国内零售规则的透明度不够、不动产所有权、外国雇员的移民限制、利润汇返等
旅游业	与航空客运关系密切，诸如出入境限制、外汇管制、旅游设施所有权、开办旅行社和旅游购物等，都存在贸易壁垒问题
海运业	主要涉及国家特许经营与垄断、为本国海运公司保留货源、倾销性运价等问题

资料来源：江林、王玉平著《关贸总协定法律体系运用指南》，华东师范大学出版社（1993 年版）

案例 5－6

美国商业服务局（USCS）

美国政府在维系和加强其服务行业国际竞争优势方面，采取了积极和多元的措施。作为目前全球服务贸易第一大国，美国重视通过政府行为引导和促进服务贸易（尤其是出口）的发展。隶属于美国商务部的国际贸易管理局（ITA）下设美国商业服务局（USCS），承担专项的服务贸易促进职能。

在促进服务贸易出口方面，USCS 采取了双管齐下的方式。一方面主动出击，扩大美国企业的出口市场。USCS 借助自身的网络资源，帮助美国企业寻找出口市场，通过其国内专家和海外分支机构的配合，为出口商将其优势转化为出口实绩创造条件。帮助美国小企业寻找和开拓海外市场，为物流通关、市场标准对接和完成贸易的全流程提供服务，将开展贸易中遇到的问题，向美国商务部或其他美国政府部门反馈，与进口国进行沟通、磋商或谈判。为美国大企业提供跨国网络支持服务，帮助企业识别和应对跨国公司发展中的监管和文化差异，提高响应和服务市场的能力。USCS 除了帮助企业通过在线市场研究的方式了解外部市场，也支持美国参展商赴海外参展。

另一方面，USCS 也积极将外部市场的购买力引流至美国国内。USCS 在 2019 年之前通过国际采购团项目（IBP）促进美国出口。IBP 是美国政府与产业的共同行动，以促进国际买家到美国来与美国企业在展会上寻求合作机会，主要采取组织国外采购团体赴美参观优秀展会，并有针对性地安排系列商业活动和参观的方式。IBP 提供的支持包括：美国使馆的旅行协助（包括注册和签证程序）、免除或减少贸易入场费、免费参加社交活动和招待会、根据购买兴趣定制简报和会议、现场和场外技术参观、免费试用商务设施、展会美国公司名录、免费或减价的教育课程、演示和探讨会等。

新冠疫情对制造业和服务业都产生巨大冲击，而强化美国的服务贸易竞争优势，尤其是跨境支付和商业存在两种模式的发展，成为美国促进服务贸易的重点。为此，USCS 推出“网站全球化”服务，帮助企业对其商业服务的线上策略提供支持，具体包括确定数字化目标、网站国际化和搜索引擎优化、解决后端数字基础设施需求、选择电商销售混合渠道，以及建立电商关键表现指标。

由此可见，美国重视服务贸易的促进，采取了财政支持与商业运作相结合的模式。美国重点支持对外贸易经验较为缺乏、能力不足的小企业，此类企业超过 2500 万家，数量占到美国全部企业的 98%。对小企业的支持和促进，不仅能够为保护超过半数的就业岗位提供支持，而且有利于鼓励创新活动。

（资料来源：http：//tradeinservices. mofcom. gov. cn/article/yanjiu/pinglun/202109/119268. html）

案例思考：

1. 美国商业服务局采取了哪些措施促进服务贸易发展？

2. 美国商业服务局在制定服务贸易政策时可能考虑的因素有哪些？

本章自主学习指导

1. 学习重点如下：

（1）概念：国际服务贸易壁垒。

（2）国际服务贸易政策目标的主要内容。

（3）服务贸易自由化的态度。

（4）发展中国家实施服务贸易自由化政策的考虑因素。

（5）国际服务贸易壁垒的特点。

（6）国际服务贸易壁垒产生的原因。

（7）国际服务贸易壁垒的种类。

2. 请理论联系实际，查询相关资料，更好地理解本章相关理论。

第六章

国际服务贸易规则及协调机制

本章主要教学内容

1. 了解《服务贸易总协定》（GATS）产生的背景、谈判历程、主要内容。

2. 掌握 GATS 的重要意义、WTO 纳入 GATS 后的体制特点、WTO 体制下的国际服务贸易自由化。

3. 了解 WTO 服务贸易谈判最新发展。

第一节　《服务贸易总协定》的产生

第二次世界大战之后，国际货物贸易快速发展，同时国际服务贸易也不断发展。由于各国或地区服务业发展水平和阶段不同，参与国际服务贸易的程度也不同，很多国家或者为了保护本国的幼稚产业，或者为了保持本国服务领域领先优势等，对国际服务贸易的发展设置了多重障碍。为了推动全球服务贸易自由化，“乌拉圭回合”谈判达成了《服务贸易总协定》（GATS），该协定是历史上第一个关于国际服务贸易发展的多边规范。

一、《服务贸易总协定》产生的背景

（一）国际服务贸易快速发展与服务贸易壁垒层出不穷

20 世纪 60 年代后，科学技术不断发展，服务业在各国国民经济中的比重和地位不断上升，这种变化在发达国家中尤为明显。服务业占比的增加与服务业国际化推进大大促进了国际服务贸易的发展，服务贸易逐渐成为很多国家获取外汇收入、提高本国在国际经济贸易中的地位、降低资源和能源消耗及提高经济效率和收益的重要途径。

20 世纪 70 年代，国际服务贸易发展增速甚至超过了国际货物贸易。随着国际服务贸易的快速发展，国际服务贸易壁垒也在不断出现。各国在发展国际服务贸易的同时发现服务贸易影响政治、经济、文化等方方面面，很多领域涉及国家主权、安全、价值观等敏感问题。各国开始设置不同类型的非关税壁垒，由于国家之间相互限制，服务贸易自由化发展遇到了巨大的挑战，迫切需要国际性的多边组织进行协调。

（二）发达国家成为积极推进服务贸易自由化的倡导者

20 世纪 70 年代，美国经济的支柱产业已经是服务业，美国在金融、保险、数据处理、专业服务、电信、影视娱乐等服务贸易领域都具备明显的优势。1972 年美国开始出现货物贸易逆差，其中部分逆差可以由服务贸易的顺差进行弥补。1979 年至 1982 年世界经济危机后，美国的经济增长缓慢。作为世界上最大的服务贸易出口国，美国期待能够打开其他国家的服务贸易市场，促进美国跨国公司开展服务业务，更大程度地弥补美国货物贸易逆差，带动国内经济增长。美国从 20 世纪 70 年代中后期就开始致力于将服务贸易纳入多边谈判中。1986 年 9 月，GATT 部长级会议的召开拉开了乌拉圭回合的序幕。美国代表强硬地提出将服务贸易纳入谈判议题。在美国的坚持下，服务贸易逐渐成为“乌拉圭回合”谈判的重要内容之一。欧盟起初也对美国的提议持怀疑态度，但发现欧共体的服务贸易出口量高于美国，欧盟也将在服务贸易自由化中获利，转而支持美国。

（三）发展中国家推进服务贸易自由化态度谨慎

当美国提出将服务贸易议题并入“乌拉圭回合”谈判时，绝大部分发展中国家都表示了疑虑和反对。发展中国家持谨慎态度的原因有很多：发展中国家在很多服务贸易部门基础薄弱，不具备竞争能力；本国服务行业经不起发达国家企业的激烈竞争，尤其是国内的幼稚行业，难以承受竞争压力；很多服务业还涉及国家的主权、机密和安全，开放服务市场将导致严重后果。随着发展中国家对服务贸易的认识进一步全面及面对发达国家要求推进贸易自由化的压力下，发展中国家坚决抵制服务贸易自由化的态度也开始有所改变。发展中国家也发现自身也有一些优势服务部门可以从国际服务贸易中获利，并意识到通过参与国际服务贸易谈判，争取谈判的主动权，可以为发展中国家争取利益。

二、服务贸易谈判的历程

（一）第一阶段：1986 年 10 月至 1988 年 11 月（谈判的初期阶段）

这一阶段谈判的重点主要围绕以下几个方面：服务贸易的定义与统计；服务贸易的原则和规则；服务贸易协定的范围；现行国际纪律与安排；促进或限制服务贸易发展的措施和做法等。

发展中国家希望着重讨论服务贸易的定义、统计适用范围和发展的问题，希望服务贸易的定义限制在居民与非居民的跨越国境的服务贸易活动，不考虑跨国公司内部的交易和金融、保险、咨询、法律等不需要跨越国境的服务交易。美国等发达国家坚持较为广泛的国际服务贸易定义，并且要求关注削减服务贸易壁垒。欧共体则建议不先设定谈判范围，而是根据情况需要采取多种不同的定义。

（二）第二阶段：1988 年 12 月至 1990 年 6 月（谈判的实质性阶段）

此阶段进入实质性的谈判阶段，发展中国家同意采取“双轨制”的方式并行谈判服务贸易与货物贸易。1988 年 12 月，加拿大的蒙特利尔中期部长级会议中各国不再纠缠服务贸易的定义，谈判重点集中在透明度、逐步自由化、国民待遇、最惠国待遇、市场准入、发展中国家更多参与、例外和保障条款以及国内规章等原则在服务部门的运用。1989 年 4 月，服务贸易工作组决定开始对电信和建筑部门进行审查，进而审查运输、旅游、金融和专业服务部门，开始了部门测试过程。为消除服务贸易谈判中的各种障碍，各国同意共同采纳一套服务贸易准则。1990 年 5 月，中国、印度、喀麦隆、埃及、肯尼亚、尼日利亚和坦桑尼亚七个发展中国家提交了“服务贸易多边框架原则与规则”提案，简称“亚非提案”。后来《服务贸易总协定》文本结构采纳了“亚非提案”的主张，承认成员方发展水平的差异，允许发展中国家做出很多保留和例外，反映了发展中国家的利益和要求。

（三）第三阶段：1990 年 7 月至 1993 年 12 月（谈判修改完善与达成阶段）

发达国家与发展中国家在开放与不开放服务部门的列举方式上出现了“正面

清单”和“负面清单”之争。美、加等发达国家要求采用“负面清单”的方式，各国将目前无法实施自由化原则的部门清单列在框架协议附录中作为保留，“负面清单”一旦列好，要求承诺一定期限内逐步减少不予开放的部门。“负面清单”遭到了发展中国家的反对，因为服务贸易的范围广泛且处在变化中，发展中国家很难预先将本国不能开放的部门全部列举出来。发展中国家要求采用“正面清单”的方式，各国列出开放部门的清单之后，可以随时增加开放部门的数量。《服务贸易总协定》文本采纳了发展中国家的主张，对市场准入和国民待遇等特定的义务按照“正面清单”的方式来确定，以避免使用“负面清单”方式可能导致的不可预见的后果。

1990 年 12 月布鲁塞尔部长级会议上，服务贸易谈判组对《服务贸易多边框架协议草案》进一步修订和完善，其中包含海运、内陆水运、公路运输、空运、基础电信、通信、劳动力流动、视听、广播、录音、出版等部门的草案附件。1991 年 4 月，服务贸易谈判围绕协定的框架、初步承诺表和部门附件三个方面进行磋商，最终确定了各国可将被选择部门的免除最惠国待遇义务的程度。1991 年 6 月服务贸易谈判组达成了《关于最初承担义务谈判准则》的协议，并对初步承诺进行了时间安排。

1991 年 12 月 20 日，关贸总协定总干事阿瑟·邓克尔提交了一份《实施乌拉圭回合多边贸易谈判成果的最终方案（草案）》，即著名的《邓克尔方案》。此后，服务贸易协定方案以《邓克尔方案》为基础进行讨论，主要围绕文本的定义问题及技术性修改问题进行磋商，从《邓克尔方案》的提出到“乌拉圭回合”结束的两年内，各国都在进行市场开放具体承诺的双边谈判。

1994 年 4 月 15 日，《服务贸易总协定》在摩洛哥马拉喀什正式签署。《服务贸易总协定》作为“乌拉圭回合”一揽子协议的重要组成部分和世界贸易组织对国际服务贸易秩序的管辖依据之一，于 1995 年 1 月 1 日与世界贸易组织成立同时生效。

第二节　《服务贸易总协定》的主要内容及评述

一、《服务贸易总协定》的框架内容

《服务贸易总协定》的主要内容共分为六个部分，分别包括范围和定义、一

般义务和纪律、具体承诺、逐步自由化、机构条款及最后条款（表 6－1）。其中，最后条款中的第 29 条附件中包含第二条豁免的附件、自然人流动的附件、空运服务的附件、金融服务的附件、金融服务的第二附件、海运服务谈判的附件、电信服务的附件、基础电信谈判的附件（表 6－2）。

除表 6－1 和表 6－2 的内容外，《服务贸易总协定》还包括各成员关于市场准入和国民待遇上的承诺细目表以及部长会议决定与谅解。

表 6－1 《服务贸易总协定》框架

序言	
第一部分 范围和定义	第 1 条 范围和定义
第二部分 一般义务和纪律	第 2 条 最惠国待遇
	第 3 条 透明度
	第 4 条 发展中国家的更多参与
	第 5 条 经济一体化
	第 5 条之二 劳动力市场一体化协定
	第 6 条 国内法规
	第 7 条 承认
	第 8 条 垄断和专营服务提供者
	第 9 条 商业惯例
	第 10 条 紧急保障措施
	第 11 条 支付和转移
	第 12 条 保障国际收支的限制
	第 13 条 政府采购
	第 14 条 一般例外
	第 14 条之二 安全例外
	第 15 条 补贴
第三部分 具体承诺	第 16 条 市场准入
	第 17 条 国民待遇
	第 18 条 附加承诺
第四部分 逐步自由化	第 19 条 具体承诺的谈判
	第 20 条 具体承诺减让表
	第 21 条 减让表的修改

（续表）

第五部分　机构条款	第 22 条　磋商
	第 23 条　争端解决与执行
	第 24 条　服务贸易理事会
	第 25 条　技术合作
	第 26 条　与其他国际组织的关系
第六部分　最后条款	第 27 条　利益的拒绝给予
	第 28 条　定义
	第 29 条　附件

资料来源：《服务贸易总协定》，1995，WTO

表 6－2　《服务贸易总协定》第 29 条附件

1	关于第二条豁免的附件
2	关于本协定项下提供服务的自然人流动的附件
3	关于空运服务的附件
4	关于金融服务的附件
5	关于金融服务的第二附件
6	关于海运服务谈判的附件
7	关于电信服务的附件
8	关于基础电信谈判的附件

资料来源：《服务贸易总协定》，1995，WTO

二、《服务贸易总协定》序言

《服务贸易总协定》序言中“认识到服务贸易对世界经济增长和发展日益增加的重要性”，阐述了协议的宗旨、目标和总原则等。具体内容如下：

希望建立一个服务贸易原则和规则的多边框架，以期在透明和逐步自由化的条件下扩大此类贸易，并以此为手段促进所有贸易伙伴的经济增长和发展中国家的发展。期望在给予国家政策目标应有尊重的同时，通过连续回合的多边谈判，在互利基础上促进所有参加方的利益，并保证权利和义务的总体平衡，以便早日实现服务贸易自由化水平的逐步提高。

认识到各成员为实现国家政策目标，有权对其领土内的服务提供进行管理和采用新的法规，同时认识到由于不同国家服务法规发展程度方面存在的不平衡，发展中国家特别需要行使此权利。期望便利发展中国家更多地参与服务贸易和扩大服务出口，特别是增强其国内服务能力、效率和竞争力。

序言同时特别提到对最不发达国家由于特殊的经济状况及其在发展、贸易和财政方面的需要而存在的严重困难应予以考虑。

三、《服务贸易总协定》的核心内容

（一）第一部分：范围和定义（第1条）

第一部分首先强调本协定适用于各成员影响服务贸易的措施。然后阐述了本协议所规定的服务贸易的定义：（1）自一成员领土向任何其他成员领土提供服务；（2）在一成员领土内向任何其他成员的服务消费者提供服务；（3）一成员的服务提供者通过在任何其他成员领土内的商业存在提供服务；（4）一成员的服务提供者通过在任何其他成员领土内的自然人存在提供服务。最后对"成员的措施""服务""行使政府职权时提供的服务"进行解释性说明，并指出"服务"包括任何部门的任何服务，但在行使政府职权时提供的服务除外。

此处服务贸易的定义既包含发展中国家倾向的"跨越国境的可贸易性的服务"，也包括"商业存在"这种形式提供的服务贸易，并且该定义倾向于把投资和移民排除在服务贸易之外，总的来说是一个较为广泛的服务贸易定义。

（二）第二部分：一般义务和纪律（第2～15条）

1. 最惠国待遇（第2条）

该条规定最惠国待遇指每一成员对于任何其他成员的服务和服务提供者，应立即和无条件地给予不低于其给予任何其他国家同类服务和服务提供者的待遇。其实质是为保证各成员方的服务和服务提供者处于同等的竞争条件。

最惠国待遇可有两种例外：（1）任何成员参与其相邻边境地区交换，并限于当地生产和消费的服务所提供或授予的权利。（2）一成员在谈判中可提出要求免除最惠国待遇义务的部门与措施，这种例外不应超过10年。

2. 透明度（第3条）

该条关于透明度的规定主要包括除紧急情况外，每一成员应迅速公布有关或影响本协定运用的所有普遍适用的措施，最迟应在此类措施生效之时。一成员为签署方的有关或影响服务贸易的国际协定也应予以公布。每一成员应迅速并至少每年向服务贸易理事会通知对本协定项下具体承诺所涵盖的服务贸易有重大影响的任何新的法律、法规、行政准则或现有法律、法规、行政准则的任何变更。每一成员还应设立一个或多个咨询点，以应请求就所有此类事项和通知要求的事项向其他成员提供具体信息。本协定同时强调任何规定不得要求任何成员提供一经披露即妨碍执法或违背公共利益或损害特定公私企业合法商业利益的机密信息。

3. 发展中国家的更多参与（第 4 条）

该条规定要求不同成员遵守协议相关规定，通过谈判达成相关具体承诺，以便利发展中国家成员更多地参与世界贸易。发达国家成员和在可能的限度内的其他成员，应在《WTO 协定》生效之日起 2 年内设立联络点，以便利发展中国家成员的服务提供者获得相关信息。鉴于最不发达国家的特殊经济状况及其发展、贸易和财政需要，对于其在接受谈判达成的具体承诺方面存在的严重困难应予特殊考虑。

4. 经济一体化（第 5 条）

该条规定不得阻止任何成员参加或达成在参加方之间实现服务贸易自由化的协定。如果所指类型协定的参加方为发展中国家，则应依照有关国家总体和各服务部门及分部门的发展水平，给予发展中国家较为灵活的政策。劳动力市场一体化协定要求不得阻止任何成员参加在参加方之间实现劳动力市场完全一体化的协定。

5. 国内法规（第 6 条）

该条主要涉及国内法规，主要包括以下内容：规定在已做出具体承诺的部门中，每一成员应保证所有影响服务贸易的普遍适用的措施以合理、客观和公正的方式实施；每一成员应维持或尽快设立司法、仲裁或行政庭和程序，在受影响的服务提供者请求下，对影响服务贸易的行政决定迅速进行审查，并在请求被证明合理的情况下提供适当的补救；对已做出具体承诺的服务，如提供此种服务需要得到批准，则一成员的主管机关应在根据其国内法律法规被视为完整的申请提交后一段合理时间内，将有关该申请的决定通知申请人；为保证有关资格要求和程序、技术标准和许可要求的各项措施不致构成不必要的服务贸易壁垒，服务贸易理事会应通过其可能设立的适当机构，制定任何必要的纪律；在已就专业服务做出具体承诺的部门，每一成员应规定适当程序，以核验任何其他成员专业人员的能力。

6. 承认（第 7 条）

该条的宗旨是期望各种职业条件的规定、标准和要求达成相互认可等。如为使服务提供者获得授权、许可或证明的标准或准则得以全部或部分实施，在遵守透明度条款要求的前提下，一成员可承认在特定国家已获得的教育或经历、已满足的要求，或已给予的许可或证明。

7. 垄断和专营服务提供者（第 8 条）

该条对垄断和专营服务提供者问题进行规范。如每一成员应保证在其领土内的任何垄断服务提供者在有关市场提供垄断服务时，不以与其在最惠国待遇条款和具体承诺下的义务不一致的方式行事。又如一成员的垄断提供者直接或通过附属公司参与其垄断权范围之外且受该成员具体承诺约束的服务提供的竞争，则该成员应保证该提供者不滥用其垄断地位在其领土内以与此类承诺不一致的方式行事。

8. 商业惯例（第 9 条）

该条认为服务提供者的某些商业惯例会抑制竞争，从而限制服务贸易。在任何其他成员请求下，每一成员应进行磋商，以期取消某些商业惯例。被请求的成员对此类请求应给予充分和积极的考虑，并应通过提供与所涉事项有关的、可公开获得的非机密信息进行合作。

9. 紧急保障措施（第 10 条）

该条规定应就紧急保障措施问题在非歧视原则基础上进行多边谈判，并对谈判结果的生效时间等进行具体的规定。

10. 支付和转移（第 11 条）

该条规定除特别情况外，一成员不得对与其具体承诺有关的经常项目交易的国际转移和支付实施限制。本协定的任何规定不得影响国际货币基金组织的成员在《基金组织协定》下的权利和义务。

11. 保障国际收支的限制（第 12 条）

该条规定如发生严重国际收支和对外财政困难或其威胁，一成员可对其已做出具体承诺的服务贸易，包括与此类承诺有关的交易的支付和转移，采取或维持限制。各方认识到，由于处于经济发展或经济转型过程中的成员在国际收支方面的特殊压力，可能需要使用限制措施，特别是保证维持实施其经济发展或经济转型计划所需的适当财政储备水平。如不属国际货币基金组织成员的一成员希望适用本条的规定，则部长级会议应制定审议程序和任何其他必要程序。

12. 政府采购（第 13 条）

该条规定部分条款（第 2 条、第 16 条和第 17 条）不得适用于管理政府机构为政府目的而购买服务的法律、法规或要求，此种购买不是为进行商业转售或为供商业销售而在提供服务过程中使用。在《WTO 协定》生效之日起 2 年内，应就本协定项下服务的政府采购问题进行多边谈判。

13. 一般例外（第 14 条）

该条规定：（1）本协定的任何规定不得解释为阻止任何成员采取或实施某些措施，如为保护公共道德或维护公共秩序所必需的措施、为保护人类、动物或植物的生命或健康所必需的措施等。（2）本协定的任何规定也不得用来解释某些行动或行为，如要求任何成员提供其认为如披露则会违背其根本安全利益的任何信息、阻止任何成员采取其认为对保护其根本安全利益所必需的任何行动等。

14. 补贴（第 15 条）

该条规定认为补贴可对服务贸易产生扭曲作用，各成员应进行谈判，以期制定必要的多边纪律，以避免补贴对服务贸易的扭曲作用。任何成员如认为受到另一成员补贴的不利影响，则可请求与该成员就此事项进行磋商。

（三）第三部分：具体承诺（第 16～18 条）

1. 市场准入（第 16 条）

该条规范了成员市场准入的问题。每一成员对任何其他成员的服务和服务提供者给予的待遇，不得低于其在具体承诺减让表中同意和列明的条款、限制和条件。在做出市场准入承诺的部门，除非在其减让表中另有列明，否则一成员不得在其一地区或在其全部领土内维持或采取数量配额、垄断、专营服务提供者的形式等限制措施。

2. 国民待遇（第 17 条）

该条要求每一成员在影响服务提供的所有措施方面给予任何其他成员的服务和服务提供者的待遇，不得低于其给予本国同类服务和服务提供者的待遇。

3. 附加承诺（第 18 条）

该条规定各成员可就影响服务贸易某些措施（指根据第 16 条或第 17 条不需列入减让表的措施）进行谈判，包括有关资格、标准或许可事项的措施。

（四）第四部分：逐步自由化（第 19～21 条）

1. 具体承诺的谈判（第 19 条）

本条首先要求为推行本协定的目标，各成员应不迟于《WTO 协定》生效之日起 5 年开始并在此后定期进行连续回合的谈判。此类谈判应针对减少或取消各种措施对服务贸易的不利影响，以此作为提供有效市场准入的手段。自由化进程的进行应适当尊重各成员的国家政策目标及其总体和各部门的发展水平。个别发展中国家成员应有适当的灵活性，以开放较少的部门，放开较少类型的交易，以符合其发展状况的方式逐步扩大市场准入。

其次对于每一回合应制定谈判准则和程序，服务贸易理事会应参照本协定的目标，对服务贸易进行总体的和逐部门的评估。谈判准则应为处理各成员自以往谈判以来自主采取的自由化和给予最不发达国家成员的特殊待遇制定模式。

本条最后强调各谈判回合均应通过旨在提高各成员在本协定项下所作具体承诺总体水平的双边、诸边或多边谈判，推进逐步自由化的进程。

2. 具体承诺减让表（第 20 条）

该条规定每一成员应在减让表中列出其做出的具体承诺。对于做出此类承诺的部门，每一减让表应列明：(1) 市场准入的条款、限制和条件；(2) 国民待遇的条件和资格；(3) 与附加承诺有关的承诺；(4) 在适当时，实施此类承诺的时限；(5) 此类承诺生效的日期。要求具体承诺减让表应附在本协定之后，并应成为本协定的组成部分。

3. 减让表的修改（第 21 条）

该条对各成员修改自己的承诺表进行规定。如一成员可依照本条的规定，在减让表中任何承诺生效之日起 3 年期满后的任何时间修改或撤销该承诺。要求修改成员应将其根据本条修改或撤销一承诺的意向，在不迟于实施修改或撤销的预定日期前 3 个月通知服务贸易理事会。服务贸易理事会应为更正或修改减让表制定程序。

（五）第五部分：机构条款（第 22～26 条）

1. 磋商（第 22 条）

该条规定每一成员应对任何其他成员可能提出的、关于就影响本协定运用的任何事项的交涉所进行的磋商给予积极考虑，并提供充分的机会，同时指出《争端解决谅解》适用于此类磋商。在一成员请求下，服务贸易理事会或争端解决机构可就磋商未能找到满意解决办法的任何事项与任何一个或多个成员进行磋商。

2. 争端解决和执行（第 23 条）

该条规定成员争端的解决和执行问题。如任何成员认为任何其他成员未能履行本协定项下的义务或具体承诺，则该成员为就该事项达成双方满意的解决办法可援用《争端解决谅解》。如服务贸易理事会认为情况足够严重有理由采取此类行动，则可授权一个或多个成员依照《争端解决谅解》中第 22 条对任何其他一个或多个成员中止义务和具体承诺的实施。

3. 服务贸易理事会（第 24 条）

该条指出服务贸易理事会应履行对其指定的职能，以便利本协定的运用，并促进其目标的实现。理事会可设立其认为对有效履行其职能适当的附属机构；指出一般情况下，理事会及其附属机构应供所有成员的代表参加，其中理事会主席应由各成员选举产生。

4. 技术合作（第 25 条）

该条提到需要此类援助的成员的服务提供者应可使用第 4 条（发展中国家的更多参与）中所指的咨询点的服务。给予发展中国家的技术援助应在多边一级由秘书处提供，并由服务贸易理事会决定。

5. 与其他国际组织的关系（第 26 条）

该条要求总理事会应就与联合国及其专门机构及其他与服务有关的政府间组织进行磋商和合作做出适当安排。

（六）第六部分：最后条款（第 27～29 条）

1. 利益的拒绝给予（第 27 条）

该条规定在哪些情况下可以拒绝本协议项下的利益。如对于一项服务的提供，如确定该服务是自或在一非成员或与该拒绝给予利益的成员不适用《WTO协定》的成员领土内提供的，可以拒绝给予。

2. 定义（第 28 条）

该条对“措施”“服务的提供”“各成员影响服务贸易的措施”“商业存在”等表述列出了具体的定义。如“商业存在”指任何类型的商业或专业机构，包括为提供服务而在一成员领土内组建、收购或维持一法人或创建或维持一分支机构或代表处。

3. 附件（第 29 条）

本条声明哪些附件是本协议的有机组成部分，具体包括表 6－2 中所列的附件。

四、《服务贸易总协定》的重要意义

自《服务贸易总协定》签署和实施以来，全球经济竞争的重点正从货物贸易转向服务贸易，服务贸易逐渐成为全球国际贸易的主流，服务贸易发展程度也成为衡量一个国家现代化水平的重要标志之一。《服务贸易总协定》的签订成为国际服务贸易发展中的一个重要里程碑，其重要意义主要体现在以下几个方面：

（一）为各成员方发展服务贸易提供共同遵守的国际规则

《服务贸易总协定》签署之前，服务贸易领域一直缺乏能够让大家共同遵守的国际规则。国际服务贸易的政策和规则协调一般依赖双边或区域协调，或者由行业协会主持协调。但是这种有关规则和政策的双边性及行业性的协调方式由于协调范围狭窄等原因，不能完全适用于国际服务贸易的发展趋势，甚至在一定程度上阻碍了国际服务贸易更大范围内的自由化，影响世界服务贸易的规模扩大。

“乌拉圭回合”关于服务贸易的多边谈判，一开始就充分借鉴了关税贸易总协定四十多年来在国际货物贸易谈判中积累的宝贵经验，并通过组织机构加以保证。《服务贸易总协定》的目的是希望建立一个服务贸易原则和规则的多边框架，以期在透明和逐步自由化的条件下扩大此类贸易，并以此为手段促进所有贸易伙伴的经济增长和发展中国家的发展。《服务贸易总协定》成为各成员方发展服务贸易需要共同遵守的国际规则。

（二）推进国际服务贸易自由化

由于科技水平和产业发展阶段不同，各国服务贸易的国际市场竞争力也不同。随着服务贸易规模不断地扩大，服务贸易影响的范围也越来越大，比如说影响就业、行业发展、外汇收支平衡等，甚至某些服务贸易领域还涉及国家的主权、安全等敏感领域。这导致国家和地区之间会设置限制性的非关税壁垒，并且可能会招致对方的报复性政策措施。贸易参与国之间相互限制，严重阻碍服务贸易的自由化的发展。

《服务贸易总协定》的基本精神就是促进服务贸易自由化，这主要体现在最惠国待遇、透明度、市场准入、国民待遇、发展中国家更多参与及逐步自由化原则上。《服务贸易总协定》为国际服务贸易的逐步自由化提供了体制上的安排与保证，促使各成员方不断地进行多边谈判，积极推进各国服务市场开放及发展中国家参与，促进全球服务贸易自由化发展。

（三）协调各成员方利益

《服务贸易总协定》采取了一般义务与特定义务分开规范的方式，这可以使成员方在国际服务贸易领域既遵守共同的原则和普遍的义务，又允许其根据本国或地区服务业和服务贸易发展的实际情况，设计本国或地区服务市场开放的步骤。这种规范方式有机统一了规则的原则性和灵活性，可以有效地推动各成员在具体服务部门谈判进入实质性阶段，有助于满足不同成员方的利益要求。

《服务贸易总协定》有助于发达国家通过比较优势扩大服务贸易出口，尤其是知识密集型及技术密集型服务贸易发展。同时，《服务贸易总协定》也积极促进发展中国家服务贸易增长，很多条款考虑到发展中国家的发展水平和客观需要。如 19 条中提到：自由化进程的进行应适当尊重各成员的国家政策目标及其总体和各部门的发展水平。个别发展中国家成员应有适当的灵活性，以开放较少的部门，放开较少类型的交易，以符合其发展状况的方式逐步扩大市场准入。

（四）促进各国在服务贸易方面的合作与交流

《服务贸易总协定》不仅有助于国际服务贸易的规模扩大，也将使得各成员方态度逐渐从服务市场保护转向开放，加强成员国之间的合作与交流。尤其是透明度条款和发展中国家更多参与条款中涉及信息披露、建立联系点的规定，有利于各成员方进行信息交流和技术转让。另外，定期谈判的制度也有助于成员方不断进行磋商和对话，使得成员方在国际服务贸易领域中采取积极合作的态度，从而客观上促进全球服务贸易的发展。

（五）有利于增加各方的外汇收入和平衡国际收支

《服务贸易总协定》有助于成员方扩大服务贸易出口，增加外汇收入。以美国为例，美国服务贸易的顺差可以部分弥补货物贸易的逆差，有助于美国外汇收支平衡。目前几个主要发达国家都在利用服务贸易获取外汇收入。《服务贸易总协定》里面有很多促进发展中国家参与的条款，发展中国家也可以积极地通过旅游业、运输业、劳务输出等赚取外汇收入，平衡国际收支。

关于服务贸易的谈判也在不断的深入和扩展中，《服务贸易总协定》本身也存在一些缺陷，如各国获益程度有明显差异、部分条款可能削弱了协定的效力、部分条款缺乏可操作性等。但是总体而言，《服务贸易总协定》有力地促进了国际服务贸易自由化的发展，并为未来的磋商与合作创造机会。

案例 6－1

美墨电信服务争端案

美墨电信服务贸易争端是第一个由 WTO 专家组做出裁决报告的服务贸易争端。2000 年 8 月 17 日，美国认为墨西哥的基础电信规则和增值电信规则违背了其在《服务贸易总协定》中的承诺，并因此要求就该争端进行磋商。2000 年 10 月 10 日和 2001 年 1 月 16 日，美墨双方进行了两次磋商，均未能达成共识。2002 年 4 月 1 日，专家组根据 DSU 第 6 款成立，并分别于 2003 年 11 月 21 日和 2004 年 4 月 2 日提交了中期报告和最终报告。

2004 年 6 月 1 日，美国和墨西哥经过再次磋商，正式接受了专家组 4 月 2 日提交的最终报告，并最终就本次电信服务争端达成协议。协议中，墨西哥同意废除本国法律中引起争议的条款，并同意在 2005 年引进用于转售的国际电信服务；美国同意墨西哥继续对国际简式电信服务进行严格限制以阻止非授权的电信传输。

［资料来源：屠新泉，彭程，孙威．《服务贸易争端第一案——美墨电信服务争端案》，《上海对外贸易学院学报》，2005（12）：35－39］

案例思考：

1.《服务贸易总协定》的内容主要包括什么？

2. 本案例中《服务贸易总协定》在解决服务贸易争端中的作用有哪些？

第三节　WTO 体制与国际服务贸易

总部设在瑞士日内瓦莱蒙湖畔的世界贸易组织（WTO）是一个独立于联合国的永久性国际贸易组织，在《关税与贸易总协定》（GATT）基础上于 1995 年 1 月 1 日正式开始运作。

一、WTO体制纳入GATS的特点

（一）协调范围的广泛性

WTO完整地继承了“乌拉圭回合”多边谈判产生的GATS，同时在组织机构上加以保证，使WTO成员方有了一个共同认可和可供遵循的关于服务贸易的国际规则，这使得WTO体制纳入GATS后WTO协调范围更具广泛性。

视频6-1 WTO体制与国际服务贸易

（二）制度安排的一致性

从GATS的谈判过程和最终的文本来看，其宗旨和基本原则都与世界贸易组织所倡导的主旨保持了一致，都围绕着自由化的进程做出制度上的安排，其中一些如最惠国待遇、国民待遇、透明度等条款本身就是WTO基本原则的直接延伸和引用，这将减少各种规则的冲突，保障了制度安排的一致性。

（三）调解争端的权威性

《服务贸易总协定》（GATS）、《货物贸易多边协定》（MATG）及《与贸易有关的知识产权协议》（TRIPS）一起构成了世贸组织（WTO）框架内世界贸易体制的三大支柱。按照建立《世界贸易组织协定》中要求的“一揽子加入”程序，成员在加入WTO的同时，一并加入包括GATS在内的所有的多边协议。因此，成员除了要遵守WTO本身的一些规定和要求外，还要遵守包括GATS在内的所有多边协议的规定，因此WTO在调解成员各项争端方面具有较高的权威性。

二、WTO体制下的国际服务贸易自由化

服务贸易自由化是GATS中明确的宗旨。WTO体制下服务贸易自由化主要是通过最惠国待遇、国民待遇、透明度、市场准入、发展中成员方的更多参与及逐步自由化六个方面来推动。

（一）最惠国待遇

GATS规定最惠国待遇指每一成员对于任何其他成员的服务和服务提供者，应立即和无条件地给予不低于其给予任何其他国家同类服务和服务提供者的待遇。其实质是为保证各成员方的服务和服务提供者处于同等的竞争条件。

（二）国民待遇

GATS要求每一成员在影响服务提供的所有措施方面给予任何其他成员的

服务和服务提供者的待遇，不得低于其给予本国同类服务和服务提供者的待遇。

（三）透明度

GATS规定除紧急情况外，每一成员最迟应在此类措施生效之时公布有关或影响本协定运用的所有普遍适用的措施。一成员为签署方的有关或影响服务贸易的国际协定也应予以公布。每一成员应迅速并至少每年向服务贸易理事会通知对本协定项下具体承诺所涵盖的服务贸易有重大影响的任何新的法律、法规、行政准则或现有法律、法规、行政准则的任何变更。每一成员还应设立一个或多个咨询点，以应请求就所有此类事项和通知要求的事项向其他成员提供具体信息。

（四）市场准入

GATS要求每一成员对任何其他成员的服务和服务提供者给予的待遇，不得低于其在具体承诺减让表中同意和列明的条款、限制和条件。在做出市场准入承诺的部门，除非在其减让表中另有列明，否则一成员不得在其一地区或在其全部领土内维持或采取数量配额、垄断、专营服务提供者的形式等限制措施。如果一成员在其细目表上提供了不止一种准入渠道，那么其他成员服务提供者可以自由选择其愿意的渠道。

（五）发展中成员方的更多参与

发展中国家的服务业发展比较落后，服务贸易竞争力较低，考虑到发展中国家的实际困难，GATS规定了鼓励发展中国家更多参与的条款。GATS要求成员通过谈判达成便利发展中国家成员更多地参与世界贸易具体承诺。发达国家成员和在可能的限度内的其他成员，应积极设立联络点，以便利发展中国家成员的服务提供者获得相关信息。鉴于最不发达国家的特殊经济状况及其发展、贸易和财政需要，对于其在接受谈判达成的具体承诺方面存在的严重困难应予特殊考虑。

（六）逐步自由化

国际服务贸易的自由化需要逐步推进，不能一蹴而就。尤其是对于发展中国家而言，不可能短时间内完全开放服务市场。GATS规定成员应就逐步自由化的具体承诺定期进行连续回合的谈判，自由化进程的进行应适当尊重各成员的国家政策目标及其总体和各部门的发展水平。个别发展中国家成员应有适当的灵活性，开放较少的部门，放开较少类型的交易，以符合其发展状况的方式逐步扩大市场准入。

案例 6-2

中国入世关于保险及其相关服务的部分承诺

2001 年 11 月 20 日，世贸组织总干事迈克尔·穆尔致函世贸组织成员，宣布中国政府已于 2001 年 11 月 11 日接受《中国加入世贸组织议定书》，这个议定书将于 12 月 11 日生效，中国将于同日正式成为世贸组织成员。

中国入世关于服务贸易中保险及其相关服务的部分承诺内容如下：(1) 可以跨境交付的服务包括：再保险；国际海运、空运和运输保险；大型商业险经纪、国际海运、空运和运输保险经纪，及再保险经纪。中国对其他服务不作跨境交付方面的承诺。(2) 外商在中国设立外资保险企业的形式和外资股比限制：自入世时起，允许外国非寿险公司设立分公司或合资企业，外资可占 51%。入世后 2 年内，允许外国非寿险公司设立外资独资子公司，取消企业形式限制等。(3) 外国保险公司在中国开展业务的地域范围限制：自入世时起，允许外国寿险和非寿险公司及保险经纪公司在上海、广州、大连、深圳和佛山提供服务。入世后 2 年内，允许外国寿险、非寿险公司及保险经纪公司在下列城市提供服务：北京、成都、重庆、福州、苏州、厦门、宁波、沈阳、武汉和天津。入世后 3 年内，将取消地域限制。

（资料来源：http：//www.mofcom.gov.cn/aarticle/Nocategory/200612/20061204000376.html）

案例思考：

1. 查找并了解中国入世关于服务贸易方面的其他承诺。

2. 中国加入世贸组织关于服务贸易的承诺对中国服务贸易自由化发展的影响。

三、WTO 关于服务贸易谈判的最新发展

视频 6-2　WTO 关于服务贸易谈判的最新进展

WTO 成员通过部长级会议及其他各类会议持续进行服务贸易磋商和谈判，以下是 2010 年之后 WTO 服务贸易谈判最新发展。

WTO 第八届部长级会议于 2011 年 12 月 15—17 日在瑞士日内瓦召开。12 月 17 日，各成员贸易部长全体通过了一项豁免权，允许 WTO 成员偏离最惠国

待遇原则的条件，给予最不发达国家更加宽松的服务贸易市场准入条件。

最惠国待遇是GATS所规定的一般义务和纪律，要求成员对来自所有其他成员方的服务或服务提供者都要一视同仁。为了照顾最不发达国家的特殊情况，部长级会议决议允许WTO成员暂时和有条件地背离GATS最惠国待遇原则，给予最不发达国家的服务或服务提供者更加优惠的市场准入机会等。

此项“豁免决议”主要有以下特点：（1）程序要求。根据“豁免决议”第1段，成员方可给予最不发达国家服务和服务提供者更优惠的市场准入条件或其他优惠待遇，但在程序上有所差别：GATS市场准入条款下所列的措施只需履行通报义务；而GATS市场准入条款以外的措施则需事先得到服务贸易理事会的允许。（2）对所有最不发达国家必须一视同仁。（3）此豁免决议的有效期为15年。需要注意的是“豁免决议”只是在法律上对成员为最不发达国家提供优惠的待遇提供了可能，但实践效果有待进一步考察。

第十届部长级会议于2015年12月15－19日在肯尼亚内罗毕举行。会议注意到2008年严重经济和金融危机后的复苏缓慢且不平衡，导致近年来全球经济增长低迷、不平等加剧、失业严重以及国际贸易增长明显放缓，认为国际贸易在推动所有成员实现可持续、强劲和平衡增长方面能发挥作用。会议决定在优惠原产地规则、服务豁免等方面切实给予最不发达国家优惠待遇。

第十一届部长级会议于2017年12月10－13日在布宜诺斯艾利斯举行，相当数量的世贸组织成员共同发表了关于服务贸易国内规制的联合声明。2021年12月2日，世贸组织67个成员共同发表了《关于完成服务贸易国内规制谈判的宣言》，因此由服务贸易国内规制联合声明倡议的谈判顺利完成。《关于完成服务贸易国内规制谈判的宣言》包含正文、附件一（《服务贸易国内规制参考文件》）和附件二（《各成员承诺减让表》）。服务贸易国内规制联合声明倡议所包含的成员方将覆盖全球90%的服务贸易，在正式完成相关核准程序后，将极大改善营商环境，大大减少烦琐程序，有利于削减贸易成本。

第十二届部长会议于2022年6月12－27日在日内瓦举行。会议继续强调以WTO为核心的、以规则为基础的非歧视、开放、公平、包容、公正和透明的多边贸易体制。会议强调服务贸易对全球经济至关重要，其在全球经济产出和就业方面能够发挥重要作用。全球新冠疫情也显示出服务的重要性，对服务贸易和服务部门产生了重要影响，特别是对包含最不发达国家的发展中国家。会议强调，要设法恢复那些受疫情影响严重的服务，同时考虑各成员所遇到的挑战和机遇。有必要促进包括最不发达国家在内的发展中国家的更多参与，特别关注对这些国家具有出口利益的部门和提供方式。

会议发表的《关于世界贸易组织新冠肺炎疫情应对和未来疫情应对准备的部

长宣言》强调了服务在保证新冠疫情和未来疫情期间保持韧性的关键作用；提到物流和货物运输在新冠肺炎疫苗相关产品的生产和分配过程中的重要作用；指出健康服务及信息通信技术服务作为便利服务贸易极为重要。疫情对成员的服务部门及服务贸易有重大影响，强调跨部门和跨提供方式的服务贸易对支持成员经济复苏的重要性，尤其指出旅游业受到新冠疫情冲击巨大，特别是依赖旅游业的经济体中，成员之间需要加强合作与对话。

本章自主学习指导

1. 学习重点如下：

（1）GATS 的重要意义。

（2）WTO 纳入 GATS 后的特点。

（3）WTO 体制下，服务贸易自由化主要从哪几个方面推进。

2. 请查找 WTO 关于服务贸易的最新磋商进展，更好地理解 GATS 的相关条款。

第七章

主要经济体的服务贸易

1. 了解相关国家和地区的国际服务贸易发展基本情况及分析方法。
2. 能够自行搜集不同国家和地区相关数据并进行分析。

第一节　发达经济体的服务贸易

视频 7－1　美国服务贸易及竞争力

一、美国的服务贸易

美国是全球最大的服务贸易出口国和进口国，服务贸易竞争优势明显。美国服务贸易出口大于进口，服务贸易顺差持续保持全球排名第一。

（一）美国服务贸易总量分析

1. 美国服务贸易排名

以 2021 年数据为例，由表 7－1 及表 7－2 可以看出美国是名副其实的服务贸易出口和进口排名第一的国家，尤其是服务贸易出口领先优势明显，是排名第二位英国的 1.90 倍，是第十名日本的 4.73 倍。

表 7－1　2021 年世界服务贸易出口排名

排名	出口国家或地区	金额（十亿美元）	增长（%）
1	美国	795	9.5
2	英国	418	8.2
3	中国	392	39.8
4	德国	377	21.4
5	爱尔兰	338	21.2
6	法国	303	19
7	荷兰	248	10.4
8	印度	241	18.5
9	新加坡	230	9.6
10	日本	168	3.6

表 7－2　2021 年世界服务贸易进口排名

排名	进口国家或地区	金额（十亿美元）	增长（%）
1	美国	550	17.9
2	中国	441	15.8
3	德国	381	22.5
4	爱尔兰	341	－2.3
5	法国	258	9.5
6	英国	243	14.7
7	荷兰	237	11.1
8	新加坡	224	9.7
9	日本	207	5.2
10	印度	196	27.5

2. 美国服务贸易总量及占比

从表 7－3 中可以看出美国服务贸易出口总额从 2013 年的 7194 亿美元不断上

升到2019年的8912亿美元，2020年出现下降，降至7264亿美元，2021年回升至7953亿美元。美国服务贸易出口占世界服务贸易出口的比重在13.10%至15.39%之间波动变化，占比最大值出现在2016年，最小值出现在2021年。美国服务贸易进口总额从2013年的4657亿美元波动变化至2021年的5500亿美元，2013—2021年服务贸易进口占世界服务贸易进口的比重在9.51%至10.41%之间。

表7-3 美国服务贸易出口、进口总额及占世界服务贸易比重

（单位：亿美元）

年份	2013	2014	2015	2016	2017	2018	2019	2020	2021
出口总额	7194	7571	7694	7834	8375	8655	8912	7264	7953
进口总额	4657	4911	4983	5131	5485	5654	5936	4665	5500
出口占比（%）	14.71	14.43	15.35	15.39	15.12	14.18	14.17	14.03	13.10
进口占比（%）	9.85	9.53	10.17	10.41	10.27	9.72	9.84	9.51	9.78

资料来源：联合国贸易与发展会议数据库整理计算而得（注：出口占比＝服务贸易出口/世界服务贸易出口；进口占比＝服务贸易进口/世界服务贸易进口）

3. 美国服务贸易差额

2013—2021年美国服务贸易一直是顺差，而且是全球顺差最大的国家，但是美国货物贸易一直是逆差，也是全球货物贸易逆差最大的国家。由表7-4可以看出，2013—2019年美国服务贸易顺差可以弥补货物贸易逆差的1/3左右，2020和2021年该比例有所下降。整体而言，美国服务贸易的顺差可以在一定程度上弥补部分货物贸易逆差，有助于减少美国贸易赤字。

表7-4 美国服务贸易差额及占货物贸易差额比重

（单位：亿美元）

年份	2013	2014	2015	2016	2017	2018	2019	2020	2021
服务贸易差额	2537	2660	2711	2703	2890	3002	2976	2599	2452
货物贸易差额	−7495	−7920	−8127	−7991	−8622	−9502	−9243	−9820	−11810
服务差额占货物差额比重（%）	33.8	33.6	33.4	33.8	33.5	31.6	32.2	26.5	20.8

资料来源：联合国贸易与发展会议数据库整理计算而得

（二）美国服务贸易结构分析

1. 美国服务贸易出口结构

表7-5为美国服务贸易部门出口总额情况，由此表可以计算出表7-6，即

美国服务贸易部门出口占比情况。从中可以看出：

（1）2013—2021 年美国运输服务出口占比在 7.9%～12.5%，最高占比出现在 2013 年，最低占比出现在 2020 年。2013—2019 年美国旅游服务出口占比在 22.3%～25.0%，但是 2020 年与 2021 年大幅下降，分别仅有 10.0% 和 8.8%。

（2）2013—2019 年其他服务出口比重在 61.4%～64.3%，2020 年及 2021 年大幅上涨，分别达到 80.3%和 81.3%。

（3）从其他服务包含的具体部门来看，以 2021 年为例，出口占比最高的是其他商业服务（27.3%），后面依次为金融服务（21.6%），知识产权使用费（15.7%），通信、计算机和信息服务（7.5%）等。

表 7-5　美国服务贸易部门出口额　（单位：亿美元）

年份	2013	2014	2015	2016	2017	2018	2019	2020	2021
服务贸易总额	7194	7571	7694	7834	8375	8655	8912	7264	7953
与货物有关的服务	157	180	198	216	232	280	277	132	125
运输服务	900	907	844	818	863	931	911	572	658
旅游服务	1710	1803	1926	1929	1965	2007	1990	725	702
其他服务	4427	4681	4725	4872	5314	5437	5735	5836	6468
建筑服务	22	21	28	17	21	28	32	24	31
保险服务	157	166	158	167	190	191	186	203	227
金融服务	1098	1199	1157	1172	1317	1363	1425	1510	1717
知识产权使用费	1138	1164	1112	1130	1181	1148	1225	1156	1246
通信、计算机和信息服务	363	386	414	431	477	492	557	565	598
其他商业服务	1222	1322	1414	1531	1673	1765	1862	1950	2174
个人、文化和娱乐服务	209	226	242	236	257	227	222	208	239
政府服务	219	197	201	188	199	221	225	220	234

资料来源：联合国贸易与发展会议数据库整理

表 7－6　美国服务贸易部门出口占比

年份	2013	2014	2015	2016	2017	2018	2019	2020	2021
服务贸易总额（%）	100	100	100	100	100	100	100	100	100
与货物有关的服务（%）	2.2	2.4	2.6	2.8	2.8	3.2	3.1	1.8	1.6
运输服务（%）	12.5	12.0	11.0	10.4	10.3	10.8	10.2	7.9	8.3
旅游服务（%）	23.8	23.8	25.0	24.6	23.5	23.2	22.3	10.0	8.8
其他服务（%）	61.5	61.8	61.4	62.2	63.5	62.8	64.3	80.3	81.3
建筑服务（%）	0.3	0.3	0.4	0.2	0.2	0.3	0.4	0.3	0.4
保险服务（%）	2.2	2.2	2.0	2.1	2.3	2.2	2.1	2.8	2.9
金融服务（%）	15.3	15.8	15.0	15.0	15.7	15.7	16.0	20.8	21.6
知识产权使用费（%）	15.8	15.4	14.4	14.4	14.1	13.3	13.7	15.9	15.7
通信、计算机和信息服务（%）	5.0	5.1	5.4	5.5	5.7	5.7	6.3	7.8	7.5
其他商业服务（%）	17.0	17.5	18.4	19.5	20.0	20.4	20.9	26.8	27.3
个人、文化和娱乐服务（%）	2.9	3.0	3.1	3.0	3.1	2.6	2.5	2.9	3.0
政府服务（%）	3.0	2.6	2.6	2.4	2.4	2.6	2.5	3.0	2.9

资料来源：联合国贸易与发展会议数据库整理计算而得

2. 美国服务贸易进口结构

表 7－7 为美国服务贸易部门进口额情况，由此表可以计算出表 7－8，即美国服务贸易部门进口占比情况，从中可以看出：

（1）传统服务业中，2013—2021 年美国运输贸易的进口占比在 15.6%～20.3%，最低值出现在 2020 年，2021 年有所恢复，达到 19.1%。2013—2019 年，美国旅游进口占比在 19.6%～22.3%，2020 年及 2021 年进口占比大幅下降，分别是 7.3%和 10.3%。

（2）2013—2019 年其他服务进口占比在 56.9%～59.7%，2020 年明显上升，达到 75.8%，2021 年有所下降，但仍高达 69.1%。

（3）就其他服务的具体部门分类来看，2021 年中其他商业服务进口占比最高，达到 23.6%，其次为保险服务（10.8%），金融服务（9.0%），知识产权使用费（7.9%），通信、计算机和信息服务（7.8%）等。

表 7-7　美国服务贸易部门进口额　　（单位：亿美元）

年份	2013	2014	2015	2016	2017	2018	2019	2020	2021
服务贸易总额	4657	4911	4983	5131	5485	5654	5936	4665	5500
与货物有关的服务	67	67	81	76	68	74	87	62	80
运输服务	944	998	996	924	965	1104	1128	728	1053
旅游服务	911	962	1027	1092	1179	1257	1323	342	569
其他服务	2735	2883	2880	3039	3272	3219	3398	3534	3799
建筑服务	26	23	30	18	20	31	14	11	15
保险服务	529	529	503	528	533	438	512	577	594
金融服务	293	328	327	331	380	413	444	453	495
知识产权使用费	353	376	352	420	444	427	423	477	433
通信、计算机和信息服务	359	385	388	397	431	417	428	397	431
其他商业服务	840	907	951	1005	1070	1074	1125	1130	1296
个人、文化和娱乐服务	82	93	114	125	175	188	213	243	283
政府服务	253	242	215	215	220	230	240	246	251

资料来源：联合国贸易与发展会议数据库整理

表 7-8　美国服务贸易部门进口占比

年份	2013	2014	2015	2016	2017	2018	2019	2020	2021
服务贸易总额（%）	100	100	100	100	100	100	100	100	100
与货物有关的服务（%）	1.4	1.4	1.6	1.5	1.2	1.3	1.5	1.3	1.5
运输服务（%）	20.3	20.3	20.0	18.0	17.6	19.5	19.0	15.6	19.1
旅游服务（%）	19.6	19.6	20.6	21.3	21.5	22.2	22.3	7.3	10.3
其他服务（%）	58.7	58.7	57.8	59.2	59.7	56.9	57.2	75.8	69.1

（续表）

年份	2013	2014	2015	2016	2017	2018	2019	2020	2021
建筑服务（%）	0.6	0.5	0.6	0.3	0.4	0.5	0.2	0.2	0.3
保险服务（%）	11.4	10.8	10.1	10.3	9.7	7.7	8.6	12.4	10.8
金融服务（%）	6.3	6.7	6.6	6.5	6.9	7.3	7.5	9.7	9.0
知识产权使用费（%）	7.6	7.6	7.1	8.2	8.1	7.6	7.1	10.2	7.9
通信、计算机和信息服务（%）	7.7	7.8	7.8	7.7	7.9	7.4	7.2	8.5	7.8
其他商业服务（%）	18.0	18.5	19.1	19.6	19.5	19.0	19.0	24.2	23.6
个人、文化和娱乐服务（%）	1.8	1.9	2.3	2.4	3.2	3.3	3.6	5.2	5.1
政府服务（%）	5.4	4.9	4.3	4.2	4.0	4.1	4.0	5.3	4.6

资料来源：联合国贸易与发展会议数据库整理计算而得

（三）美国服务贸易竞争力分析

国际服务贸易竞争力指标类型较多，这里主要采用以下三种指标来分析，分别是国际市场占有率、贸易竞争力指数及显示比较优势指数。

1. 国际市场占有率分析

国际市场占有率是一国服务贸易出口在世界市场上占有的份额，是衡量一个国家服务贸易国际地位的重要指标，国际市场占有率数值越高则竞争力越强。

$$国际市场占有率=\frac{某国出口额}{世界出口总额}\times 100\%。$$

表 7－9 为 2013—2021 年美国服务贸易出口国际市场占有率，美国服务贸易出口总额的国际市场占有率在 13.099%～15.389%之间。不过从时间序列看，2016 年达到最高占比之后呈现逐渐下降的趋势，尤其是 2021 年只有 13.099%，整体竞争力逐渐减弱，但是美国服务贸易出口的国际市场占有率总体依然稳居世界第一。

以 2021 年为例，美国国际市场占有率达到 30%以上的有政府服务（30.272%）；国际市场占有率达到 20%以上的有知识产权使用费（27.561%），金融服务（27.240%），个人、文化和娱乐服务（23.128%）；国际市场占有率达到 10%以上的有其他商业服务（13.624%）、保险服务（12.387%）及旅游服务（11.421%）；占比10%以下的依次有通信、计算机和信息服务（6.671%）、与货物有关的服务（5.845%）、运输服务（5.680%）、建筑服务（3.044%）。由此可见，美国很多部门都具有非常强的国际竞争力，国际竞争力相对最低的建筑服务国际市场占有率也达到了3.044%。

表7-9　2013—2021年美国服务贸易出口国际市场占有率

年份	2013	2014	2015	2016	2017	2018	2019	2020	2021
服务贸易总额（%）	14.707	14.426	15.355	15.389	15.120	14.177	14.167	14.025	13.099
与货物有关的服务（%）	10.076	10.870	12.129	12.590	12.334	12.657	12.308	6.894	5.845
运输服务（%）	9.588	9.168	9.423	9.502	9.141	8.984	8.750	6.680	5.680
旅游服务（%）	14.221	14.398	15.988	15.638	14.769	13.967	13.493	13.101	11.421
其他服务（%）	17.062	16.477	17.199	17.249	17.274	15.943	16.157	16.309	15.835
建筑服务（%）	2.283	1.944	2.929	1.931	1.954	2.386	2.879	2.619	3.044
保险服务（%）	12.402	12.298	13.098	13.091	14.548	13.439	13.217	12.579	12.387
金融服务（%）	24.238	25.237	25.275	25.572	26.680	25.826	26.700	26.931	27.240
知识产权使用费（%）	37.640	34.721	33.429	31.893	30.637	27.265	27.756	29.221	27.561
通信、计算机和信息服务（%）	8.652	8.136	8.616	8.802	8.910	7.744	8.026	7.523	6.671
其他商业服务（%）	11.637	11.486	12.897	13.339	13.510	12.964	13.065	13.701	13.624
个人、文化和娱乐服务（%）	32.929	32.981	34.859	33.246	32.105	26.820	24.796	24.024	23.128
政府服务（%）	29.224	26.245	27.644	26.840	27.514	28.642	28.646	30.081	30.272

资料来源：联合国贸易与发展会议数据库整理计算而得

2. 贸易竞争力指数（TC指数）分析

贸易竞争力指数（TC指数）是一国进出口贸易的差额占进出口贸易总额的比重。TC指数又称为比较优势指数（CAI）或可比净出口指数（NTB），该指数可用于分析国际分工状况及行业的竞争优势状况。

$$X_i=\frac{E_i-I_i}{E_i+I_i} \quad (-1\leqslant X_i\leqslant 1)$$

其中 Xi 代表贸易竞争力指数，E_i 代表产品 i 的出口总额，I_i 代表产品 i 的进口总额。

贸易竞争力指数的取值范围 [−1，1]，TC 指数越接近零，竞争优势越接近平均水平；TC 指数越接近于 1，竞争力越强，反之竞争力越弱。当 $Xi=-1$ 时，则表明该国 i 类商品全部都是进口，出口为零；如果 $Xi=1$，表明该国的 i 类商品进口为零，全部为出口。

美国服务贸易总额的 TC 指数整体为正值，TC 指数介于 0.182 与 0.218 之间，整体竞争力明显高于世界平均水平，具有很强的国际竞争力。2021 年各具体部门的 TC 指数中，仅有 4 个服务部门 TC 指数小于 0，国际竞争力低于世界平均水平，分别是保险服务（−0.447），运输服务（−0.231），个人、文化和娱乐服务（−0.084），政府服务（−0.035）。其他 TC 指数为正的部门，由高到低依次为金融服务（0.552），知识产权使用费（0.484），建筑服务（0.348），其他商业服务（0.253），与货物有关的服务（0.220），通信、计算机和信息服务（0.162）及旅游服务（0.105），这些服务中 TC 指数越高，国际竞争力越强。

表 7－10　2013—2021 年美国服务贸易 TC 指数

年份	2013	2014	2015	2016	2017	2018	2019	2020	2021
服务贸易总额	0.214	0.213	0.214	0.208	0.209	0.210	0.200	0.218	0.182
与货物有关的服务	0.402	0.457	0.419	0.479	0.547	0.582	0.522	0.361	0.220
运输服务	−0.024	−0.048	−0.083	−0.061	−0.056	−0.085	−0.106	−0.120	−0.231
旅游服务	0.305	0.304	0.304	0.277	0.250	0.230	0.201	0.359	0.105
其他服务	0.236	0.238	0.243	0.232	0.238	0.256	0.256	0.246	0.260
建筑服务	−0.083	−0.045	−0.034	−0.029	0.024	−0.051	0.391	0.371	0.348
保险服务	−0.542	−0.522	−0.522	−0.519	−0.474	−0.393	−0.467	−0.479	−0.447
金融服务	0.579	0.570	0.559	0.560	0.552	0.535	0.525	0.538	0.552
知识产权使用费	0.526	0.512	0.519	0.458	0.454	0.458	0.487	0.416	0.484

（续表）

年份	2013	2014	2015	2016	2017	2018	2019	2020	2021
通信、计算机和信息服务	0.006	0.001	0.032	0.041	0.051	0.083	0.131	0.175	0.162
其他商业服务	0.185	0.186	0.196	0.207	0.220	0.243	0.247	0.266	0.253
个人、文化和娱乐服务	0.436	0.417	0.360	0.307	0.190	0.094	0.021	−0.078	−0.084
政府服务	−0.072	−0.103	−0.034	−0.067	−0.050	−0.020	−0.032	−0.056	−0.035

资料来源：联合国贸易与发展会议数据库整理计算而得

3. 显示比较优势指数（RCA）分析

显示比较优势指数（RCA）指在某国市场上，从本国出口的某种产品占该产品出口总额的比重，与世界该产品出口占世界出口总额的比重。这个计算公式为：

$$RCA_{ij}=\frac{X_{ij}/X_{it}}{X_{wj}/X_{wt}}$$

其中RCA_{ij}代表i国j类产品的显示比较优势指数，X_{ij}代表i国j类产品的出口总额，X_{it}代表i国出口总额，X_{wj}代表世界j类产品的出口总额，X_{wt}代表世界出口总额。

显示比较优势指标（RCA）反映贸易结构与贸易依存度状况。一般认为，RCA指标大于2.50，该产业具有很强的竞争优势；如果RCA指标在1.25到2.5之间，表明该产业的国际竞争力较强；如果指标在0.8到1.25之间，该产业国际竞争力具有一般水平；如果RCA小于0.8，表示该产业国际竞争力较弱。

由美国RCA指数看出，2013—2021年，服务贸易总额RCA指数均高于1.25，整体具有较好的国际竞争力。具体各部门来看，以2021年为例，大于2.5的服务部门依次有政府服务（3.444）、知识产权使用费（3.070）、金融服务（3.034）与个人、文化和娱乐服务（2.576），这些服务部门具有很强的国际竞争力；指数在1.25～2.5的依次有其他商业服务（1.518）、保险服务（1.380）、旅游服务（2.272），具有较好的国际竞争力。其他服务部门RCA指数均低于0.8，国际竞争力较弱。

表 7－11　2013—2021 年美国服务贸易 RCA 指数

年份	2013	2014	2015	2016	2017	2018	2019	2020	2021
服务贸易总额	1.525	1.471	1.457	1.455	1.477	1.438	1.415	1.488	1.459
与货物有关的服务	1.045	1.109	1.151	1.190	1.204	1.284	1.229	0.732	0.651
运输服务	0.994	0.935	0.894	0.898	0.893	0.911	0.874	0.709	0.633
旅游服务	1.474	1.468	1.518	1.479	1.442	1.417	1.347	1.390	1.272
建筑服务	0.237	0.198	0.278	0.183	0.191	0.242	0.287	0.278	0.339
保险服务	1.286	1.254	1.243	1.238	1.421	1.363	1.320	1.335	1.380
金融服务	2.513	2.574	2.399	2.418	2.606	2.619	2.666	2.858	3.034
知识产权使用费	3.902	3.541	3.173	3.016	2.992	2.765	2.771	3.101	3.070
通信、计算机和信息服务	0.897	0.830	0.818	0.832	0.870	0.785	0.801	0.798	0.743
其他商业服务	1.206	1.171	1.224	1.261	1.319	1.315	1.304	1.454	1.518
个人、文化和娱乐服务	3.414	3.363	3.309	3.143	3.135	2.720	2.476	2.549	2.576
政府服务	2.891	3.071	3.159	3.186	3.470	2.984	2.822	3.018	3.444

资料来源：联合国贸易与发展会议数据库整理计算而得

二、法国的服务贸易

（一）法国服务贸易总量分析

2021 年法国服务贸易出口排世界第六位，进口排世界第五位。从表 7－12 中可以看出法国服务贸易出口总额从 2013 年的 2541.90 亿美元波动变化到 2021 年的 3030.28 亿美元。2013—2021 年法国服务贸易出口占世界服务贸易出口的比重在 4.71％～5.21％之间波动变化，占比最大值出现在 2014 年，最小值出现在 2019 年。法国服务贸易进口总额从 2013 年的 2281.39 亿美元波动变化至 2021 年的 2582.99 亿美元，2013—2021 年服务贸易进口占世界服务贸易进口的比重在 4.47％～4.91％。从贸易差额看，法国服务贸易一直是顺差，2021 年顺差达到最大，为 447.29 亿美元。

表 7－12　法国服务贸易出口、进口总额及占世界服务贸易比重

（单位：亿美元）

年份	2013	2014	2015	2016	2017	2018	2019	2020	2021
出口总额	2541.90	2732.08	2557.11	2591.79	2744.35	3027.35	2962.77	2546.32	3030.28
进口总额	2281.39	2529.64	2334.13	2367.93	2468.17	2739.87	2694.14	2358.62	2582.99
出口占比（%）	5.20	5.21	5.10	5.09	4.95	4.96	4.71	4.92	4.99
进口占比（%）	4.82	4.91	4.76	4.80	4.62	4.71	4.47	4.81	4.59
贸易差额	260.51	202.44	222.98	223.86	276.18	287.48	268.63	187.70	447.29

资料来源：联合国贸易与发展会议数据库整理计算而得（注：出口占比＝服务贸易出口/世界服务贸易出口；进口占比＝服务贸易进口/世界服务贸易进口）

（二）法国服务贸易结构分析

1. 法国服务贸易出口结构

表 7－13 为法国服务贸易部门出口额情况，由此表可以计算出表 7－14，即法国服务贸易部门出口占比情况，从中可以看出：

（1）2013—2021 年法国运输服务出口占比在 15.47%～23.19%，最高占比出现在 2021 年；2013—2019 年法国旅游服务出口占比在 21.28%～22.82%，但是 2020 年与 2021 年大幅下降，分别仅有 12.79%和 13.46%。

（2）2013—2021 年其他服务比重在 54.24%～61.56%，2020 年出口占比最大。

（3）从其他服务包含的具体部门来看，以 2021 年为例，出口占比最高的是其他商业服务（31.78%），后面依次为通信、计算机和信息服务（7.38%），金融服务（6.07%），知识产权使用费（5.11%），保险服务（3.09%）等。

表 7－13　法国服务贸易部门出口额　　（单位：亿美元）

年份	2013	2014	2015	2016	2017	2018	2019	2020	2021
服务贸易总额	2541.9	2732.08	2557.11	2591.79	2744.35	3027.35	2962.77	2546.32	3030.28
与货物有关的服务	138.51	167.47	160.25	162.06	197.5	229.61	226.53	217.19	241.6
运输服务	458.88	479.56	418.76	403.05	460.05	468.24	477.89	436.08	702.76
旅游服务	565.66	581.47	583.43	551.61	588.53	655.31	635.08	325.64	408.02

（续表）

年份	2013	2014	2015	2016	2017	2018	2019	2020	2021
其他服务	1378.85	1503.57	1394.67	1475.07	1498.26	1674.19	1623.27	1567.41	1677.89
建筑服务	34.6	34.91	39.68	33.18	54.37	22.79	23.52	24.48	11.97
保险服务	96.3	63.14	41.85	91.28	73.86	94.41	116.67	105.68	93.61
金融服务	133.4	129.48	117.82	115.41	128.78	146.11	156.98	170.94	183.94
知识产权使用费	131.54	145.86	152.45	154.96	168.59	177.27	155.18	146.8	154.96
通信、计算机和信息服务	169.73	189.5	172.26	181.68	186.23	220.67	199.94	200.22	223.54
其他商业服务	772.5	893.28	827.36	848.02	827.93	950.44	920.11	871.67	962.94
个人、文化和娱乐服务	29.71	35.09	35.55	43.3	46.24	56.52	45.18	41.62	39.75
政府服务	11.09	12.33	7.7	7.25	12.28	5.98	5.71	6.02	7.14

资料来源：联合国贸易与发展会议数据库整理

表 7－14　法国服务贸易部门出口占比

年份	2013	2014	2015	2016	2017	2018	2019	2020	2021
服务贸易总额（%）	100	100	100	100	100	100	100	100	100
与货物有关的服务（%）	5.45	6.13	6.27	6.25	7.20	7.58	7.65	8.53	7.97
运输服务（%）	18.05	17.55	16.38	15.55	16.76	15.47	16.13	17.13	23.19
旅游服务（%）	22.25	21.28	22.82	21.28	21.45	21.65	21.44	12.79	13.46
其他服务（%）	54.24	55.03	54.54	56.91	54.59	55.30	54.79	61.56	55.37
建筑服务（%）	1.36	1.28	1.55	1.28	1.98	0.75	0.79	0.96	0.40
保险服务（%）	3.79	2.31	1.64	3.52	2.69	3.12	3.94	4.15	3.09
金融服务（%）	5.25	4.74	4.61	4.45	4.69	4.83	5.30	6.71	6.07
知识产权使用费（%）	5.17	5.34	5.96	5.98	6.14	5.86	5.24	5.77	5.11

（续表）

年份	2013	2014	2015	2016	2017	2018	2019	2020	2021
通信、计算机和信息服务（%）	6.68	6.94	6.74	7.01	6.79	7.29	6.75	7.86	7.38
其他商业服务（%）	30.39	32.70	32.36	32.72	30.17	31.40	31.06	34.23	31.78
个人、文化和娱乐服务（%）	1.17	1.28	1.39	1.67	1.68	1.87	1.52	1.63	1.31
政府服务（%）	0.44	0.45	0.30	0.28	0.45	0.20	0.19	0.24	0.24

资料来源：联合国贸易与发展会议数据库整理计算而得

2. 法国服务贸易进口结构

表 7－15 为法国服务贸易部门进口额情况，由此表可以计算出表 7－16，即法国服务贸易部门进口占比情况，从中可以看出：

（1）传统服务业中，2013—2021 年法国运输服务的进口占比在 19.29%～22.16%，最高值出现在 2013 年。2013—2019 年，法国旅游进口占比在 16.94%～19.27%，2020 年和 2021 年进口占比明显下降，分别是 11.78% 和 13.47%。

（2）2013—2019 年其他服务进口占比在 54.18%～57.23%，2020 年与 2021 年有所上升，分别达到 60.61%和 59.35%。

（3）就其他服务的具体部门分类来看，2021 年中其他商业服务进口占比最高，达到 32.10%，其次为通信、计算机和信息服务（10.88%）、保险服务（5.61%）、知识产权使用费（4.88%）、金融服务（3.40%）等。

表 7－15　法国服务贸易部门进口额　（单位：亿美元）

年份	2013	2014	2015	2016	2017	2018	2019	2020	2021
服务贸易总额	2281.39	2529.64	2334.13	2367.93	2468.17	2739.87	2694.14	2358.62	2582.99
与货物有关的服务	116.98	146.08	154.54	152.19	174.11	196.36	205.87	184.52	181.66
运输服务	505.56	519.1	450.25	456.79	492.98	540.2	523.04	466.76	520.51
旅游服务	422.18	487.57	395.29	403.75	440	495.74	505.42	277.77	347.91
其他服务	1236.66	1376.88	1334.05	1355.2	1361.09	1507.57	1459.81	1429.57	1532.9
建筑服务	31.26	29.15	27.39	23.77	26.15	17.56	15.99	19.99	20.33

（续表）

年份	2013	2014	2015	2016	2017	2018	2019	2020	2021
保险服务	100.6	73.09	62.01	93.42	100.41	109.01	105.87	114.28	144.9
金融服务	61.45	67.67	63.77	59.64	61.83	75.3	76.68	89.19	87.75
知识产权使用费	110.55	127.63	156.72	147.62	158.69	143.39	121.88	122.99	126
通信、计算机和信息服务	184.48	198.32	178.37	194	215.51	247.21	243.36	245.34	280.95
其他商业服务	696.53	831.75	811.21	798.41	761.64	863.4	843.64	788.33	829.22
个人、文化和娱乐服务	46.83	44.28	34.44	38.21	36.52	51.64	50.62	47.8	42.84
政府服务	4.98	4.98	0.12	0.12	0.33	0.06	1.77	1.64	0.91

资料来源：联合国贸易与发展会议数据库整理

表 7－16　法国服务贸易部门进口占比

年份	2013	2014	2015	2016	2017	2018	2019	2020	2021
服务贸易总额（%）	100	100	100	100	100	100	100	100	100
与货物有关的服务（%）	5.13	5.77	6.62	6.43	7.05	7.17	7.64	7.82	7.03
运输服务（%）	22.16	20.52	19.29	19.29	19.97	19.72	19.41	19.79	20.15
旅游服务（%）	18.51	19.27	16.94	17.05	17.83	18.09	18.76	11.78	13.47
其他服务（%）	54.21	54.43	57.15	57.23	55.15	55.02	54.18	60.61	59.35
建筑服务（%）	1.37	1.15	1.17	1.00	1.06	0.64	0.59	0.85	0.79
保险服务（%）	4.41	2.89	2.66	3.95	4.07	3.98	3.93	4.85	5.61
金融服务（%）	2.69	2.68	2.73	2.52	2.51	2.75	2.85	3.78	3.40
知识产权使用费（%）	4.85	5.05	6.71	6.23	6.43	5.23	4.52	5.21	4.88
通信、计算机和信息服务（%）	8.09	7.84	7.64	8.19	8.73	9.02	9.03	10.40	10.88

（续表）

年份	2013	2014	2015	2016	2017	2018	2019	2020	2021
其他商业服务（%）	30.53	32.88	34.75	33.72	30.86	31.51	31.31	33.42	32.10
个人、文化和娱乐服务（%）	2.05	1.75	1.48	1.61	1.48	1.88	1.88	2.03	1.66
政府服务（%）	0.22	0.20	0.01	0.01	0.01	0.00	0.07	0.07	0.04

资料来源：联合国贸易与发展会议数据库整理计算而得

（三）法国服务贸易竞争力分析

1. 国际市场占有率分析

表7－17为2013—2021年法国服务贸易国际市场占有率，在4.710%～5.206%，2021年占4.991%。以2021年为例，法国具体服务部门国际市场占有率依次为与货物有关的服务（11.297%），旅游服务（6.638%），运输服务（6.066%），其他商业服务（6.035%），保险服务（5.108%），个人、文化和娱乐服务（3.847%）等，国际市场占有率越高，竞争力越强。

表7－17　2013—2021年法国服务贸易国际市场占有率

年份	2013	2014	2015	2016	2017	2018	2019	2020	2021
服务贸易总额（%）	5.196	5.206	5.103	5.091	4.955	4.959	4.710	4.916	4.991
与货物有关的服务（%）	8.889	10.113	9.816	9.446	10.499	10.379	10.065	11.343	11.297
运输服务（%）	4.888	4.847	4.675	4.682	4.873	4.518	4.590	5.093	6.066
旅游服务（%）	4.704	4.643	4.843	4.472	4.423	4.560	4.306	5.884	6.638
建筑服务（%）	3.591	3.232	4.151	3.769	5.059	1.942	2.116	2.671	1.175
保险服务（%）	7.607	4.678	3.469	7.156	5.655	6.643	8.290	6.548	5.108
金融服务（%）	2.945	2.725	2.574	2.518	2.609	2.768	2.941	3.049	2.918
知识产权使用费（%）	4.351	4.351	4.583	4.374	4.374	4.210	3.516	3.711	3.428
通信、计算机和信息服务（%）	4.046	3.994	3.585	3.711	3.479	3.473	2.881	2.666	2.494
其他商业服务（%）	7.356	7.761	7.546	7.389	6.686	6.981	6.456	6.124	6.035

（续表）

年份	2013	2014	2015	2016	2017	2018	2019	2020	2021
个人、文化和娱乐服务（%）	4.681	5.121	5.121	6.100	5.776	6.678	5.046	4.807	3.847
政府服务（%）	1.480	1.643	1.059	1.035	1.698	0.775	0.727	0.823	0.924

资料来源：联合国贸易与发展会议数据库整理计算而得

2. TC 指数分析

2013—2021 年法国服务贸易总额的 TC 指数均为正值，介于 0.038 与 0.080 之间（表 7－18），整体竞争力略高于世界平均水平。2021 年各具体部门的 TC 指数中，最高的是政府服务，高达 0.774，极具竞争力。其次为金融服务（0.354）、运输服务（0.149）、与货物有关的服务（0.142）、知识产权使用费（0.103）、旅游服务（0.080）、其他商业服务（0.075），这些服务部门 TC 指数越高，国际竞争力越强。其他服务部门 TC 指数均为负值，国际竞争力低于国际平均水平。

表 7－18　2013—2021 年法国服务贸易 TC 指数

年份	2013	2014	2015	2016	2017	2018	2019	2020	2021
服务贸易总额	0.054	0.038	0.046	0.045	0.053	0.050	0.047	0.038	0.080
与货物有关的服务	0.084	0.068	0.018	0.031	0.063	0.078	0.048	0.081	0.142
运输服务	−0.048	−0.040	−0.036	−0.063	−0.035	−0.071	−0.045	−0.034	0.149
旅游服务	0.145	0.088	0.192	0.155	0.144	0.139	0.114	0.079	0.080
建筑服务	0.051	0.090	0.183	0.165	0.350	0.130	0.191	0.101	−0.259
保险服务	−0.022	−0.073	−0.194	−0.012	−0.152	−0.072	0.049	−0.039	−0.215
金融服务	0.369	0.314	0.298	0.319	0.351	0.320	0.344	0.314	0.354
知识产权使用费	0.087	0.067	−0.014	0.024	0.030	0.106	0.120	0.088	0.103
通信、计算机和信息服务	−0.042	−0.023	−0.017	−0.033	−0.073	−0.057	−0.098	−0.101	−0.114

（续表）

年份	2013	2014	2015	2016	2017	2018	2019	2020	2021
其他商业服务	0.052	0.036	0.010	0.030	0.042	0.048	0.043	0.050	0.075
个人、文化和娱乐服务	−0.224	−0.116	0.016	0.062	0.117	0.045	−0.057	−0.069	−0.037
政府服务	0.380	0.425	0.969	0.967	0.948	0.980	0.527	0.572	0.774

资料来源：联合国贸易与发展会议数据库整理计算而得

3. RCA 指数分析

由法国 RCA 指数看出，2013—2021 年服务贸易总额 RCA 指数均高于 1.25（表 7-19），整体具有较好的国际竞争力。具体各部门来看，以 2021 年为例，与货物有关的服务 RCA 指数达到 3.614，大于 2.5，具有很强的国际竞争力；指数在 1.25～2.5 之间的依次有旅游服务（2.123）、运输服务（1.941）、其他商业服务（1.930）、保险服务（1.634），这些部门具有较好的国际竞争力。大于 0.8 且小于 1.25 的有个人、文化和娱乐服务（1.230），知识产权使用费（1.096），金融服务（0.934），具有一定的国际竞争力；其他服务部门 RCA 指数均低于 0.8，国际竞争力较弱。

表 7-19　2013—2021 年法国服务贸易 RCA 指数

年份	2013	2014	2015	2016	2017	2018	2019	2020	2021
服务贸易总额	1.483	1.477	1.444	1.415	1.424	1.438	1.374	1.510	1.597
与货物有关的服务	2.537	2.869	2.778	2.625	3.019	3.009	2.937	3.484	3.614
运输服务	1.395	1.375	1.323	1.301	1.401	1.310	1.339	1.564	1.941
旅游服务	1.343	1.317	1.371	1.242	1.272	1.322	1.256	1.807	2.123
建筑服务	1.025	0.917	1.175	1.047	1.454	0.563	0.617	0.820	0.376
保险服务	2.171	1.327	0.982	1.988	1.626	1.926	2.419	2.011	1.634
金融服务	0.841	0.773	0.728	0.700	0.750	0.803	0.858	0.936	0.934
知识产权使用费	1.242	1.234	1.297	1.215	1.257	1.220	1.026	1.140	1.096
通信、计算机和信息服务	1.155	1.133	1.015	1.031	1.000	1.007	0.841	0.819	0.798

（续表）

年份	2013	2014	2015	2016	2017	2018	2019	2020	2021
其他商业服务	2.100	2.202	2.136	2.053	1.922	2.024	1.884	1.881	1.930
个人、文化和娱乐服务	1.336	1.453	1.449	1.695	1.661	1.936	1.472	1.476	1.230
政府服务	0.422	0.466	0.300	0.288	0.488	0.225	0.212	0.253	0.295

资料来源：联合国贸易与发展会议数据库整理计算而得

三、日本的服务贸易

（一）日本服务贸易总量分析

2021年日本服务贸易出口排世界第十位，进口排世界第九位。从表7-20中可以看出日本服务贸易出口总额从2013年的1352.27亿美元波动变化到2021年的1678.51亿美元。2013—2021年日本服务贸易出口占世界服务贸易出口的比重在2.76%至3.45%之间波动变化。日本服务贸易进口总额从2013年的1708.7亿美元波动变化至2021年的2073.37亿美元，2013—2021年服务贸易进口占世界服务贸易进口的比重在3.49%至4.01%之间。从贸易差额看，日本服务贸易一直是逆差，2013—2017年逆差呈现明显的下降趋势，但是后期逆差又开始扩大，2020年与2021年逆差大幅上涨，2021年逆差绝对值达到394.86亿美元，高于2013年的逆差值。

表7-20　日本服务贸易出口、进口总额及占世界服务贸易比重

（单位：亿美元）

年份	2013	2014	2015	2016	2017	2018	2019	2020	2021
出口总额	1352.27	1637.9	1626.37	1758.07	1868.79	1941.3	2095.01	1620.16	1678.51
进口总额	1708.7	1924.23	1785.87	1861.83	1930.37	2033.79	2194.27	1970.03	2073.37
出口占比（%）	2.76	3.12	3.25	3.45	3.37	3.18	3.33	3.13	2.76
进口占比（%）	3.61	3.74	3.64	3.78	3.62	3.49	3.64	4.01	3.69
贸易差额	-356.43	-286.33	-159.50	-103.76	-61.58	-92.49	-99.26	-349.87	-394.86

资料来源：联合国贸易与发展会议数据库整理计算而得（注：出口占比=服务贸易出口/世界服务贸易出口；进口占比=服务贸易进口/世界服务贸易进口）

（二）日本服务贸易结构分析

1. 日本服务贸易出口结构

表7-21为日本服务贸易部门出口额情况，由此表可以计算出表7-22，即

日本服务贸易部门出口占比情况，从中可以看出：

（1）2013 年日本运输服务出口占比高达 29.25%，但随后 2014—2019 年呈现明显的下降趋势，即使 2020 年、2021 年运输服务出口占比有所上升，但仍然远低于 2013 年的占比水平。2013—2019 年日本旅游服务出口占比呈现上升趋势，2019 年旅游出口占比达到 21.98%，但是 2020 年与 2021 年大幅下降，分别仅有 6.60%和 2.85%。

（2）2013—2019 年其他服务比重在 58.92%～64.52%，2020 年与 2021 年出口比重大幅上涨，分别达到 78.94%与 80.45%。

（3）从其他服务包含的具体部门来看，以 2021 年为例，出口占比最高的是知识产权使用费（28.51%），紧接着为其他商业服务（27.96%），其余依次为金融服务（8.09%），通信、计算机和信息服务（6.52%），建筑服务（4.90%）等。

表 7-21　日本服务贸易部门出口额　（单位：亿美元）

年份	2013	2014	2015	2016	2017	2018	2019	2020	2021
服务贸易总额	1352.27	1637.9	1626.37	1758.07	1868.79	1941.3	2095.01	1620.16	1678.51
与货物有关的服务	8.6	22.86	9.1	17.23	16.45	17.97	20.7	25.47	27.74
运输服务	395.58	395.92	353.93	317.05	341.46	289.29	261.99	208.69	252.47
旅游服务	151.3	188.54	249.82	306.79	340.54	420.96	460.54	107	47.92
其他服务	796.79	1030.58	1013.52	1117	1170.34	1213.08	1351.78	1279	1350.39
建筑服务	96.67	113.1	107.04	93.69	103.89	92.15	105.86	74.33	82.17
保险服务	1.77	15.59	15.79	20.98	22.2	23.89	23.06	21.75	21.98
金融服务	45.61	73.12	102.99	118.36	105	113.1	142.83	157.59	135.86
知识产权使用费	315.73	373.85	364.54	392.74	417.39	455.37	471.87	430.65	478.6
通信、计算机和信息服务	27.09	31.88	32.52	38.59	50.67	48.93	74.47	102.96	104.92
其他商业服务	282.56	373.8	340.79	393.07	412.23	425.9	467.51	438.38	469.36
个人、文化和娱乐服务	1.59	4.72	6.49	8.1	10.43	6.49	20.87	13.95	18.96
政府服务	25.77	44.52	43.35	51.48	48.54	47.26	45.3	39.38	38.55

资料来源：联合国贸易与发展会议数据库整理

表 7-22 日本服务贸易部门出口占比 （单位：%）

年份	2013	2014	2015	2016	2017	2018	2019	2020	2021
服务贸易总额	100	100	100	100	100	100	100	100	100
与货物有关的服务	0.64	1.40	0.56	0.98	0.88	0.93	0.99	1.57	1.65
运输服务	29.25	24.17	21.76	18.03	18.27	14.90	12.51	12.88	15.04
旅游服务	11.19	11.51	15.36	17.45	18.22	21.68	21.98	6.60	2.85
其他服务	58.92	62.92	62.32	63.54	62.63	62.49	64.52	78.94	80.45
建筑服务	7.15	6.91	6.58	5.33	5.56	4.75	5.05	4.59	4.90
保险服务	0.13	0.95	0.97	1.19	1.19	1.23	1.10	1.34	1.31
金融服务	3.37	4.46	6.33	6.73	5.62	5.83	6.82	9.73	8.09
知识产权使用费	23.35	22.82	22.41	22.34	22.33	23.46	22.52	26.58	28.51
通信、计算机和信息服务	2.00	1.95	2.00	2.20	2.71	2.52	3.55	6.35	6.52
其他商业服务	20.90	22.82	20.95	22.36	22.06	21.94	22.32	27.06	27.96
个人、文化和娱乐服务	0.12	0.29	0.40	0.46	0.56	0.33	1.00	0.86	1.13
政府服务	1.91	2.72	2.67	2.93	2.60	2.43	2.16	2.43	2.30

资料来源：联合国贸易与发展会议数据库整理计算而得

2. 日本服务贸易进口结构

表 7-23 为日本服务贸易部门进口额情况，由此表可以计算出表 7-24，即日本服务贸易部门进口占比情况，从中可以看出：

（1）传统服务业中，2013—2021 年日本运输贸易的进口占比在 14.22%～27.46%，最高值出现在 2013 年，最低值出现在 2020 年。2013—2019 年，日本旅游进口占比在 8.95%～12.78%，2020 年与 2021 年进口占比大幅下降，分别仅有 2.79%和 1.38%，明显低于全球新冠疫情前的比重。

（2）2013—2021 年其他服务进口占比在 54.76%～77.65%，整体呈现上升趋势，其中 2020 年与 2021 年分别达到 76.89%和 77.65%。

（3）就其他服务的具体部门分类来看，2021 年中其他商业服务进口占比最高，达到 36.15%，其次为知识产权使用费（14.09%），通信、计算机和信息服务（12.25%），保险服务（5.59%），金融服务（4.85%）等。

表 7－23　日本服务贸易部门进口额　　（单位：亿美元）

年份	2013	2014	2015	2016	2017	2018	2019	2020	2021
服务贸易总额	1708.7	1924.23	1785.87	1861.83	1930.37	2033.79	2194.27	1970.03	2073.37
与货物有关的服务	85.49	121.17	79.47	96.08	104.27	106.28	125.92	120.23	110.55
运输服务	469.18	458.71	410.36	380.88	400.57	386.82	342.24	280.1	324.24
旅游服务	218.36	192.73	159.76	184.85	181.89	202.17	212.65	55.01	28.66
其他服务	935.67	1151.62	1136.29	1200.02	1243.65	1338.52	1513.46	1514.69	1609.92
建筑服务	75.04	104.63	82.01	74.56	82.24	82.41	73.55	54.87	54.66
保险服务	67.52	51.28	47.93	57.3	63.32	69.54	82.15	103.94	115.85
金融服务	36.13	52.53	59.96	62.06	76.92	82.27	85.35	107.26	100.46
知识产权使用费	178.2	208.65	170.33	202.47	213.8	220.09	267.73	282.23	292.22
通信、计算机和信息服务	63.49	115.69	133.69	143.39	143.37	172.82	222.53	222.57	254.07
其他商业服务	485.68	590.79	609.95	626.13	631.68	684.63	745.84	715.8	749.62
个人、文化和娱乐服务	11.3	8.5	12.81	13.82	12.13	6.75	17.4	9.85	21.7
政府服务	18.3	19.56	19.61	20.3	20.2	20.02	18.93	18.18	21.34

资料来源：联合国贸易与发展会议数据库整理

表 7－24　日本服务贸易部门进口占比

年份	2013	2014	2015	2016	2017	2018	2019	2020	2021
服务贸易总额（%）	100	100	100	100	100	100	100	100	100
与货物有关的服务（%）	5.00	6.30	4.45	5.16	5.40	5.23	5.74	6.10	5.33
运输服务（%）	27.46	23.84	22.98	20.46	20.75	19.02	15.60	14.22	15.64
旅游服务（%）	12.78	10.02	8.95	9.93	9.42	9.94	9.69	2.79	1.38

（续表）

年份	2013	2014	2015	2016	2017	2018	2019	2020	2021
其他服务（%）	54.76	59.85	63.63	64.45	64.43	65.81	68.97	76.89	77.65
建筑服务（%）	4.39	5.44	4.59	4.00	4.26	4.05	3.35	2.79	2.64
保险服务（%）	3.95	2.66	2.68	3.08	3.28	3.42	3.74	5.28	5.59
金融服务（%）	2.11	2.73	3.36	3.33	3.98	4.05	3.89	5.44	4.85
知识产权使用费（%）	10.43	10.84	9.54	10.87	11.08	10.82	12.20	14.33	14.09
通信、计算机和信息服务（%）	3.72	6.01	7.49	7.70	7.43	8.50	10.14	11.30	12.25
其他商业服务（%）	28.42	30.70	34.15	33.63	32.72	33.66	33.99	36.33	36.15
个人、文化和娱乐服务（%）	0.66	0.44	0.72	0.74	0.63	0.33	0.79	0.50	1.05
政府服务（%）	1.07	1.02	1.10	1.09	1.05	0.98	0.86	0.92	1.03

资料来源：联合国贸易与发展会议数据库整理计算而得

（三）日本服务贸易竞争力分析

1. 国际市场占有率分析

表 7－25 为 2013—2021 年日本服务贸易国际市场占有率，在 2.764%～3.454%，最低点出现在 2013 年，最高点出现在 2016 年。以 2021 年为例，国际市场占有率最高的服务部门依次为知识产权使用费（10.587%）、建筑服务（8.069%）、政府服务（4.987%）、其他商业服务（2.941%）、运输服务（2.179%）等。其中日本知识产权使用费出口国际占比高且稳定，即使全球新冠疫情期间也展示了强劲的竞争实力。

表 7－25　2013—2021 年日本服务贸易国际市场占有率

年份	2013	2014	2015	2016	2017	2018	2019	2020	2021
服务贸易总额（%）	2.764	3.121	3.246	3.454	3.374	3.180	3.330	3.128	2.765
与货物有关的服务（%）	0.552	1.380	0.557	1.004	0.875	0.812	0.920	1.330	1.297
运输服务（%）	4.214	4.002	3.952	3.683	3.617	2.792	2.516	2.437	2.179
旅游服务（%）	1.258	1.506	2.074	2.487	2.560	2.930	3.123	1.933	0.780
建筑服务（%）	10.033	10.471	11.197	10.642	9.667	7.853	9.525	8.110	8.069

（续表）

年份	2013	2014	2015	2016	2017	2018	2019	2020	2021
保险服务（%）	0.140	1.155	1.309	1.645	1.700	1.681	1.639	1.348	1.199
金融服务（%）	1.007	1.539	2.250	2.583	2.127	2.143	2.676	2.811	2.155
知识产权使用费（%）	10.443	11.152	10.959	11.085	10.828	10.815	10.691	10.886	10.587
通信、计算机和信息服务（%）	0.646	0.672	0.677	0.788	0.946	0.770	1.073	1.371	1.170
其他商业服务（%）	2.691	3.248	3.108	3.425	3.329	3.128	3.280	3.080	2.941
个人、文化和娱乐服务（%）	0.251	0.689	0.935	1.141	1.303	0.767	2.331	1.611	1.835
政府服务（%）	3.439	5.931	5.962	7.350	6.711	6.125	5.767	5.385	4.987

资料来源：联合国贸易与发展会议数据库整理计算而得

2. TC指数分析

日本服务贸易总额的TC指数整体为负值，整体比较缺乏国际竞争力。2013—2021年绝对值经历了先下降后上升的过程，由于整体为负值，绝对值越大，竞争力越小。2021年各具体服务部门的TC指数中，政府服务是0.287，较有国际竞争力。其次为旅游服务（0.252）、知识产权使用费（0.242）、建筑服务（0.201）、运输服务（0.150），这些部门具有一定的国际竞争力。其他服务部门均为负值，国际竞争力较弱。

表7-26　2013—2021年日本服务贸易TC指数

年份	2013	2014	2015	2016	2017	2018	2019	2020	2021
服务贸易总额	−0.116	−0.080	−0.047	−0.029	−0.016	−0.023	−0.023	−0.097	−0.105
与货物有关的服务	−0.817	−0.683	−0.795	−0.696	−0.727	−0.711	−0.718	−0.650	−0.599
运输服务	−0.085	−0.073	−0.074	−0.091	−0.080	−0.144	−0.133	−0.146	−0.124
旅游服务	−0.181	−0.011	0.220	0.248	0.304	0.351	0.368	0.321	0.252
建筑服务	0.126	0.039	0.132	0.114	0.116	0.056	0.180	0.151	0.201
保险服务	−0.949	−0.534	−0.504	−0.464	−0.481	−0.489	−0.562	−0.654	−0.681

（续表）

年份	2013	2014	2015	2016	2017	2018	2019	2020	2021
金融服务	0.116	0.164	0.264	0.312	0.154	0.158	0.252	0.190	0.150
知识产权使用费	0.278	0.284	0.363	0.320	0.323	0.348	0.276	0.208	0.242
通信、计算机和信息服务	−0.402	−0.568	−0.609	−0.576	−0.478	−0.559	−0.499	−0.367	−0.415
其他商业服务	−0.264	−0.225	−0.283	−0.229	−0.210	−0.233	−0.229	−0.240	−0.230
个人、文化和娱乐服务	−0.753	−0.286	−0.327	−0.261	−0.075	−0.020	0.091	0.172	−0.067
政府服务	0.170	0.390	0.377	0.434	0.412	0.405	0.411	0.368	0.287

资料来源：联合国贸易与发展会议数据库整理计算而得

3. RCA 指数分析

由日本 RCA 指数看出，除去 2013 年，2014—2021 年服务贸易总额 RCA 指数均高于 0.8，整体具有一定的国际竞争力。具体各部门来看，以 2021 年为例，知识产权使用费 RCA 指数达到 3.254，大于 2.5，具有很强的国际竞争力；指数在 1.25～2.5 之间的依次有建筑服务（2.480）和政府服务（1.533），具有较好的国际竞争力。大于 0.8 且小于 1.25 的是其他商业服务（0.904），具有一定的国际竞争力；其他服务部门 RCA 指数均低于 0.8，国际竞争力较弱。

表 7-27　2013—2021 年日本服务贸易 RCA 指数

年份	2013	2014	2015	2016	2017	2018	2019	2020	2021
服务贸易总额	0.775	0.886	0.889	0.889	0.887	0.875	0.921	0.889	0.850
与货物有关的服务	0.155	0.392	0.153	0.258	0.230	0.224	0.254	0.378	0.399
运输服务	1.182	1.136	1.082	0.948	0.951	0.768	0.696	0.693	0.670
旅游服务	0.353	0.427	0.568	0.640	0.673	0.806	0.864	0.549	0.240
建筑服务	2.814	2.973	3.066	2.739	2.542	2.161	2.634	2.305	2.480
保险服务	0.039	0.328	0.358	0.423	0.447	0.463	0.453	0.383	0.369
金融服务	0.282	0.437	0.616	0.665	0.559	0.590	0.740	0.799	0.663

（续表）

年份	2013	2014	2015	2016	2017	2018	2019	2020	2021
知识产权使用费	2.929	3.166	3.001	2.853	2.848	2.976	2.957	3.093	3.254
通信、计算机和信息服务	0.181	0.191	0.185	0.203	0.249	0.212	0.297	0.390	0.360
其他商业服务	0.755	0.922	0.851	0.881	0.875	0.861	0.907	0.875	0.904
个人、文化和娱乐服务	0.070	0.196	0.256	0.294	0.343	0.211	0.645	0.458	0.564
政府服务	0.964	1.684	1.633	1.892	1.765	1.685	1.595	1.530	1.533

资料来源：联合国贸易与发展会议数据库整理计算而得

第二节　新兴工业化经济体的服务贸易

一、韩国的服务贸易

（一）韩国服务贸易总量分析

从表 7－28 中可以看出韩国服务贸易出口总额从 2013 年的 1033.24 亿美元波动变化到 2021 年的 1227.41 亿美元，此间韩国服务贸易出口占世界服务贸易出口的比重在 1.62％至 2.13％之间，同样呈现波动变化。韩国服务贸易进口总额从 2013 年的 1096.53 亿美元波动变化至 2021 年的 1271.2 亿美元，2013—2021 年服务贸易进口占世界服务贸易进口的比重在 2.17％至 2.32％之间。从贸易差额看，韩国服务贸易一直是逆差，逆差最大值出现 2017 年，之后逆差逐年下降，2021 年逆差值仅余 43.79 亿美元。

表 7－28　韩国服务贸易出口、进口总额及占世界服务贸易比重

（单位：亿美元）

年份	2013	2014	2015	2016	2017	2018	2019	2020	2021
出口总额	1033.24	1119.02	974.99	948.09	897.01	1036.78	1038.39	901.06	1227.41
进口总额	1096.53	1151.92	1121.24	1121.48	1264.35	1330.47	1306.84	1062.96	1271.2

（续表）

年份	2013	2014	2015	2016	2017	2018	2019	2020	2021
出口占比（%）	2.11	2.13	1.95	1.86	1.62	1.70	1.65	1.74	2.02
进口占比（%）	2.32	2.24	2.29	2.27	2.37	2.29	2.17	2.17	2.26
贸易差额	−63.29	−32.90	−146.25	−173.39	−367.34	−293.69	−268.45	−161.90	−43.79

资料来源：联合国贸易与发展会议数据库整理计算而得（注：出口占比＝服务贸易出口/世界服务贸易出口；进口占比＝服务贸易进口/世界服务贸易进口）

（二）韩国服务贸易结构分析

1. 韩国服务贸易出口结构

表 7－29 为韩国服务贸易部门出口额情况，由此表可以计算出表 7－30，即韩国服务贸易部门出口占比情况，从中可以看出：

（1）2013—2020 年运输服务出口占比在 26.06%～36.38%之间波动，2021 年运输服务出口占比明显上升，达到 38.95%。2013—2019 年韩国旅游服务出口占比在 13.93%～20.10%，2020 年与 2021 年连续下降，分别仅有 11.68%和 8.73%。

（2）其他服务出口占比在 46.82%～57.63%，2020 年比重最高为 57.63%，但是 2021 年明显下降至 49.57%。

（3）从其他服务包含的具体部门来看，2021 年出口占比最高的是其他商业服务（22.87%），其他依次为通信、计算机和信息服务（9.49%），知识产权使用费（6.54%），建筑服务（4.47%），金融服务（3.61%）等。

表 7－29　韩国服务贸易部门出口额　　（单位：亿美元）

年份	2013	2014	2015	2016	2017	2018	2019	2020	2021
服务贸易总额	1033.24	1119.02	974.99	948.09	897.01	1036.78	1038.39	901.06	1227.41
与货物有关的服务	29.43	31.67	29.08	27.59	25.93	30.57	25.58	25.07	33.76
运输服务	375.87	381.38	341.44	274.27	247.85	279.79	270.65	251.4	478.11
旅游服务	143.92	174.6	147.98	168.86	133.68	185.67	208.67	105.28	107.13
其他服务	484.02	531.38	456.48	477.37	489.56	540.75	533.48	519.32	608.41
建筑服务	203.75	193.58	122.34	117.8	105.88	135.9	96.53	68.26	54.86
保险服务	6.41	8.02	7.37	6.82	11.14	7.8	6.46	7.11	8.9

（续表）

年份	2013	2014	2015	2016	2017	2018	2019	2020	2021
金融服务	12.94	14.31	16.39	17.82	22.41	28.52	32.05	39.64	44.35
知识产权使用费	43.55	55.42	65.54	69.36	72.87	77.49	77.52	68.55	80.23
通信、计算机和信息服务	21.57	29.94	35.02	37.19	45.8	66.1	76.69	83.41	116.84
其他商业服务	176.4	209.45	190.4	207.9	212.4	206.73	222.89	233.55	280.69
个人、文化和娱乐服务	7.31	9.22	8.88	11.32	9.25	10.89	12.67	11.29	15.22
政府服务	12.08	11.45	10.56	9.16	9.81	7.32	8.68	7.52	7.68

资料来源：联合国贸易与发展会议数据库整理

表 7－30　韩国服务贸易部门出口占比

年份	2013	2014	2015	2016	2017	2018	2019	2020	2021
服务贸易总额（%）	100	100	100	100	100	100	100	100	100
与货物有关的服务（%）	2.85	2.83	2.98	2.91	2.89	2.95	2.46	2.78	2.75
运输服务（%）	36.38	34.08	35.02	28.93	27.63	26.99	26.06	27.90	38.95
旅游服务（%）	13.93	15.60	15.18	17.81	14.90	17.91	20.10	11.68	8.73
其他服务（%）	46.84	47.49	46.82	50.35	54.58	52.16	51.38	57.63	49.57
建筑服务（%）	19.72	17.30	12.55	12.42	11.80	13.11	9.30	7.58	4.47
保险服务（%）	0.62	0.72	0.76	0.72	1.24	0.75	0.62	0.79	0.73
金融服务（%）	1.25	1.28	1.68	1.88	2.50	2.75	3.09	4.40	3.61
知识产权使用费（%）	4.21	4.95	6.72	7.32	8.12	7.47	7.47	7.61	6.54
通信、计算机和信息服务（%）	2.09	2.68	3.59	3.92	5.11	6.38	7.39	9.26	9.49

（续表）

年份	2013	2014	2015	2016	2017	2018	2019	2020	2021
其他商业服务（%）	17.07	18.72	19.53	21.93	23.68	19.94	21.46	25.92	22.87
个人、文化和娱乐服务（%）	0.71	0.82	0.91	1.19	1.03	1.05	1.22	1.25	1.24
政府服务（%）	1.17	1.02	1.08	0.97	1.09	0.71	0.84	0.83	0.63

资料来源：联合国贸易与发展会议数据库整理计算而得

2. 韩国服务贸易进口结构

表 7－31 为韩国服务贸易部门进口额情况，由此表可以计算出表 7－32，即韩国服务贸易部门进口占比情况，从中可以看出：

（1）传统服务业中，2013—2021 年韩国运输贸易的进口占比在 21.64%～27.73%，最低值出现在 2020 年，2021 年恢复至 23.85%。2013—2019 年旅游进口占比在 19.74%～26.41%，但是 2020 年、2021 年进口占比仅有 15.20%和 13.18%，明显低于疫情前的比重。

（2）其他服务进口占比在 42.47%～55.01%，其中 2020 年和 2021 年明显占比更高，分别达到 54.59%与 55.01%。2021 年其他服务包含的具体部门进口中，其他商业服务进口占比最高，达到 32.32%，其次为知识产权使用费（8.76%），通信、计算机和信息服务（7.04%），金融服务（2.13%）等。

表 7－31　韩国服务贸易部门进口额　　（单位：亿美元）

年份	2013	2014	2015	2016	2017	2018	2019	2020	2021
服务贸易总额	1096.53	1151.92	1121.24	1121.48	1264.35	1330.47	1306.84	1062.96	1271.2
与货物有关的服务	86.68	88.69	90.35	85.2	96.47	107.04	105.17	91.05	101.31
运输服务	302.46	319.44	294.93	287.56	302.03	304.86	288	230.07	303.14
旅游服务	216.48	231.92	252.7	272.43	316.91	351.33	327.39	161.57	167.51
其他服务	490.91	511.87	483.27	476.29	548.94	567.23	586.29	580.26	699.24
建筑服务	48.52	40.7	25.91	22.24	27.1	38.71	28.77	20.56	25.49
保险服务	9.16	7.42	8.34	9.65	12.2	6.73	9.02	10.47	12.99
金融服务	20.5	17.65	17.15	17.2	19.44	20.35	22.85	22.07	27.05
知识产权使用费	98.37	105.46	100.56	94.29	97.02	98.12	99.09	98.9	111.3

（续表）

年份	2013	2014	2015	2016	2017	2018	2019	2020	2021
通信、计算机和信息服务	18.32	20.27	27.99	27.28	34.54	50.53	52.08	67.37	89.5
其他商业服务	277.13	300.9	283.28	285.12	334.54	328.87	346.79	337.65	410.84
个人、文化和娱乐服务	8.15	9.05	6.65	6.64	7.28	8.62	9.96	9.44	7.37
政府服务	10.78	10.43	13.39	13.86	16.82	15.3	17.73	13.8	14.71

资料来源：联合国贸易与发展会议数据库整理

表 7-32　韩国服务贸易部门进口占比

年份	2013	2014	2015	2016	2017	2018	2019	2020	2021
服务贸易总额（%）	100	100	100	100	100	100	100	100	100
与货物有关的服务（%）	7.90	7.70	8.06	7.60	7.63	8.05	8.05	8.57	7.97
运输服务（%）	27.58	27.73	26.30	25.64	23.89	22.91	22.04	21.64	23.85
旅游服务（%）	19.74	20.13	22.54	24.29	25.07	26.41	25.05	15.20	13.18
其他服务（%）	44.77	44.44	43.10	42.47	43.42	42.63	44.86	54.59	55.01
建筑服务（%）	4.42	3.53	2.31	1.98	2.14	2.91	2.20	1.93	2.01
保险服务（%）	0.84	0.64	0.74	0.86	0.96	0.51	0.69	0.98	1.02
金融服务（%）	1.87	1.53	1.53	1.53	1.54	1.53	1.75	2.08	2.13
知识产权使用费（%）	8.97	9.16	8.97	8.41	7.67	7.37	7.58	9.30	8.76
通信、计算机和信息服务（%）	1.67	1.76	2.50	2.43	2.73	3.80	3.99	6.34	7.04
其他商业服务（%）	25.27	26.12	25.26	25.42	26.46	24.72	26.54	31.77	32.32
个人、文化和娱乐服务（%）	0.74	0.79	0.59	0.59	0.58	0.65	0.76	0.89	0.58
政府服务（%）	0.98	0.91	1.19	1.24	1.33	1.15	1.36	1.30	1.16

资料来源：联合国贸易与发展会议数据库整理计算而得

（三）韩国服务贸易竞争力分析

1. 国际市场占有率分析

表 7－33 为 2013—2021 年韩国服务贸易国际市场占有率，在 1.619%～2.132%，最低点出现在 2017 年，最高点出现在 2014 年，整体波动变化明显。以 2021 年为例，国际市场占有率最高的服务部门依次为建筑服务（5.387%）、运输服务（4.127%）、知识产权使用费（1.775%）、其他商业服务（1.759%）、旅游服务（1.743%）等，建筑服务和运输服务具有较强的国际竞争力。就建筑服务而言，韩国建筑服务国际市场占有率从 2013 年的 21.147%下降到 2021 年的 5.387%，从时间角度看，国际市场竞争力是明显大幅下降的。

表 7－33　2013—2021 年韩国服务贸易国际市场占有率

年份	2013	2014	2015	2016	2017	2018	2019	2020	2021
服务贸易总额（%）	2.112	2.132	1.946	1.862	1.619	1.698	1.651	1.740	2.022
与货物有关的服务（%）	1.889	1.912	1.781	1.608	1.378	1.382	1.137	1.309	1.579
运输服务（%）	4.004	3.855	3.812	3.186	2.625	2.700	2.600	2.936	4.127
旅游服务（%）	1.197	1.394	1.228	1.369	1.005	1.292	1.415	1.902	1.743
建筑服务（%）	21.147	17.922	12.797	13.381	9.852	11.581	8.685	7.448	5.387
保险服务（%）	0.506	0.594	0.611	0.535	0.853	0.549	0.459	0.441	0.486
金融服务（%）	0.286	0.301	0.358	0.389	0.454	0.540	0.601	0.707	0.704
知识产权使用费（%）	1.440	1.653	1.970	1.958	1.890	1.840	1.756	1.733	1.775
通信、计算机和信息服务（%）	0.514	0.631	0.729	0.760	0.856	1.040	1.105	1.111	1.303
其他商业服务（%）	1.680	1.820	1.737	1.811	1.715	1.518	1.564	1.641	1.759
个人、文化和娱乐服务（%）	1.152	1.345	1.279	1.595	1.156	1.287	1.415	1.304	1.473
政府服务（%）	1.612	1.525	1.452	1.308	1.356	0.949	1.105	1.028	0.994

资料来源：联合国贸易与发展会议数据库整理计算而得

2. TC 指数分析

2013—2021 年韩国服务贸易总额的 TC 指数为负值，整体缺乏竞争力，

2017 年绝对值最大，后面逐渐缩小。2021 年各具体部门的 TC 指数中，建筑服务是 0.366，较有国际竞争力，但 2013 年韩国建筑服务的 TC 指数为 0.615，就时间顺序看，建筑服务竞争力有明显的下降趋势。2021 年除去建筑服务，TC 指数从高到低依次为个人、文化和娱乐服务（0.347），金融服务（0.242），运输服务（0.224），通信、计算机和信息服务（0.131），这些部门具有一定的国际竞争力。其他服务部门均为负值，缺乏国际竞争力。

表 7-34　2013—2021 年韩国服务贸易 TC 指数

年份	2013	2014	2015	2016	2017	2018	2019	2020	2021
服务贸易总额	−0.030	−0.014	−0.070	−0.084	−0.170	−0.124	−0.114	−0.082	−0.018
与货物有关的服务	−0.493	−0.474	−0.513	−0.511	−0.576	−0.556	−0.609	−0.568	−0.500
运输服务	0.108	0.088	0.073	−0.024	−0.099	−0.043	−0.031	0.044	0.224
旅游服务	−0.201	−0.141	−0.261	−0.235	−0.407	−0.308	−0.221	−0.211	−0.220
建筑服务	0.615	0.653	0.650	0.682	0.592	0.557	0.541	0.537	0.366
保险服务	−0.177	0.039	−0.062	−0.172	−0.045	0.074	−0.165	−0.191	−0.187
金融服务	−0.226	−0.105	−0.023	0.018	0.071	0.167	0.168	0.285	0.242
知识产权使用费	−0.386	−0.311	−0.211	−0.152	−0.142	−0.117	−0.122	−0.181	−0.162
通信、计算机和信息服务	0.081	0.193	0.112	0.154	0.140	0.133	0.191	0.106	0.131
其他商业服务	−0.222	−0.179	−0.196	−0.157	−0.223	−0.228	−0.217	−0.182	−0.188
个人、文化和娱乐服务	−0.054	0.009	0.144	0.261	0.119	0.116	0.120	0.089	0.347
政府服务	0.057	0.047	−0.118	−0.204	−0.263	−0.353	−0.343	−0.295	−0.314

资料来源：联合国贸易与发展会议数据库整理计算而得

3. RCA 指数分析

由韩国 RCA 指数看出，服务贸易总额在 2013—2021 年都低于 0.8，国际竞争力整体较弱。具体到各部门来看，以 2021 年为例，旅游服务 RCA 指数达到 4.033，显著大于 2.5，具有非常强的国际竞争力；指数在 1.25～2.5 之间的有建筑服务（1.994）和运输服务（1.528），具有较好的国际竞争力。其他服务部门 RCA 指数均低于 0.8，国际竞争力较弱。

表 7-35　2013—2021 年韩国服务贸易 RCA 指数

年份	2013	2014	2015	2016	2017	2018	2019	2020	2021
服务贸易总额	0.759	0.755	0.672	0.667	0.568	0.615	0.647	0.659	0.748
与货物有关的服务	0.679	0.677	0.615	0.576	0.484	0.500	0.445	0.496	0.584
运输服务	1.440	1.365	1.317	1.140	0.921	0.978	1.018	1.112	1.528
旅游服务	2.761	3.021	2.717	3.050	2.608	3.197	3.448	4.820	4.033
建筑服务	7.603	6.344	4.421	4.789	3.457	4.193	3.402	2.821	1.994
保险服务	0.182	0.210	0.211	0.191	0.299	0.199	0.180	0.167	0.180
金融服务	0.103	0.107	0.124	0.139	0.159	0.196	0.235	0.268	0.260
知识产权使用费	0.518	0.585	0.681	0.701	0.663	0.666	0.688	0.656	0.657
通信、计算机和信息服务	0.185	0.223	0.252	0.272	0.300	0.377	0.433	0.421	0.481
其他商业服务	0.604	0.644	0.600	0.648	0.602	0.550	0.613	0.622	0.651
个人、文化和娱乐服务	0.414	0.476	0.442	0.571	0.406	0.466	0.554	0.494	0.545
政府服务	0.580	0.540	0.502	0.468	0.476	0.343	0.433	0.390	0.368

资料来源：联合国贸易与发展会议数据库整理计算而得

二、新加坡的服务贸易

（一）新加坡服务贸易总量分析

2021 年新加坡服务贸易出口排世界第九位，进口排世界第八位。从表 7-36 中可以看出新加坡服务贸易出口总额从 2013 年的 1420.28 亿美元发展到 2021 年的 2298.66 亿美元。2013—2019 年新加坡出口占世界服务贸易出口的比重在 2.90%～3.43%，2020 年比重明显上升，达到近些年最高比重 4.05%，2021 年虽然有所下降，但也达到了 3.79%，保持了良好的发展规模。新加坡服务贸易进口总额从 2013 年的 1497.13 亿美元发展到 2021 年的 2235.8 亿美元，2013—2019 年服务贸易进口占世界服务贸易进口的比重在 3.17%～3.44%之间波动变化，2020 年达到占比最高值 4.15%，2021 年为 3.98%。从表 7-44 中的贸易差额看，新加坡服务贸易差额经历了从逆差到顺差的转变过程，2013—2017 年新加坡服务贸易均为逆差，2018 年之后新加坡服务贸易开始变为顺差并一直持续。

表 7－36　新加坡服务贸易出口、进口总额及占世界服务贸易比重

（单位：亿美元）

年份	2013	2014	2015	2016	2017	2018	2019	2020	2021
出口总额	1420.28	1537.77	1532	1520.93	1709.88	2051.54	2155.11	2096.79	2298.66
进口总额	1497.13	1666.69	1616.93	1584.59	1813.88	2004.79	2057.35	2038.33	2235.8
出口占比（%）	2.90	2.93	3.06	2.99	3.09	3.36	3.43	4.05	3.79
进口占比（%）	3.17	3.24	3.30	3.21	3.40	3.44	3.41	4.15	3.98
贸易差额	－76.85	－128.92	－84.93	－63.66	－104.00	46.75	97.76	58.46	62.86

资料来源：联合国贸易与发展会议数据库整理计算而得（注：出口占比＝服务贸易出口/世界服务贸易出口；进口占比＝服务贸易进口/世界服务贸易进口）

（二）新加坡服务贸易结构分析

1. 新加坡服务贸易出口结构

表 7－37 为新加坡服务贸易部门出口额情况，由此表可以计算出表 7－38，即新加坡服务贸易部门出口占比情况，从中可以看出：

（1）2013—2021 年新加坡运输服务出口在 27.30%～32.81%波动，最高值出现在 2014 年，最低值出现在 2016 年。2013 年新加坡旅游服务出口占比从 2013 年的 13.54%变化到 2019 年的 9.43%，2020 年与 2021 年更是大幅下降，分别仅占 2.47%和 1.66%。

（2）其他服务比重整体呈现上升趋势，2013 年其他服务占比 47.70%，2019 年上升至 57.58%，2020 年与 2021 年继续上升，比重分别达到 64.12%与 65.24%。

（3）从其他服务包含的具体部门来看，2021 年出口占比最高的是其他商业服务（32.33%），其他依次为金融服务（16.18%），通信、计算机和信息服务（8.11%），知识产权使用费（5.07）等。

表 7－37　新加坡服务贸易部门出口额　（单位：亿美元）

年份	2013	2014	2015	2016	2017	2018	2019	2020	2021
服务贸易总额	1420.28	1537.77	1532	1520.93	1709.88	2051.54	2155.11	2096.79	2298.66
与货物有关的服务	88.31	81.11	70.28	63.86	61.26	77.49	79.2	69.77	79.55
运输服务	462.17	504.47	466.22	415.23	486.21	617.24	631.96	630.8	681.27

（续表）

年份	2013	2014	2015	2016	2017	2018	2019	2020	2021
旅游服务	192.31	191.61	166.17	189.79	199.22	204.22	203.13	51.76	38.08
其他服务	677.49	760.58	829.33	852.05	963.19	1152.59	1240.82	1344.47	1499.76
建筑服务	17.07	11.64	8.53	9.87	7.32	11.88	12.46	8.8	10.86
保险服务	29.05	33.48	38.64	43.99	48.6	70.31	65.53	59.86	58.99
金融服务	188.69	210.45	210.06	219.03	253.08	287.64	306.47	343.31	372.03
知识产权使用费	34.14	39.09	86.51	70.46	80.07	87.8	86.53	86.73	116.48
通信、计算机和信息服务	76.34	79.67	88.73	121.41	128.91	147.4	134.54	174.79	186.34
其他商业服务	323.99	376.81	387.76	378.92	437.35	537.13	622.95	659.23	743.1
个人、文化和娱乐服务	5.09	6.32	6.2	5.45	4.88	7.37	9.27	8.75	8.81
政府服务	3.13	3.12	2.89	2.93	2.96	3.07	3.07	2.99	3.14

资料来源：联合国贸易与发展会议数据库整理

表 7－38 新加坡服务贸易部门出口占比

年份	2013	2014	2015	2016	2017	2018	2019	2020	2021
服务贸易总额（%）	100	100	100	100	100	100	100	100	100
与货物有关的服务（%）	6.22	5.27	4.59	4.20	3.58	3.78	3.67	3.33	3.46
运输服务（%）	32.54	32.81	30.43	27.30	28.44	30.09	29.32	30.08	29.64
旅游服务（%）	13.54	12.46	10.85	12.48	11.65	9.95	9.43	2.47	1.66
其他服务（%）	47.70	49.46	54.13	56.02	56.33	56.18	57.58	64.12	65.24
建筑服务（%）	1.20	0.76	0.56	0.65	0.43	0.58	0.58	0.42	0.47
保险服务（%）	2.05	2.18	2.52	2.89	2.84	3.43	3.04	2.85	2.57
金融服务（%）	13.29	13.69	13.71	14.40	14.80	14.02	14.22	16.37	16.18
知识产权使用费（%）	2.40	2.54	5.65	4.63	4.68	4.28	4.02	4.14	5.07

（续表）

年份	2013	2014	2015	2016	2017	2018	2019	2020	2021
通信、计算机和信息服务（%）	5.37	5.18	5.79	7.98	7.54	7.18	6.24	8.34	8.11
其他商业服务（%）	22.81	24.50	25.31	24.91	25.58	26.18	28.91	31.44	32.33
个人、文化和娱乐服务（%）	0.36	0.41	0.40	0.36	0.29	0.36	0.43	0.42	0.38
政府服务（%）	0.22	0.20	0.19	0.19	0.17	0.15	0.14	0.14	0.14

资料来源：联合国贸易与发展会议数据库整理计算而得

2. 新加坡服务贸易进口结构

表 7－39 为新加坡服务贸易部门进口额情况，由此表可以计算出表 7－40，即新加坡服务贸易部门进口占比情况，从中可以看出：

（1）传统服务中，2013—2021 年新加坡运输贸易的进口占比在 26.31%～33.04%，2020 年与 2021 年运输进口占比分别为 32.33%和 33.04%，占比有增长趋势。2013—2019 年新加坡旅游进口占比在 13.24%～16.30%，但是 2020 年、2021 年进口占比仅有 3.56%和 1.80%，进口占比大幅下降，新加坡旅游消费者受疫情影响明显减少了出国旅游。

（2）2013—2021 年其他服务进口占比在 52.20%～61.05%，2020 年和 2021 年明显上涨。2021 年其他服务的具体部门进口占比中，其他商业服务进口占比最高，达到 33.04%，其次为通信、计算机和信息服务（11.87%），知识产权使用费（7.97%）及金融服务（4.69%）等。

表 7－39　新加坡服务贸易部门进口额　　（单位：亿美元）

年份	2013	2014	2015	2016	2017	2018	2019	2020	2021
服务贸易总额	1497.13	1666.69	1616.93	1584.59	1813.88	2004.79	2057.35	2038.33	2235.8
与货物有关的服务	58.7	68.88	67.43	62.35	65.29	63.52	66.75	74.38	91.95
运输服务	393.84	456.35	477.24	435.08	509.63	629.33	639.08	659.02	738.73
旅游服务	244.07	255.47	236.57	239.7	250.18	265.38	273.21	72.51	40.27
其他服务	800.52	885.99	835.69	847.46	988.77	1046.55	1078.31	1232.41	1364.85
建筑服务	5.43	3.93	3.4	3.72	3.72	5.46	4.69	4.92	6.32

（续表）

年份	2013	2014	2015	2016	2017	2018	2019	2020	2021
保险服务	34.02	28.49	31.83	43.66	40.18	49.24	54.67	61.29	61.34
金融服务	37.14	43.42	45.05	46.06	55.69	65.64	71.92	98.37	104.95
知识产权使用费	229.92	208.78	194	156.67	158.11	172.49	153.3	153.45	178.13
通信、计算机和信息服务	94.24	160.3	108.61	127.74	150.68	146.88	168.1	231.67	265.32
其他商业服务	392.8	433.81	445.81	463.43	574.04	599.67	618.2	673.53	738.6
个人、文化和娱乐服务	4.67	4.94	4.98	3.93	4.22	4.86	5.11	7.08	7.97
政府服务	2.29	2.33	2	2.25	2.12	2.31	2.31	2.09	2.23

资料来源：联合国贸易与发展会议数据库整理

表 7－40　新加坡服务贸易部门进口占比

年份	2013	2014	2015	2016	2017	2018	2019	2020	2021
服务贸易总额（%）	100	100	100	100	100	100	100	100	100
与货物有关的服务（%）	3.92	4.13	4.17	3.93	3.60	3.17	3.24	3.65	4.11
运输服务（%）	26.31	27.38	29.52	27.46	28.10	31.39	31.06	32.33	33.04
旅游服务（%）	16.30	15.33	14.63	15.13	13.79	13.24	13.28	3.56	1.80
其他服务（%）	53.47	53.16	51.68	53.48	54.51	52.20	52.41	60.46	61.05
建筑服务（%）	0.36	0.24	0.21	0.23	0.21	0.27	0.23	0.24	0.28
保险服务（%）	2.27	1.71	1.97	2.76	2.22	2.46	2.66	3.01	2.74
金融服务（%）	2.48	2.61	2.79	2.91	3.07	3.27	3.50	4.83	4.69
知识产权使用费（%）	15.36	12.53	12.00	9.89	8.72	8.60	7.45	7.53	7.97
通信、计算机和信息服务（%）	6.29	9.62	6.72	8.06	8.31	7.33	8.17	11.37	11.87

（续表）

年份	2013	2014	2015	2016	2017	2018	2019	2020	2021
其他商业服务（%）	26.24	26.03	27.57	29.25	31.65	29.91	30.05	33.04	33.04
个人、文化和娱乐服务（%）	0.31	0.30	0.31	0.25	0.23	0.24	0.25	0.35	0.36
政府服务（%）	0.15	0.14	0.12	0.14	0.12	0.12	0.11	0.10	0.10

资料来源：联合国贸易与发展会议数据库整理计算而得

（三）新加坡服务贸易竞争力分析

1. 国际市场占有率分析

表7-41为2013—2021年新加坡服务贸易国际市场占有率，在2.903%～4.048%，尤其是近3年，该比例均在3.4%以上，表现出较强的竞争增长能力。以2021年为例，国际市场占有率前三高的服务部门依次为金融服务（5.902）、运输服务（5.881）、其他商业服务（4.657），这些部门国际市场占有率较高，具有较强的国际竞争力。

表7-41　2013—2021年新加坡服务贸易国际市场占有率　（单位：%）

年份	2013	2014	2015	2016	2017	2018	2019	2020	2021
服务贸易总额	2.903	2.930	3.057	2.988	3.087	3.361	3.426	4.048	3.786
与货物有关的服务	5.667	4.898	4.305	3.722	3.257	3.503	3.519	3.644	3.720
运输服务	4.924	5.099	5.205	4.823	5.150	5.956	6.070	7.367	5.881
旅游服务	1.599	1.530	1.379	1.539	1.497	1.421	1.377	0.935	0.620
建筑服务	1.772	1.078	0.892	1.121	0.681	1.012	1.121	0.960	1.066
保险服务	2.295	2.480	3.203	3.448	3.721	4.947	4.656	3.709	3.219
金融服务	4.165	4.430	4.589	4.779	5.127	5.450	5.742	6.123	5.902
知识产权使用费	1.129	1.166	2.601	1.989	2.077	2.085	1.961	2.192	2.577
通信、计算机和信息服务	1.820	1.679	1.847	2.480	2.408	2.320	1.939	2.327	2.079

（续表）

年份	2013	2014	2015	2016	2017	2018	2019	2020	2021
其他商业服务	3.085	3.274	3.537	3.301	3.532	3.945	4.371	4.632	4.657
个人、文化和娱乐服务	0.802	0.922	0.893	0.768	0.610	0.871	1.035	1.011	0.853
政府服务	0.418	0.416	0.397	0.418	0.409	0.398	0.391	0.409	0.406

资料来源：联合国贸易与发展会议数据库整理计算而得

2. TC 指数分析

新加坡服务贸易总额的 TC 指数经历了由负到正的过程，2018 年后 TC 指数均为正数，但是绝对值都比较低。2021 年各具体部门的 TC 指数中，金融服务是 0.560，有较好的国际竞争力。其次为建筑服务 0.264，有一定的竞争实力，但就时间顺序看，竞争力有下降趋势。政府服务（0.169），个人、文化和娱乐服务（0.050）及其他商业服务（0.003）也为正数，但值比较低。其他部门 TC 指数均为负值，缺乏国际竞争力。

表 7－42　2013—2021 年新加坡服务贸易 TC 指数

年份	2013	2014	2015	2016	2017	2018	2019	2020	2021
服务贸易总额	−0.026	−0.040	−0.027	−0.020	−0.030	0.012	0.023	0.014	0.014
与货物有关的服务	0.201	0.082	0.021	0.012	−0.032	0.099	0.085	−0.032	−0.072
运输服务	0.080	0.050	−0.012	−0.023	−0.024	−0.010	−0.006	−0.022	−0.040
旅游服务	−0.119	−0.143	−0.175	−0.116	−0.113	−0.130	−0.147	−0.167	−0.028
建筑服务	0.517	0.495	0.430	0.453	0.326	0.370	0.453	0.283	0.264
保险服务	−0.079	0.081	0.097	0.004	0.095	0.176	0.090	−0.012	−0.020
金融服务	0.671	0.658	0.647	0.652	0.639	0.628	0.620	0.555	0.560
知识产权使用费	−0.741	−0.685	−0.383	−0.380	−0.328	−0.325	−0.278	−0.278	−0.209
通信、计算机和信息服务	−0.105	−0.336	−0.101	−0.025	−0.078	0.002	−0.111	−0.140	−0.175
其他商业服务	−0.096	−0.070	−0.070	−0.100	−0.135	−0.055	0.004	−0.011	0.003

（续表）

年份	2013	2014	2015	2016	2017	2018	2019	2020	2021
个人、文化和娱乐服务	0.043	0.123	0.109	0.162	0.073	0.205	0.289	0.105	0.050
政府服务	0.155	0.145	0.182	0.131	0.165	0.141	0.141	0.177	0.169

资料来源：联合国贸易与发展会议数据库整理计算而得

3. RCA 指数分析

由新加坡 RCA 指数看出，服务贸易总额在大部分年份都大于 1.25，具有较好的国际竞争力，2020 年与 2021 年分别为 1.615 和 1.565，疫情防控期间竞争力较为坚挺。具体各部门来看，以 2021 年为例，没有服务部门指数大于 2.5；指数在 1.25～2.5 之间的有金融服务（2.439）、运输服务（2.430）、其他商业服务（1.925）、与货物有关的服务（1.537）、保险服务（1.330），这些部门具有较好的国际竞争力，尤其是金融服务和运输服务，RCA 指数分别为 2.439 及 2.430，竞争力很强。指数位于 0.8 与 1.25 之间的有知识产权使用费（1.065）及通信、计算机和信息服务（0.859），具有一般的国际竞争力。其他服务部门 RCA 指数均低于 0.8，国际竞争力较弱。

表 7－43　2013—2021 年新加坡服务贸易 RCA 指数

年份	2013	2014	2015	2016	2017	2018	2019	2020	2021
服务贸易总额	1.253	1.248	1.306	1.308	1.320	1.395	1.430	1.615	1.565
与货物有关的服务	2.446	2.087	1.839	1.630	1.393	1.454	1.469	1.454	1.537
运输服务	2.125	2.172	2.224	2.112	2.202	2.472	2.534	2.939	2.430
旅游服务	0.690	0.652	0.589	0.674	0.640	0.590	0.575	0.373	0.256
建筑服务	0.765	0.459	0.381	0.491	0.291	0.420	0.468	0.383	0.441
保险服务	0.990	1.057	1.368	1.510	1.591	2.053	1.944	1.480	1.330
金融服务	1.798	1.887	1.960	2.092	2.192	2.262	2.397	2.443	2.439
知识产权使用费	0.487	0.497	1.111	0.871	0.888	0.865	0.818	0.875	1.065
通信、计算机和信息服务	0.785	0.715	0.789	1.086	1.030	0.963	0.809	0.928	0.859
其他商业服务	1.331	1.395	1.511	1.445	1.510	1.637	1.824	1.848	1.925

（续表）

年份	2013	2014	2015	2016	2017	2018	2019	2020	2021
个人、文化和娱乐服务	0.346	0.393	0.382	0.336	0.261	0.361	0.432	0.403	0.352
政府服务	0.180	0.177	0.170	0.183	0.175	0.165	0.163	0.163	0.168

资料来源：联合国贸易与发展会议数据库整理计算而得

案例 7－1

新加坡国际金融中心发展

新加坡作为亚洲重要的国际金融中心，近年来综合实力不断增强，与中国香港的差距逐步缩小。在 2022 年 9 月 22 日发布的《全球金融中心指数》（GFCI）中，新加坡反超中国香港成为亚洲排名第一。

新加坡与东南亚各国存在深度联系，具备成为东南亚区域金融枢纽的基础。通过提供更宽松的环境，新加坡持续吸引境外金融机构落户，并以外汇交易为突破口打造以服务境外为主的金融市场，与中国香港开展差异化竞争。新加坡一直以来被全球视为东南亚区域总部与财务中心，是亚太地区重要的离岸金融中心。早在 1985 年，新加坡就曾提出“以世界为腹地”的愿景。随着新加坡金融业的不断成熟和国际金融环境的变化，新加坡开始将金融业务重心从离岸转向离在岸并行发展，从东南亚区域扩展至全球，金融中心的国际化属性不断增强。

（资料来源：https：//finance. sina. com. cn/roll/2023－03－06/doc－imyiwxfy3773911. shtml）

案例思考：

1. 试分析新加坡金融服务竞争力状况。
2. 试分析中国香港金融服务与新加坡金融服务发展的区别。

第三节 主要发展中国家的服务贸易

一、中国的服务贸易

（一）中国服务贸易总量分析

2021 年中国服务贸易出口排世界第三位（仅次于美国、英国），进口排世界

视频 7－2　中国服务贸易及竞争力分析

第二位（仅次于美国）。从表 7－44 中可以看出中国服务贸易出口总额从 2013 年的 2070.06 亿美元上升到 2021 年的 3921.98 亿美元。2013—2019 年中国服务贸易出口占世界服务贸易出口的比重在 4.116%～4.502%，2020 年与 2021 年比重明显上升，分别达到 5.418% 及 6.460%。中国服务贸易进口总额从 2013 年的 3306.08 亿美元上升至 2021 年的 4413.12 亿美元，服务贸易进口占世界服务贸易进口的比重在 6.990%～9.170%之间波动，2020—2021 年占比相对于前几年有所下降，但中国仍然是世界上服务进口排名第二的国家。总体而言，中国的进出口总额及占比都很高，且进口占比高于出口占比。

表 7－44　中国服务贸易出口、进口总额及占世界服务贸易比重

（单位：亿美元）

年份	2013	2014	2015	2016	2017	2018	2019	2020	2021
出口总额	2070.06	2191.41	2186.34	2095.29	2280.9	2714.51	2831.92	2806.29	3921.98
进口总额	3306.08	4328.83	4355.41	4520.97	4675.89	5251.54	5006.8	3810.88	4413.12
出口占比（%）	4.232	4.176	4.363	4.116	4.118	4.446	4.502	5.418	6.460
进口占比（%）	6.990	8.403	8.885	9.170	8.758	9.024	8.300	7.765	7.848
贸易差额	−1236.02	−2137.42	−2169.07	−2425.68	−2394.99	−2537.03	−2174.88	−1004.59	−491.14

资料来源：联合国贸易与发展会议数据库整理计算而得（注：出口占比＝服务贸易出口/世界服务贸易出口；进口占比＝服务贸易进口/世界服务贸易进口）

从表 7－44 中的贸易差额看，中国服务贸易出口小于进口，2013 年以来一直呈现服务贸易逆差状态，2013—2018 年，逆差呈现扩大趋势，但是 2019—2021 年这 3 年，逆差连年下降，2020 年及 2021 年更是以 50%以上的幅度连续下降。相对于 2018 年逆差峰值的 2537.03 亿美元，2021 年仅余 491.14 亿美元，仅为 2018 年逆差的 19.4%。

（二）中国服务贸易结构分析

1. 中国服务贸易出口结构

表 7－45 为中国服务贸易部门出口额情况，由此表可以计算出表 7－46，即中国服务贸易部门出口占比情况，从中可以看出：

（1）2013—2019 年运输服务出口占比在 15.59%～18.19%之间浮动，

2020—2021 年运输服务出口占比呈现明显上升趋势，2020 年和 2021 年分别达到 20.53%和 32.45%。2013 年旅游服务出口占比 24.96%，2021 年仅有 2.97%，下降了 88.1%。

（2）2013—2020 年其他服务比重整体呈现上升趋势，但是 2021 年出现了下降，比重回落至 57.45%。

（3）从其他服务包含的具体部门来看，2021 年出口占比最高的是其他商业服务（23.87%），其他依次为通信、计算机和信息服务（19.63%），建筑服务（7.37%）及知识产权使用费（3.05%）等。

表 7-45　中国服务贸易部门出口额　　（单位：亿美元）

年份	2013	2014	2015	2016	2017	2018	2019	2020	2021
服务贸易总额	2070.06	2191.41	2186.34	2095.29	2280.9	2714.51	2831.92	2806.29	3921.98
与货物有关的服务	232.57	214.21	240.41	236.73	239.93	291.59	296.97	250.89	279.67
运输服务	376.46	382.43	385.94	338.27	371.04	423.1	459.66	576.23	1272.8
旅游服务	516.64	440.44	449.69	444.26	387.99	394.68	344.58	170.67	116.31
其他服务	944.39	1154.34	1110.3	1076.03	1281.94	1605.14	1730.71	1808.5	2253.19
建筑服务	106.63	153.55	166.52	126.9	239.26	265.94	279.62	239.31	288.9
保险服务	39.96	45.74	49.76	41.54	40.46	49.24	47.72	54.5	53.07
金融服务	31.85	45.31	23.34	32.12	36.94	34.82	39.04	42.68	51.07
知识产权使用费	8.87	6.76	10.85	11.68	47.62	55.63	66.44	88.79	119.48
通信、计算机和信息服务	170.98	201.73	257.84	265.31	277.67	470.68	537.85	590.34	769.92
其他商业服务	572.35	688.95	584.03	578.95	615.38	699.15	732.47	754.46	936.17
个人、文化和娱乐服务	1.47	1.75	7.31	7.42	7.59	12.14	11.96	12.97	18.74
政府服务	12.28	10.54	10.64	12.09	17.01	17.54	15.41	25.44	15.85

资料来源：联合国贸易与发展会议数据库整理

表 7－46　中国服务贸易部门出口占比

年份	2013	2014	2015	2016	2017	2018	2019	2020	2021
服务贸易总额（%）	100	100	100	100	100	100	100	100	100
与货物有关的服务（%）	11.23	9.77	11.00	11.30	10.52	10.74	10.49	8.94	7.13
运输服务（%）	18.19	17.45	17.65	16.14	16.27	15.59	16.23	20.53	32.45
旅游服务（%）	24.96	20.10	20.57	21.20	17.01	14.54	12.17	6.08	2.97
其他服务（%）	45.62	52.68	50.78	51.35	56.20	59.13	61.11	64.44	57.45
建筑服务（%）	5.15	7.01	7.62	6.06	10.49	9.80	9.87	8.53	7.37
保险服务（%）	1.93	2.09	2.28	1.98	1.77	1.81	1.69	1.94	1.35
金融服务（%）	1.54	2.07	1.07	1.53	1.62	1.28	1.38	1.52	1.30
知识产权使用费（%）	0.43	0.31	0.50	0.56	2.09	2.05	2.35	3.16	3.05
通信、计算机和信息服务（%）	8.26	9.21	11.79	12.66	12.17	17.34	18.99	21.04	19.63
其他商业服务（%）	27.65	31.44	26.71	27.63	26.98	25.76	25.86	26.88	23.87
个人、文化和娱乐服务（%）	0.07	0.08	0.33	0.35	0.33	0.45	0.42	0.46	0.48
政府服务（%）	0.59	0.48	0.49	0.58	0.75	0.65	0.54	0.91	0.40

资料来源：联合国贸易与发展会议数据库整理计算而得

2. 中国服务贸易进口结构

表 7－47 为中国服务贸易部门进口额情况，由此表可以计算出表 7－48，即中国服务贸易部门进口占比情况，从中可以看出：

（1）传统服务中，2013—2020 年运输服务进口占比在 17.82%～28.53%，2021 年运输服务进口占比大幅上涨，达到了 33.51%。2013 年中国旅游贸易的进口占比 38.89%，2014 年至 2019 年进口占比均在 50%以上，大量的中国居民出国旅游。但是该情况在 2020 年和 2021 年大幅回落，2021 年仅占 25.16%。

（2）2013—2021 年其他服务进口占比在 22.71%～40.31%。其他服务的具体部门分类中，2021 年其他商业服务进口占比最高，为 12.05%。其次为知识产权使用费（10.62%），然后为通信、计算机和信息服务（9.09%）。

表 7－47　中国服务贸易部门进口额　　（单位：亿美元）

年份	2013	2014	2015	2016	2017	2018	2019	2020	2021
服务贸易总额	3306.08	4328.83	4355.41	4520.97	4675.89	5251.54	5006.8	3810.88	4413.12
与货物有关的服务	0.79	1.16	14.8	21.77	24.48	28.01	39.65	38.59	45.29
运输服务	943.24	961.58	853.4	805.8	929.45	1083.15	1047.23	946.8	1478.65
旅游服务	1285.76	2273.44	2498.31	2611.29	2547.89	2769	2507.4	1312.28	1110.44
其他服务	1076.29	1092.66	988.91	1082.1	1174.08	1371.39	1412.52	1513.21	1778.74
建筑服务	38.9	48.7	101.97	82.67	85.67	86.04	92.77	81.51	97.93
保险服务	220.93	224.54	87.94	129.13	104.09	118.81	107.6	123.44	160.37
金融服务	36.91	49.4	26.45	20.33	16.17	21.22	24.66	31.74	53.46
知识产权使用费	210.33	226.14	220.22	239.79	285.75	355.99	343.28	376.29	468.89
通信、计算机和信息服务	76.24	107.48	112.3	125.79	191.76	237.75	268.61	329.68	401.13
其他商业服务	473.25	407.39	395.42	434.25	428.54	472.92	497.75	504.87	531.86
个人、文化和娱乐服务	7.83	8.73	18.94	21.41	27.53	33.94	40.73	30.08	32.73
政府服务	11.89	20.27	25.66	28.74	34.56	44.72	37.13	35.6	32.36

资料来源：联合国贸易与发展会议数据库整理

表 7－48　中国服务贸易部门进口占比

年份	2013	2014	2015	2016	2017	2018	2019	2020	2021
服务贸易总额（%）	100	100	100	100	100	100	100	100	100
与货物有关的服务（%）	0.02	0.03	0.34	0.48	0.52	0.53	0.79	1.01	1.03
运输服务（%）	28.53	22.21	19.59	17.82	19.88	20.63	20.92	24.84	33.51
旅游服务（%）	38.89	52.52	57.36	57.76	54.49	52.73	50.08	34.44	25.16

（续表）

年份	2013	2014	2015	2016	2017	2018	2019	2020	2021
其他服务（%）	32.55	25.24	22.71	23.94	25.11	26.11	28.21	39.71	40.31
建筑服务（%）	1.18	1.13	2.34	1.83	1.83	1.64	1.85	2.14	2.22
保险服务（%）	6.68	5.19	2.02	2.86	2.23	2.26	2.15	3.24	3.63
金融服务（%）	1.12	1.14	0.61	0.45	0.35	0.40	0.49	0.83	1.21
知识产权使用费（%）	6.36	5.22	5.06	5.30	6.11	6.78	6.86	9.87	10.62
通信、计算机和信息服务（%）	2.31	2.48	2.58	2.78	4.10	4.53	5.36	8.65	9.09
其他商业服务（%）	14.31	9.41	9.08	9.61	9.16	9.01	9.94	13.25	12.05
个人、文化和娱乐服务（%）	0.24	0.20	0.43	0.47	0.59	0.65	0.81	0.79	0.74
政府服务（%）	0.36	0.47	0.59	0.64	0.74	0.85	0.74	0.93	0.73

资料来源：联合国贸易与发展会议数据库整理计算而得

（三）中国服务贸易竞争力分析

1. 国际市场占有率分析

表7-49为2013—2021年中国服务贸易国际市场占有率，在4.116%～6.460%之间。就具体服务部门而言，以2021年为例，国际市场占有率最高的服务部门为建筑服务，高达28.368%，而且近几年中国建筑服务出口占比呈现上升趋势，竞争力不断增强。出口占比依次往下为与货物有关的服务（13.077%），运输服务（10.987%），通信、计算机和信息服务（8.589%）等。

表7-49　2013—2021年中国服务贸易国际市场占有率

年份	2013	2014	2015	2016	2017	2018	2019	2020	2021
服务贸易总额（%）	4.232	4.176	4.363	4.116	4.118	4.446	4.502	5.418	6.460
与货物有关的服务（%）	14.926	12.936	14.727	13.798	12.755	13.181	13.195	13.103	13.077
运输服务（%）	4.010	3.866	4.309	3.929	3.930	4.083	4.415	6.730	10.987
旅游服务（%）	4.296	3.517	3.733	3.601	2.916	2.747	2.336	3.084	1.892

（续表）

年份	2013	2014	2015	2016	2017	2018	2019	2020	2021
建筑服务（%）	11.067	14.216	17.419	14.415	22.263	22.662	25.159	26.112	28.368
保险服务（%）	3.157	3.389	4.125	3.256	3.098	3.465	3.391	3.377	2.896
金融服务（%）	0.703	0.954	0.510	0.701	0.748	0.660	0.731	0.761	0.810
知识产权使用费（%）	0.293	0.202	0.326	0.330	1.235	1.321	1.505	2.244	2.643
通信、计算机和信息服务（%）	4.075	4.252	5.366	5.419	5.187	7.409	7.750	7.860	8.589
其他商业服务（%）	5.450	5.986	5.327	5.044	4.969	5.135	5.139	5.301	5.867
个人、文化和娱乐服务（%）	0.232	0.255	1.053	1.045	0.948	1.434	1.336	1.498	1.813
政府服务（%）	1.639	1.404	1.463	1.726	2.352	2.273	1.962	3.478	2.050

资料来源：联合国贸易与发展会议数据库整理计算而得

2. TC 指数分析

由表 7－50 可以看出，中国服务贸易总额的 TC 指数为负值，竞争力相对较弱，但是绝对值近几年明显下降，竞争力呈现一定的上升趋势。2021 年具体部门的 TC 指数中，与货物有关的服务 TC 指数是 0.721，有很好的国际竞争力。其他正值的服务部门依次有建筑服务（0.494），通信、计算机和信息服务（0.315）及其他商业服务（0.272），具有较好的国际竞争力。

表 7－50　2013—2021 年中国服务贸易 TC 指数

年份	2013	2014	2015	2016	2017	2018	2019	2020	2021
服务贸易总额	－0.230	－0.328	－0.332	－0.367	－0.344	－0.318	－0.277	－0.152	－0.059
与货物有关的服务	0.993	0.989	0.884	0.832	0.815	0.825	0.764	0.733	0.721
运输服务	－0.429	－0.431	－0.377	－0.409	－0.429	－0.438	－0.390	－0.243	－0.075
旅游服务	－0.427	－0.675	－0.695	－0.709	－0.736	－0.750	－0.758	－0.770	－0.810
建筑服务	0.465	0.518	0.240	0.211	0.473	0.511	0.502	0.492	0.494
保险服务	－0.694	－0.662	－0.277	－0.513	－0.440	－0.414	－0.386	－0.387	－0.503

（续表）

年份	2013	2014	2015	2016	2017	2018	2019	2020	2021
金融服务	−0.074	−0.043	−0.062	0.225	0.391	0.243	0.226	0.147	−0.023
知识产权使用费	−0.792	−0.882	−0.824	−0.830	−0.602	−0.621	−0.603	−0.576	−0.541
通信、计算机和信息服务	0.383	0.305	0.393	0.357	0.183	0.329	0.334	0.283	0.315
其他商业服务	0.095	0.257	0.193	0.143	0.179	0.193	0.191	0.198	0.275
个人、文化和娱乐服务	−0.684	−0.666	−0.443	−0.485	−0.568	−0.473	−0.546	−0.397	−0.272
政府服务	0.016	−0.316	−0.414	−0.408	−0.340	−0.437	−0.413	−0.166	−0.342

资料来源：联合国贸易与发展会议数据库整理计算而得

3. RCA 指数分析

由表 7-51 的 RCA 指数看出，中国服务贸易总额在 0.377～0.488，均低于 0.8，但是近两年 RCA 指数持续上升，国际竞争力呈现上升趋势。就具体服务部门而言，以 2021 年为例，没有服务部门指数大于 2.5；指数在 1.25～2.5 之间的有建筑服务（2.145），具有较好的国际竞争力。指数位于 0.8 与 1.25 之间的有与货物有关的服务（0.989）与运输服务（0.831），仅具有一般的国际竞争力。其他服务部门 RCA 指数均低于 0.8，国际竞争力较弱。

表 7-51　2013—2021 年中国服务贸易 RCA 指数

年份	2013	2014	2015	2016	2017	2018	2019	2020	2021
服务贸易总额	0.417	0.395	0.378	0.377	0.385	0.414	0.409	0.431	0.488
与货物有关的服务	1.472	1.225	1.274	1.263	1.192	1.226	1.200	1.042	0.989
运输服务	0.396	0.366	0.373	0.360	0.367	0.380	0.401	0.535	0.831
旅游服务	0.424	0.333	0.323	0.330	0.272	0.255	0.212	0.245	0.143
建筑服务	1.092	1.346	1.507	1.320	2.080	2.108	2.288	2.077	2.145
保险服务	0.311	0.321	0.357	0.298	0.289	0.322	0.308	0.269	0.219
金融服务	0.069	0.090	0.044	0.064	0.070	0.061	0.067	0.061	0.061

（续表）

年份	2013	2014	2015	2016	2017	2018	2019	2020	2021
知识产权使用费	0.029	0.019	0.028	0.030	0.115	0.123	0.137	0.178	0.200
通信、计算机和信息服务	0.402	0.403	0.464	0.496	0.485	0.689	0.705	0.625	0.649
其他商业服务	0.538	0.567	0.461	0.462	0.464	0.478	0.467	0.422	0.444
个人、文化和娱乐服务	0.023	0.024	0.091	0.096	0.089	0.133	0.121	0.119	0.137
政府服务	0.162	0.133	0.127	0.158	0.220	0.211	0.178	0.277	0.155

资料来源：联合国贸易与发展会议数据库整理计算而得

案例 7－2

“一带一路”项目彰显中国基建实力

2022 年，“一带一路”合作稳步推进，捷报频传，一大批标志性项目落地开花：尼日利亚拉各斯轻轨蓝线一期项目顺利竣工，东盟第一条高速铁路试验运行，柬埔寨第一条高速公路通车，克罗地亚佩列沙茨大桥通车，巴基斯坦卡洛特水电站投入运营，等等。

如今，许多由中企参与建设的“一带一路”项目成为所在国家的地标性建筑，受到当地民众的热烈欢迎，这充分彰显中国强大的基建实力。在施工方面，随着国内基础设施建设的蓬勃开展，中企的基建能力得以提升、经验得以积累，为承建更多海外“一带一路”项目打下坚实基础。在技术方面，“新基建”推动中企在基建设备、原材料生产、技术等方面取得巨大进步，带动海外“一带一路”项目数量增多、范围扩大，领域也更加多元，其中不乏一些高新科技项目。在投融资方面，基础设施建设具有资金投入量大、建设周期较长的特点，需要中长期资金提供支持。在中国等各方共同努力下，亚洲基础设施投资银行、丝路基金等多边金融合作机构相继成立，为“一带一路”建设和双多边互联互通提供投融资支持。在管理方面，中企不仅参与海外“一带一路”项目的前期设计和建设，还常常参与建成后的运营和维护工作，包括与所在国政府及有关部门加强协调、向当地人员传授管理经验、规避相关运营风险等。

（资料来源：http：//paper. people. com. cn/rmrbhwb/html/2023－01/02/content _ 25957282. htm）

案例思考：

1. 结合案例分析中国建筑服务贸易竞争力状况。

2. 试分析近些年中国建筑服务贸易竞争力发展变化情况。

二、印度的服务贸易

（一）印度服务贸易总量分析

2021年印度服务贸易出口排世界第八位，进口排世界第十位。从表7－52中可以看出印度服务贸易出口总额从2013年的1491.64亿美元波动上升到2021年的2406.57亿美元。2013—2021年印度服务贸易出口占世界服务贸易出口的比重在3.00％～3.96％之间，整体呈现明显的上升态势，尤其是全球疫情的2020—2021年，出口占比接近4％。印度服务贸易进口总额从2013年的1268.91亿美元发展至2021年的1959.56亿美元，2013—2021年服务贸易进口占世界服务贸易进口的比重在2.49％～3.48％之间波动增加，2020—2021年进口占比明显上升。

表7－52　印度服务贸易出口、进口总额及占世界服务贸易比重

（单位：亿美元）

年份	2013	2014	2015	2016	2017	2018	2019	2020	2021
出口总额	1491.64	1571.96	1562.78	1618.19	1852.94	2049.56	2147.62	2031.45	2406.57
进口总额	1268.91	1283.62	1235.67	1335.32	1545.95	1760.59	1794.3	1537.37	1959.56
出口占比（％）	3.05	3.00	3.12	3.18	3.35	3.36	3.41	3.92	3.96
进口占比（％）	2.68	2.49	2.52	2.71	2.90	3.03	2.97	3.13	3.48
贸易差额	222.73	288.34	327.11	282.87	306.99	288.97	353.32	494.08	447.01

资料来源：联合国贸易与发展会议数据库整理计算而得（注：出口占比＝服务贸易出口/世界服务贸易出口；进口占比＝服务贸易进口/世界服务贸易进口）

从表7－52中的贸易差额看，印度服务贸易出口大于进口，2013年以来一直呈现服务贸易顺差状态，2020年顺差最大数额达到494.08亿美元，是2013年顺差的2.22倍。虽然2021年顺差数额有所下降，但仍高达447.01亿美元。

（二）印度服务贸易结构分析

1. 印度服务贸易出口结构

表 7－53 为印度服务贸易部门出口额情况，由此表可以计算出表 7－54，即印度服务贸易部门出口占比情况，从中可以看出：

（1）传统服务贸易中的运输服务和旅游服务比重均比较低，尤其是旅游服务出口占比不仅较低，而且呈现出明显下降趋势。

（2）其他服务出口比重整体非常高，2013—2019 年均在 60％以上，尤其是新冠疫情后比例高达 80％以上，不降反升。

（3）其他服务的具体部门中，知识密集型和技术密集型服务出口比重明显偏高，尤其是通信、计算机和信息服务及其他商业服务出口大部分时间占比在 30％以上。以 2021 年为例，通信、计算机和信息服务（34.08％）及其他商业服务（38.63％）占比之和达到 72.71％，极具规模优势。

表 7－53　印度服务贸易部门出口额　　　（单位：亿美元）

年份	2013	2014	2015	2016	2017	2018	2019	2020	2021
服务贸易总额	1491.64	1571.96	1562.78	1618.19	1852.94	2049.56	2147.62	2031.45	2406.57
与货物有关的服务	2.55	3.83	3.24	2.77	3.34	4.45	4.4	4.06	6.41
运输服务	169.16	185.97	143.19	151.76	169.79	189.99	211.25	207.91	293.43
旅游服务	183.97	197	210.13	224.27	273.65	285.68	307.2	130.36	87.96
其他服务	1135.96	1185.16	1206.22	1239.39	1406.15	1569.43	1624.76	1689.12	2018.77
建筑服务	12.19	16.13	14.83	20.79	22.85	31.77	29.12	27.99	28.01
保险服务	21.44	22.81	19.85	21.35	24.6	25.8	25.27	23.52	30.6
金融服务	63.76	56.45	53.44	50.74	44.85	54.33	48.21	41.05	51.15
知识产权使用费	4.46	6.59	4.67	5.25	6.6	7.85	8.72	12.54	8.7
通信、计算机和信息服务	538.05	545.35	550.46	538	543.82	581.95	649.33	683.12	820.26
其他商业服务	466.51	484.61	500.97	546.58	598.66	652.19	740.04	784.69	929.54

（续表）

年份	2013	2014	2015	2016	2017	2018	2019	2020	2021
个人、文化和娱乐服务	12.32	12.66	12.66	14.03	14.66	18.82	20.69	21.97	29.21
政府服务	4.61	5.82	5.61	5.85	6.21	6.33	6.34	6.53	8.02

资料来源：联合国贸易与发展会议数据库整理

表 7-54 印度服务贸易部门出口占比

年份	2013	2014	2015	2016	2017	2018	2019	2020	2021
服务贸易总额（%）	100	100	100	100	100	100	100	100	100
与货物有关的服务（%）	0.17	0.24	0.21	0.17	0.18	0.22	0.20	0.20	0.27
运输服务（%）	11.34	11.83	9.16	9.38	9.16	9.27	9.84	10.23	12.19
旅游服务（%）	12.33	12.53	13.45	13.86	14.77	13.94	14.30	6.42	3.65
其他服务（%）	76.16	75.39	77.18	76.59	75.89	76.57	75.65	83.15	83.89
建筑服务（%）	0.82	1.03	0.95	1.28	1.23	1.55	1.36	1.38	1.16
保险服务（%）	1.44	1.45	1.27	1.32	1.33	1.26	1.18	1.16	1.27
金融服务（%）	4.27	3.59	3.42	3.14	2.42	2.65	2.24	2.02	2.13
知识产权使用费（%）	0.30	0.42	0.30	0.32	0.36	0.38	0.41	0.62	0.36
通信、计算机和信息服务（%）	36.07	34.69	35.22	33.25	29.35	28.39	30.23	33.63	34.08
其他商业服务（%）	31.27	30.83	32.06	33.78	32.31	31.82	34.46	38.63	38.63
个人、文化和娱乐服务（%）	0.83	0.81	0.81	0.87	0.79	0.92	0.96	1.08	1.21
政府服务（%）	0.31	0.37	0.36	0.36	0.34	0.31	0.30	0.32	0.33

资料来源：联合国贸易与发展会议数据库整理计算而得

2. 印度服务贸易进口结构

表 7-55 为印度服务贸易部门进口额情况，由此表可以计算出表 7-56，即印度服务贸易部门进口占比情况，从中可以看出：

（1）传统服务业中，印度运输服务进口占比很高，普遍在 35%以上，相对而言，旅游服务进口占比较低，尤其是 2020—2021 年，旅游进口占比均在 10%以下。

(2) 其他服务进口占比在 42.55%～56.19%。其他服务的具体部门进口占比中，其他商业服务进口占比最高，2021 年为 25.85%。从时间角度看，2013—2021 年通信、计算机和信息服务及个人、文化和娱乐服务进口占比呈现上升趋势。

表 7－55 印度服务贸易部门进口额 （单位：亿美元）

年份	2013	2014	2015	2016	2017	2018	2019	2020	2021
服务贸易总额	1268.91	1283.62	1235.67	1335.32	1545.95	1760.59	1794.3	1537.37	1959.56
与货物有关的服务	3.36	2.46	3.36	3.74	5.49	10.41	13.03	9.63	11.98
运输服务	573.63	588.99	522.57	479.52	570.62	667.25	679.65	538.13	826.55
旅游服务	116.15	145.95	148.38	163.77	184.43	213.19	229.15	125.74	142.8
其他服务	575.77	546.22	561.36	688.29	785.41	869.74	872.48	863.87	978.23
建筑服务	13.94	11.34	9.57	9.51	12.23	24.87	26.62	26.01	29.13
保险服务	59.59	58.82	52.34	50.67	62.91	67.46	68.05	56.88	80.12
金融服务	58.93	41.15	31.17	50.17	57.97	40.39	22.81	46.17	55.18
知识产权使用费	39.04	48.49	50.09	54.66	65.15	79.06	78.9	72.41	86.32
通信、计算机和信息服务	37.43	43.18	37.98	47.52	60.68	70.88	96.03	110.07	143.9
其他商业服务	280.66	268.73	298.1	327.41	354.37	387.36	460.62	486.04	506.6
个人、文化和娱乐服务	7.25	13.9	13.69	18.94	21.45	25.38	29.61	27.51	41.3
政府服务	10.67	9.58	8.77	6.83	6.35	11.35	11.08	10.64	9.39

资料来源：联合国贸易与发展会议数据库整理

表 7－56 印度服务贸易部门进口占比

年份	2013	2014	2015	2016	2017	2018	2019	2020	2021
服务贸易总额（%）	100	100	100	100	100	100	100	100	100
与货物有关的服务（%）	0.26	0.19	0.27	0.28	0.36	0.59	0.73	0.63	0.61
运输服务（%）	45.21	45.89	42.29	35.91	36.91	37.90	37.88	35.00	42.18

（续表）

年份	2013	2014	2015	2016	2017	2018	2019	2020	2021
旅游服务（%）	9.15	11.37	12.01	12.26	11.93	12.11	12.77	8.18	7.29
其他服务（%）	45.38	42.55	45.43	51.54	50.80	49.40	48.63	56.19	49.92
建筑服务（%）	1.10	0.88	0.77	0.71	0.79	1.41	1.48	1.69	1.49
保险服务（%）	4.70	4.58	4.24	3.79	4.07	3.83	3.79	3.70	4.09
金融服务（%）	4.64	3.21	2.52	3.76	3.75	2.29	1.27	3.00	2.82
知识产权使用费（%）	3.08	3.78	4.05	4.09	4.21	4.49	4.40	4.71	4.41
通信、计算机和信息服务（%）	2.95	3.36	3.07	3.56	3.93	4.03	5.35	7.16	7.34
其他商业服务（%）	22.12	20.94	24.12	24.52	22.92	22.00	25.67	31.62	25.85
个人、文化和娱乐服务（%）	0.57	1.08	1.11	1.42	1.39	1.44	1.65	1.79	2.11
政府服务（%）	0.84	0.75	0.71	0.51	0.41	0.64	0.62	0.69	0.48

资料来源：联合国贸易与发展会议数据库整理计算而得

（三）印度服务贸易竞争力分析

1. 国际市场占有率分析

表 7 - 57 为 2013—2021 年印度服务贸易出口国际市场占有率，2021 年印度服务贸易出口总额的国际市场占有率为 3.964%，近几年呈现升高趋势，整体竞争力在上升。以 2021 年为例，国际市场占有率最高的服务部门为通信、计算机和信息服务，比重为 9.150%，但是从时间顺序看，比重在不断下降，竞争优势在下滑。排名第二的是其他商业服务，2021 年占比达到 5.825%，近几年呈现上升趋势，颇具潜力。其他依次为运输服务（4.774%），个人、文化和娱乐服务（2.827%），建筑服务（2.750%）等。

表 7 - 57　2013—2021 年印度服务贸易出口国际市场占有率

年份	2013	2014	2015	2016	2017	2018	2019	2020	2021
服务贸易总额（%）	3.049	2.995	3.119	3.179	3.345	3.357	3.414	3.922	3.964
与货物有关的服务（%）	0.164	0.231	0.198	0.161	0.178	0.201	0.195	0.212	0.300
运输服务（%）	1.407	1.485	1.189	1.230	1.276	1.322	1.432	3.757	4.774

（续表）

年份	2013	2014	2015	2016	2017	2018	2019	2020	2021
旅游服务（%）	1.530	1.573	1.744	1.818	2.057	1.988	2.083	2.356	1.431
建筑服务（%）	1.265	1.493	1.551	2.362	2.126	2.707	2.620	3.054	2.750
保险服务（%）	1.694	1.690	1.646	1.674	1.884	1.815	1.796	1.457	1.670
金融服务（%）	1.408	1.188	1.167	1.107	0.909	1.029	0.903	0.732	0.811
知识产权使用费（%）	0.148	0.197	0.140	0.148	0.171	0.186	0.198	0.317	0.192
通信、计算机和信息服务（%）	12.825	11.495	11.455	10.988	10.158	9.160	9.357	9.095	9.150
其他商业服务（%）	4.442	4.210	4.569	4.762	4.834	4.790	5.192	5.513	5.825
个人、文化和娱乐服务（%）	1.941	1.848	1.824	1.976	1.831	2.224	2.311	2.538	2.827
政府服务（%）	0.615	0.775	0.772	0.835	0.859	0.820	0.807	0.893	1.038

资料来源：联合国贸易与发展会议数据库整理计算而得

2. TC指数分析

服务贸易总额的TC指数为正值，但数值不是很高。2021年具体部门的TC指数中，通信、计算机和信息服务（0.702）及其他商业服务（0.294）为正值，尤其是通信、计算机和信息服务的TC指数历年均在0.7以上，具有非常强劲的竞争力。

表7-58　2013—2021年印度服务贸易TC指数

年份	2013	2014	2015	2016	2017	2018	2019	2020	2021
服务贸易总额	0.081	0.101	0.117	0.096	0.090	0.076	0.090	0.138	0.102
与货物有关的服务	−0.137	0.218	−0.018	−0.149	−0.243	−0.401	−0.495	−0.407	−0.303
运输服务	−0.545	−0.520	−0.570	−0.519	−0.541	−0.557	−0.526	−0.443	−0.476
旅游服务	0.226	0.149	0.172	0.156	0.195	0.145	0.146	0.018	−0.238
建筑服务	−0.067	0.174	0.216	0.372	0.303	0.122	0.045	0.037	−0.020
保险服务	−0.471	−0.441	−0.450	−0.407	−0.438	−0.447	−0.458	−0.415	−0.447

（续表）

年份	2013	2014	2015	2016	2017	2018	2019	2020	2021
金融服务	0.039	0.157	0.263	0.006	−0.128	0.147	0.358	−0.059	−0.038
知识产权使用费	−0.795	−0.761	−0.829	−0.825	−0.816	−0.819	−0.801	−0.705	−0.817
通信、计算机和信息服务	0.870	0.853	0.871	0.838	0.799	0.783	0.742	0.722	0.702
其他商业服务	0.249	0.287	0.254	0.251	0.256	0.255	0.233	0.235	0.294
个人、文化和娱乐服务	0.259	−0.047	−0.039	−0.149	−0.188	−0.148	−0.177	−0.112	−0.171
政府服务	−0.397	−0.244	−0.220	−0.077	−0.011	−0.284	−0.272	−0.239	−0.079

资料来源：联合国贸易与发展会议数据库整理计算而得

3. RCA 指数分析

由 RCA 指数看出，服务贸易总额在 1.25～2.5 之间，总体具有较好的国际竞争力。具体各服务部门来看，以 2021 年为例，大于 2.5 的有通信、计算机和信息服务（4.085）及其他商业服务（2.601），具有很强的国际竞争力。指数在 1.25～2.5 之间的有个人、文化和娱乐服务（1.262），具有较好的国际竞争力。位于 0.8 与 1.25 之间的有建筑服务（1.228）、运输服务（1.131），具有一般的国际竞争力。与货物有关的服务、旅游服务、保险服务、金融服务、知识产权使用费、政府服务的 RCA 指数均低于 0.8，国际竞争力很弱。

表 7－59　2013—2021 年印度服务贸易 RCA 指数

年份	2013	2014	2015	2016	2017	2018	2019	2020	2021
服务贸易总额	1.566	1.513	1.585	1.575	1.607	1.626	1.603	1.867	1.770
与货物有关的服务	0.084	0.117	0.101	0.080	0.085	0.097	0.092	0.101	0.134
运输服务	0.926	0.950	0.813	0.873	0.864	0.888	0.952	1.156	1.131
旅游服务	0.786	0.795	0.887	0.901	0.988	0.963	0.978	1.121	0.639
建筑服务	0.650	0.755	0.789	1.170	1.022	1.311	1.230	1.454	1.228

（续表）

年份	2013	2014	2015	2016	2017	2018	2019	2020	2021
保险服务	0.870	0.854	0.837	0.829	0.905	0.879	0.843	0.694	0.746
金融服务	0.723	0.600	0.593	0.549	0.437	0.499	0.424	0.349	0.362
知识产权使用费	0.076	0.099	0.071	0.073	0.082	0.090	0.093	0.151	0.086
通信、计算机和信息服务	6.588	5.808	5.823	5.445	4.881	4.436	4.392	4.330	4.085
其他商业服务	2.282	2.127	2.323	2.360	2.323	2.320	2.437	2.624	2.601
个人、文化和娱乐服务	0.997	0.934	0.927	0.979	0.880	1.077	1.085	1.208	1.262
政府服务	0.316	0.392	0.392	0.414	0.413	0.397	0.379	0.425	0.463

资料来源：联合国贸易与发展会议数据库整理计算而得

三、柬埔寨的服务贸易

（一）柬埔寨服务贸易总量分析

柬埔寨属于发展中国家，从表 7－60 可以看出服务贸易出口总额从 2013 年的 34.94 亿美元上升到 2019 年的 60.86 亿美元，增加了约 74％。但是 2020 年及 2021 年服务贸易出口仅有 17.67 亿美元及 6.57 亿美元，出现了急剧下降。服务出口占比也从 2019 年的 0.097％快速下降到 2021 年的 0.011％，全球新冠疫情对柬埔寨服务出口冲击巨大。进口从 2013 年的 17.91 亿美元上升到 2019 年的 32.74 亿美元，上升了约 83％。2020 年及 2021 年下降到只有 20.25 亿美元及 21.04 亿美元。

表 7－60　柬埔寨服务贸易出口、进口总额及占世界服务贸易比重

（单位：亿美元）

年份	2013	2014	2015	2016	2017	2018	2019	2020	2021
出口总额	34.94	38.11	39.55	40.33	46.08	54.51	60.86	17.67	6.57
进口总额	17.91	20.84	22.42	24.3	27.45	30.56	32.74	20.25	21.04
出口占比（％）	0.071	0.073	0.079	0.079	0.083	0.089	0.097	0.034	0.011

（续表）

年份	2013	2014	2015	2016	2017	2018	2019	2020	2021
进口占比（%）	0.038	0.040	0.046	0.049	0.051	0.053	0.054	0.041	0.037
贸易差额	17.03	17.27	17.13	16.03	18.63	23.95	28.12	−2.58	−14.47

资料来源：联合国贸易与发展会议数据库整理计算而得（注：出口占比＝服务贸易出口/世界服务贸易出口；进口占比＝服务贸易进口/世界服务贸易进口）

2013—2019 年柬埔寨服务贸易差额一直是顺差，且有明显的扩大趋势。但是之后的 2020 年和 2021 年转为逆差，2021 年逆差扩大至 14.47 亿美元。

（二）柬埔寨服务贸易结构分析

1. 柬埔寨服务贸易出口结构

表 7－61 为柬埔寨服务贸易部门出口总额情况，由此表可以计算出表 7－62，即柬埔寨服务贸易部门出口占比情况，从中可以看出：

（1）2013—2021 年柬埔寨运输服务出口占比不断稳定上升，2021 年更是猛增到 28.61%。2013—2019 年旅游服务出口占比 80%左右，为柬埔寨服务贸易出口占比最大的部门。但是 2020—2021 年明显下滑，2021 年仅有 28.01%，受全球新冠疫情冲击很大。

（2）2020—2021 年其他服务的比重明显上升，就具体部门而言，其他商业服务，通信、计算机和信息服务，金融服务出口占比位列前三位，2021 年占比分别为 17.9%、12.94%和 5.63%。

表 7－61　柬埔寨服务贸易部门出口额　（单位：亿美元）

年份	2013	2014	2015	2016	2017	2018	2019	2020	2021
服务贸易总额	34.94	38.11	39.55	40.33	46.08	54.51	60.86	17.67	6.57
与货物有关的服务	0	0	0	0	0	0	0	0	0
运输服务	3.44	3.92	4.19	4.56	5.62	6.88	7.86	2.82	1.88
旅游服务	26.6	29.53	31.37	32.12	36.39	43.62	47.73	10.23	1.84
其他服务	4.9	4.65	3.98	3.65	4.07	4.02	5.27	4.63	2.85
建筑服务	0.15	0.1	0.1	0.13	0.17	0.14	0.35	0.46	0.22
保险服务	0.01	0	0	0	0.02	0.03	0.07	0.04	0.05

（续表）

年份	2013	2014	2015	2016	2017	2018	2019	2020	2021
金融服务	0.2	0.25	0.34	0.09	0.07	0.15	0.25	0.52	0.37
知识产权使用费	0.02	0.03	0.01	0.02	0.01	0.02	0.12	0.09	0.01
通信、计算机和信息服务	0.58	0.74	0.87	0.74	0.67	0.65	0.87	0.83	0.85
其他商业服务	2.51	2.52	0.96	0.8	0.94	0.98	1.17	1.35	1.18
个人、文化和娱乐服务	0.03	0.04	0.01	0.01	0.02	0.02	0.11	0.03	0.07
政府服务	1.4	0.97	1.71	1.85	2.18	2.02	2.32	1.3	0.09

资料来源：联合国贸易与发展会议数据库整理

表 7－62　柬埔寨服务贸易部门出口占比

年份	2013	2014	2015	2016	2017	2018	2019	2020	2021
服务贸易总额（%）	100	100	100	100	100	100	100	100	100
与货物有关的服务（%）	0.00	0.00	0.00	0.00	0.00	0.00	0.00	0.00	0.00
运输服务（%）	9.85	10.29	10.59	11.31	12.20	12.62	12.91	15.96	28.61
旅游服务（%）	76.13	77.49	79.32	79.64	78.97	80.02	78.43	57.89	28.01
其他服务（%）	14.02	12.20	10.06	9.05	8.83	7.37	8.66	26.20	43.38
建筑服务（%）	0.43	0.26	0.25	0.32	0.37	0.26	0.58	2.60	3.35
保险服务（%）	0.03	0.00	0.00	0.00	0.04	0.06	0.12	0.23	0.76
金融服务（%）	0.57	0.66	0.86	0.22	0.15	0.28	0.41	2.94	5.63
知识产权使用费（%）	0.06	0.08	0.03	0.05	0.02	0.04	0.20	0.51	0.15
通信、计算机和信息服务（%）	1.66	1.94	2.20	1.83	1.45	1.19	1.43	4.70	12.94

（续表）

年份	2013	2014	2015	2016	2017	2018	2019	2020	2021
其他商业服务（%）	7.18	6.61	2.43	1.98	2.04	1.80	1.92	7.64	17.96
个人、文化和娱乐服务（%）	0.09	0.10	0.03	0.02	0.04	0.04	0.18	0.17	1.07
政府服务（%）	4.01	2.55	4.32	4.59	4.73	3.71	3.81	7.36	1.37

资料来源：联合国贸易与发展会议数据库整理计算而得

2. 柬埔寨服务贸易进口结构

（1）由表7－64看出，传统服务业中，2013—2021年柬埔寨运输服务进口占比都很高，除了2018年外，都在50%以上，2020年、2021年运输服务进口占比分别增至63.46%和68.44%。柬埔寨旅游服务进口占比2018年达到最高点28.24%，之后开始下降，2021年仅占2.33%。

（2）其他服务的比重基本在20%～30%。就具体部门而言，2021年柬埔寨保险服务，通信、计算机和信息服务、建筑服务进口占比位列前三位，分别为10.22%、8.37%和5.18%。

表7－63　柬埔寨服务贸易部门进口额　　（单位：亿美元）

年份	2013	2014	2015	2016	2017	2018	2019	2020	2021
服务贸易总额	17.91	20.84	22.42	24.3	27.45	30.56	32.74	20.25	21.04
与货物有关的服务	0	0	0	0	0	0	0	0	0
运输服务	9.82	11.06	12.07	12.98	14.41	14.86	16.84	12.85	14.4
旅游服务	3.55	4.01	5.1	6.16	7.41	8.63	9.11	1.69	0.49
其他服务	4.54	5.77	5.25	5.17	5.63	7.08	6.8	5.71	6.15
建筑服务	1.34	1.25	1.19	1.38	1.56	1.68	1.66	1.32	1.09
保险服务	1.13	1.32	1.38	1.43	1.66	1.88	1.67	1.67	2.15
金融服务	0.29	0.09	0.03	0.08	0.03	0.05	0.06	0.1	0.09
知识产权使用费	0.12	0.21	0.12	0.1	0.13	0.28	0.26	0.21	0.19
通信、计算机和信息服务	0.52	1.19	1.34	1.13	1.04	1.67	1.41	1.44	1.76

（续表）

年份	2013	2014	2015	2016	2017	2018	2019	2020	2021
其他商业服务	0.79	1.37	0.83	0.69	0.85	1.28	1.31	0.71	0.59
个人、文化和娱乐服务	0.06	0.06	0.02	0.04	0.05	0.03	0.08	0.02	0.13
政府服务	0.28	0.29	0.33	0.31	0.31	0.22	0.36	0.23	0.16

资料来源：联合国贸易与发展会议数据库整理

表 7-64　柬埔寨服务贸易部门进口占比

年份	2013	2014	2015	2016	2017	2018	2019	2020	2021
服务贸易总额（%）	100	100	100	100	100	100	100	100	100
与货物有关的服务（%）	0.00	0.00	0.00	0.00	0.00	0.00	0.00	0.00	0.00
运输服务（%）	54.83	53.07	53.84	53.42	52.50	48.63	51.44	63.46	68.44
旅游服务（%）	19.82	19.24	22.75	25.35	26.99	28.24	27.83	8.35	2.33
其他服务（%）	25.35	27.69	23.42	21.28	20.51	23.17	20.77	28.20	29.23
建筑服务（%）	7.48	6.00	5.31	5.68	5.68	5.50	5.07	6.52	5.18
保险服务（%）	6.31	6.33	6.16	5.88	6.05	6.15	5.10	8.25	10.22
金融服务（%）	1.62	0.43	0.13	0.33	0.11	0.16	0.18	0.49	0.43
知识产权使用费（%）	0.67	1.01	0.54	0.41	0.47	0.92	0.79	1.04	0.90
通信、计算机和信息服务（%）	2.90	5.71	5.98	4.65	3.79	5.46	4.31	7.11	8.37
其他商业服务（%）	4.41	6.57	3.70	2.84	3.10	4.19	4.00	3.51	2.80
个人、文化和娱乐服务（%）	0.34	0.29	0.09	0.16	0.18	0.10	0.24	0.10	0.62
政府服务（%）	1.56	1.39	1.47	1.28	1.13	0.72	1.10	1.14	0.76

资料来源：联合国贸易与发展会议数据库整理计算而得

（三）柬埔寨服务贸易竞争力分析

1. 国际市场占有率分析

从表 7-65 表中看出，柬埔寨服务出口国际市场占有率普遍很低，从这个指标角度看，柬埔寨整体和各具体服务部门竞争力都比较差。

表 7-65　2013—2021 年柬埔寨服务贸易国际市场占有率

年份	2013	2014	2015	2016	2017	2018	2019	2020	2021
服务贸易总额（%）	0.0714	0.0726	0.0789	0.0792	0.0832	0.0893	0.0967	0.0341	0.0108
与货物有关的服务（%）	0.0000	0.0000	0.0000	0.0000	0.0000	0.0000	0.0000	0.0000	0.0000
运输服务（%）	0.0070	0.0075	0.0084	0.0090	0.0101	0.0113	0.0125	0.0054	0.0031
旅游服务（%）	0.0544	0.0563	0.0626	0.0631	0.0657	0.0715	0.0759	0.0198	0.0030
建筑服务（%）	0.0003	0.0002	0.0002	0.0003	0.0003	0.0002	0.0006	0.0009	0.0004
保险服务（%）	0.0000	0.0000	0.0000	0.0000	0.0000	0.0000	0.0001	0.0000	0.0000
金融服务（%）	0.0004	0.0005	0.0007	0.0002	0.0001	0.0002	0.0004	0.0010	0.0006
知识产权使用费（%）	0.0000	0.0000	0.0000	0.0000	0.0000	0.0000	0.0002	0.0002	0.0000
通信、计算机和信息服务（%）	0.0012	0.0014	0.0017	0.0015	0.0012	0.0011	0.0014	0.0016	0.0014
其他商业服务（%）	0.0051	0.0048	0.0019	0.0016	0.0017	0.0016	0.0019	0.0026	0.0019
个人、文化和娱乐服务（%）	0.0000	0.0000	0.0000	0.0000	0.0000	0.0000	0.0002	0.0000	0.0001
政府服务（%）	0.0029	0.0018	0.0034	0.0036	0.0039	0.0033	0.0037	0.0025	0.0001

资料来源：联合国贸易与发展会议数据库整理计算而得

2. TC 指数分析

2019 年之前柬埔寨服务贸易总额的 TC 指数为正值，但是 2020—2021 年转为负数，而且绝对值还在扩大，总体国际竞争力明显下降。2021 年具体服务部门的 TC 指数中，金融服务（0.609）、旅游服务（0.579）和其他商业服务（0.333）为正值，具有较好的国际竞争力。

表 7-66　2013—2021 年柬埔寨服务贸易 TC 指数

年份	2013	2014	2015	2016	2017	2018	2019	2020	2021
服务贸易总额	0.322	0.293	0.276	0.248	0.253	0.282	0.300	−0.068	−0.524
与货物有关的服务	0.000	0.000	0.000	0.000	0.000	0.000	0.000	0.000	0.000

（续表）

年份	2013	2014	2015	2016	2017	2018	2019	2020	2021
运输服务	−0.481	−0.477	−0.485	−0.480	−0.439	−0.367	−0.364	−0.640	−0.769
旅游服务	0.765	0.761	0.720	0.678	0.662	0.670	0.679	0.716	0.579
建筑服务	−0.799	−0.852	−0.845	−0.828	−0.803	−0.846	−0.652	−0.483	−0.664
保险服务	−0.982	−1.000	−1.000	−1.000	−0.976	−0.969	−0.920	−0.953	−0.955
金融服务	−0.184	0.471	0.838	0.059	0.400	0.500	0.613	0.677	0.609
知识产权使用费	−0.714	−0.750	−0.846	−0.667	−0.857	−0.867	−0.368	−0.400	−0.900
通信、计算机和信息服务	0.055	−0.233	−0.213	−0.209	−0.216	−0.440	−0.237	−0.269	−0.349
其他商业服务	0.521	0.296	0.073	0.074	0.050	−0.133	−0.056	0.311	0.333
个人、文化和娱乐服务	−0.333	−0.200	−0.333	−0.600	−0.429	−0.200	0.158	0.200	−0.300
政府服务	0.667	0.540	0.676	0.713	0.751	0.804	0.731	0.699	−0.280

资料来源：联合国贸易与发展会议数据库整理计算而得

3. RCA 指数分析

由 RCA 指数看出，2019 年柬埔寨服务贸易出口总额 RCA 指数为 1.171，整体具有较好的国际竞争力，但是 2021 年大幅降为 0.171，竞争力变得很弱。从各服务具体部门来看，2019 年柬埔寨 RCA 指数大于 2.5 的部门为旅游服务（3.916）和政府服务（3.574），具有很强的国际竞争力；没有服务部门指数在 1.25～2.5 之间；指数位于 0.8 与 1.25 之间的有运输服务（0.914），具有一般的国际竞争力；其余部门都在 0.8 以下，竞争力很弱。但值得注意的是，2021 年柬埔寨所有的服务部门 RCA 指数均在 0.8 以下，全球新冠疫情对柬埔寨国际竞争力冲击巨大。

表 7-67　2013—2021 年柬埔寨服务贸易 RCA 指数

年份	2013	2014	2015	2016	2017	2018	2019	2020	2021
服务贸易总额	1.676	1.652	1.362	1.187	1.219	1.262	1.171	0.400	0.171
与货物有关的服务	0.000	0.000	0.000	0.000	0.000	0.000	0.000	0.000	0.000

（续表）

年份	2013	2014	2015	2016	2017	2018	2019	2020	2021
运输服务	0.860	0.902	0.807	0.794	0.872	0.938	0.914	0.386	0.256
旅游服务	5.189	5.365	4.494	3.901	4.008	4.290	3.916	2.166	0.472
建筑服务	0.365	0.211	0.181	0.221	0.232	0.169	0.381	0.588	0.340
保险服务	0.019	0.000	0.000	0.000	0.022	0.030	0.060	0.029	0.043
金融服务	0.104	0.120	0.128	0.029	0.021	0.040	0.057	0.109	0.093
知识产权使用费	0.016	0.020	0.005	0.008	0.004	0.007	0.033	0.027	0.003
通信、计算机和信息服务	0.324	0.355	0.312	0.226	0.183	0.145	0.152	0.129	0.149
其他商业服务	0.561	0.498	0.151	0.104	0.111	0.102	0.099	0.111	0.117
个人、文化和娱乐服务	0.111	0.133	0.025	0.021	0.037	0.033	0.149	0.041	0.107
政府服务	4.383	2.940	4.058	3.957	4.417	3.700	3.574	2.083	0.184

资料来源：联合国贸易与发展会议数据库整理计算而得

本章自主学习指导

请搜集相关国家和地区的服务贸易情况，在课堂上进行展示。任务建议：班级分成若干小组，每组选择一个国家或地区，制作 PPT 和报告文件，并在课堂上展示分析。

参考资料

1. 蔡宏波．国际服务贸易［M］．机械工业出版社，2023.

2. 蔡宏波，蒙英华，周密，李宏兵．国际服务贸易前沿问题研究［M］．经济科学出版社，2016.

3. 陈霜华．国际服务贸易［M］．复旦大学出版社，2021.

4. 陈宪，程大中．国际服务贸易［M］．立信会计出版社，2018.

5. 陈宪，殷凤．国际服务贸易（第2版）［M］．机械工业出版社，2020.

6. 冯宗宪．国际服务贸易教程［M］．中国商务出版社，2007.

7. 黄卫平．国际经济学简明教程（第二版）［M］．中国人民大学出版社，2015.

8. 黄卫平，彭刚．国际经济学教程（第2版）［M］．中国人民大学出版社，2012.

9. 黄卫平，丁凯，韩玉军，等．国际贸易教程（第六版）［M］．中国人民大学出版社，2023.

10. 韩玉军．国际贸易学（第二版）［M］．中国人民大学出版社，2017.

11. 韩玉军．国际贸易实务（第三版）［M］．中国人民大学出版社，2018.

12. 刘东升．国际服务贸易概论（第三版）［M］．北京大学出版社，2020.

13. 李芳．中国服务贸易国际竞争力研究［M］．武汉大学出版社，2012.

14. 李慧中．国际服务贸易［M］．高等教育出版社，2012.

15. 栗丽．国际服务贸易（第二版）［M］．中国人民大学出版社，2020.

16. 饶友玲，张伯伟．国际服务贸易［M］．首都经济贸易大学出版社，2019.

17. 王佃凯．国际服务贸易［M］．首都经济贸易大学出版社，2015.

18. 王海文．国际服务贸易（数字教材版）［M］．中国人民大学出版社，2023.

19. 汪素琴．国际服务贸易（第3版）［M］．机械工业出版社，2016.

20. 王绍媛．国际服务贸易［M］．东北财经大学出版社，2012.

21. 王西娅，冯宗宪．国际服务贸易（双语）［M］．科学出版社，2012.

22. 魏巍，冯琳．国际服务贸易［M］．东北财经大学出版社，2018.

23. 熊建军．《TRIPs协议修正案》研究［M］．知识产权出版社，2014.

24. 赵春明，蔡宏波．新编国际服务贸易教程［M］．清华大学出版社，2019.

25. 竺杏月，狄昌娅．国际服务贸易与案例［M］．东南大学出版社，2018.